An Introduction to International Business Law

青山学院大学法務研究科（法科大学院）
特任教授／弁護士
浜辺陽一郎
Hamabe Yoichiro

国際ビジネス法入門

Parol Evidence Rule
Plain Meaning Rule
Lex Mercatoria
Letter of Intent
Memorandum of Understanding
Incoterms
Bill of Exchange
Letter of Credit
Escrow
Due Diligence
Indemnification
Distributorship Agreement
Franchise
Original Equipment Manufacturing/Manufacturer
Joint Venture
Mergers & Acquisitions
Structured Finance
Project Finance
Asset Based Finance
Swaps and Derivatives
Securitization
Internal Control
Sarbanes-Oxley Act
Limited Partnership
Multidisciplinary Practice
Commercial Arbitration
World Trade Organization

東洋経済新報社

はじめに

　景気の波があるのは世の常である。しかし、どんなときにも積極的かつ前向きのビジネスを展開する姿勢を欠かすことはできない。今日、日本企業が売上を伸ばすには、海外戦略を避けて通ることはできないだろう。近時、IT革命と通信・物流技術の発展に伴って、海外との垣根が低くなり、膨大な量の行き来が可能となり、あらゆる流れが速くなり、世界市場の一体化が進み、国際ビジネスは極めて身近なものになっている。グローバル経済の進展に伴って、国際的なビジネスの重要性はますます高まっている。

　しかし、他面において、国際的なビジネスには様々な法的リスクもある。むやみに海外に進出しても、そこで痛い目に遭って高い授業料を払わされたのでは、せっかくのビジネスも台無しである。とりわけアングロサクソンが中心となって展開してきた国際ビジネスの手法は、善悪は別として世界を席巻している。このため、法的・契約的視点をもってビジネスに取り組むことがますます重要になっている。例えば、日本の企業が海外の事業を買収していくといった局面でも、あるいは、それとは逆に外資を相手として日本国内で事業が行われる局面でも、それぞれ十分な法的チェックなくしてビジネスの成功はおぼつかない。

　本書は、国際的なビジネスで求められる法的マインドの基本的な知識を整理して理解することができるように、図解を用いながら解説しようとするものである。国際取引法ではなく、「ビジネス」としたのは、取引（Transaction）に関する法だけではなく、M&A等の組織再編行為や多国籍企業の内部統制やコンプライアンスの問題をも含んでいるからだ。

　全体として、国際ビジネスの法的リスクを重点的に取り上げ、実務的な視点をも踏まえながら、基本的、入門者向けにまとめている。既に国際ビジネスに携わっている方々にとっても、法律面のチェックやアップデートの参考になるように工夫した。法律専門家を目指す法科大学院や大学法学部での国際取引法

等のテキストや法学演習、ゼミ等における参考図書としてもご利用頂ければ幸いである。

2009年4月

弁護士　浜辺　陽一郎

凡例：
『国際私法判例百選〈新法対応補正版〉（別冊ジュリスト185）』＝国際私法百選（補正版）
判時＝『判例時報』
判タ＝『判例タイムズ』
裁判所の判断については、判決文等の文言を一部引用しつつも、スペースの制約から適宜修正、要約しているものである。

国際ビジネス法入門◎目次

はじめに ………………………………………………………………………… 3

第1章 国際ビジネス法の特色

1. 国際ビジネスのニーズ ……………………………………………… 16
   〜グローバルな視野から企業活動を把握する
   コラム1「グローバル」と「国際」
2. 国際化に伴うビジネスの変化 ……………………………………… 20
   〜洗練された法的リスク・マネジメントの重要性
3. 国際ビジネスの落とし穴 …………………………………………… 22
   〜ビジネスリスクを踏まえた戦略とは
4. ルール適用の構造 …………………………………………………… 24
   〜あらゆる法令が関係してくる重層性が特徴
5. 先端的な総合法学としての性格 …………………………………… 26
   〜国家権力により解決する強制執行システムの限界と課題
6. 国際取引を促進する枠組み ………………………………………… 28
   〜WTO、国連、複数国家間、民間団体等による多元的取り組み
7. 国際ビジネスの言語 ………………………………………………… 32
   〜国際ビジネスの共通語としての英語の重要性

第2章 国際ビジネスを規律する法

8. 国際私法（抵触法） ………………………………………………… 36
   〜法性決定から導かれる連結点によって準拠法を特定

- ⑨ 法の適用に関する通則法 ……………………………… 38
  〜国際ビジネスにおける日本での法の適用
- ⑩ 国際ビジネスに対する公法的規制 …………………… 40
  〜属地的適用の原則と域外適用の考え方
- ⑪ 国際ビジネスの統一法 ………………………………… 44
  〜世界的に共通して適用されるルールの構築に向けて
- ⑫ レクス・メルカトリア ………………………………… 46
  〜国際取引に直接に適用される非国家法規範
- ⑬ ユニドロワ ……………………………………………… 48
  〜世界一流の学者が法体系間の調和を図る一般的準則を考案
- ⑭ 外国法 …………………………………………………… 50
  〜外国法が準拠法となることで生じる問題
- ⑮ 英米法 …………………………………………………… 52
  〜国際ビジネスに圧倒的影響力を有する
  コラム2 国際ビジネスにおける信頼関係と懐疑心

第3章 国際ビジネスの担い手

- ⑯ 外国人の地位 …………………………………………… 58
  〜内国人とは異なる特別の取扱いルール
- ⑰ 外国会社の規制 ………………………………………… 60
  〜国内の債権者保護のための外国会社に対する特別な規律
- ⑱ 法人格否認の法理 ……………………………………… 62
  〜多国籍企業の親会社に対する責任追及のための理論
- ⑲ 擬似外国会社 …………………………………………… 64
  〜日本で事業を営み、外国では何もしない会社の規律
- ⑳ 会社とパートナーシップ ……………………………… 66
  〜事業主体の多様な選択肢
- ㉑ パートナーシップと組合 ……………………………… 68
  〜共同して出資して事業の利益と損失をシェア

㉒ 外国法人との取引 …………………………………………… 70
　〜取引の安全のための基本的概要の公示制度と法律意見書
　コラム3　Race to the Bottom（底辺への競争）の危険性

㉓ 代理の準拠法 ………………………………………………… 76
　〜本人のために第三者が代理行為をする場合

㉔ 国家・公的団体 ……………………………………………… 78
　〜民事裁判権に服するように変遷してきた背景は

㉕ 国際ビジネス弁護士 ………………………………………… 80
　〜国際ビジネスに精通する法律専門家の活用

㉖ 外国弁護士 …………………………………………………… 82
　〜外国において資格のある弁護士の活用

㉗ 会計・税務その他の専門家 ………………………………… 84
　〜多様な専門家の目で国際ビジネス案件を多角的に検討
　コラム4　国際的ローファームのビジネス展開

第4章　国際取引の契約手法

㉘ 契約書の重要性 ……………………………………………… 88
　〜自由があるからこそ自己責任が厳格に求められる

㉙ 国際取引契約書の仕組みと構造 …………………………… 90
　〜英米法の影響を受けた英文契約書に原型がある
　コラム5　契約書の長さとコスト

㉚ 英文国際契約書の作成 ……………………………………… 94
　〜客観的、論理的、合理的な権利・義務内容を盛り込む

㉛ 国際契約交渉の進め方 ……………………………………… 96
　〜徹底的な議論を通して信頼関係を構築する

㉜ 国際契約交渉のテクニック ………………………………… 98
　〜将来のビジネスの成功を念頭に十分な準備をする

㉝ LOI等の取り交わし ………………………………………… 100
　〜短期間に基本的な方向性だけを定め、詳細は正式契約で

- ㉞ 秘密保持契約 ··· 106
  〜情報の重要性を踏まえた必須のリスク・マネジメント
- ㉟ デューデリジェンス ·· 108
  〜多角的な精査でリスクを認識し、回避・軽減等を図る
- ㊱ 契約交渉における法的リスク ······································ 110
  〜契約交渉が無駄となった場合の損失処理
- ㊲ 最終確定契約からクロージング ···································· 114
  〜クロージングによって取引の目的を実現する

第5章 英文契約書のポイント

- ㊳ 英文契約書の典型表現 ··· 118
  〜定型的な表現を使いこなす重要性
- ㊴ 定義規定の重要性 ·· 122
  〜長文の契約書を一貫して正確にドラフト
- ㊵ 付随的義務の定め ·· 124
  〜本質的な事項ではなくともビジネスの成否に影響
- ㊶ 表明保証 ··· 126
  〜契約の対象・前提を契約書に明記して利益確保を目指す
  - コラム6　誠実協議条項
- ㊷ 補償条項 ··· 132
  〜不完全な情報開示等によって負担した損失をカバー
- ㊸ 取引の条件設定 ·· 134
  〜誓約事項等が履行できなかった場合には……
- ㊹ 解除条項と終了事由 ·· 136
  〜契約締結当初の段階から十分な工夫と対策が必要
- ㊺ 一般条項の重要性 ·· 140
  〜一般原則として適用される条項は応用範囲が広い
- ㊻ 不可抗力条項・ハードシップ条項 ································· 142
  〜想定外の事態において契約の履行強制が不適切な場合

㊼ 完全合意条項 …………………………………………………… 144
　〜契約書が従前のすべての合意に代わることを明示
㊽ 変更修正条項 …………………………………………………… 146
　〜変更のための手続・要件を定める狙いは

第6章　国際売買契約

㊾ 国際物品売買 …………………………………………………… 150
　〜貿易管理・為替管理等の対象となる国際取引の基本型
㊿ インコタームズ ………………………………………………… 152
　〜世界的に通用する貿易条件の集大成
51 ウィーン統一売買条約（CISG） ……………………………… 156
　〜統一的な国際物品売買契約に関するルールの実現へ
52 米国統一商事法典 ……………………………………………… 158
　〜世界的に影響を与える米国のモデル法
53 基本契約と個別売買契約 ……………………………………… 160
　〜継続的に取引する場合の契約コストの省力化
54 代金の支払方法 ………………………………………………… 162
　〜代金決済リスクを抑制する荷為替手形と荷為替信用状
55 信用状の仕組み ………………………………………………… 164
　〜独立抽象性の原則や書類取引の原則等によって支払確保
　コラム7　書式の戦い
56 国際運送契約 …………………………………………………… 170
　〜国境を越えて物品を運送する際に適用される
57 エスクロー ……………………………………………………… 174
　〜一定の条件付きで第三者に預けて履行を確保する
58 国際取引における保険 ………………………………………… 176
　〜国際取引における貨物運送のリスク等を填補
59 物品の引渡し …………………………………………………… 178
　〜危険負担はいつ移転する？

第7章 国際ビジネスの発展過程

- ⑥⓪ 国際ビジネスの発展過程 …………………………………………… 182
  〜各種のビジネススキームを駆使
- ⑥① 駐在員事務所の開設 …………………………………………… 184
  〜営業活動を行う前段階の準備的な活動の拠点
- ⑥② 販売店契約 …………………………………………………… 186
  〜対象製品を売却して販売店が再販売
  コラム8 契約は終わる時が来る
- ⑥③ 代理店契約 …………………………………………………… 190
  〜他の事業者のために取引の代理または媒介を行う
- ⑥④ 国際フランチャイズ契約 …………………………………… 192
  〜強力なイメージ戦略の下にフランチャイジーを指導
- ⑥⑤ 独占的権利の付与 …………………………………………… 194
  〜所定の領域内における唯一の独占的・排他的な権利
- ⑥⑥ 国際ライセンス契約 ………………………………………… 196
  〜知的財産権の使用を許諾する
- ⑥⑦ 国際OEM契約 ……………………………………………… 200
  〜製品を企画、製造を委託して製品を買い取る
- ⑥⑧ 国際業務提携契約 …………………………………………… 202
  〜自社だけでの限界を打破してリスク分散、業務拡大
- ⑥⑨ 国際合弁契約 ………………………………………………… 204
  〜共同して事業をコントロールすることはリスクも伴う
- ⑦⓪ 国際M&A …………………………………………………… 208
  〜シナジー効果を発揮させる事業再編が活発化
- ⑦① 海外子会社の運営 …………………………………………… 212
  〜重要な海外子会社等は内部統制の対象に
- ⑦② 支店の設置 …………………………………………………… 214
  〜会社本店と同じ会社名、同じ法人格での海外事業展開

73 多国籍企業の展開 ………………………………………………… 216
　　～欧米流の経営手法によるグローバルな戦略の導入と発展

第8章　国際取引の各種スキーム

74 役務提供契約 ……………………………………………………… 220
　　～海外から専門的な能力・技能を取り入れる

75 国際金融取引 ……………………………………………………… 222
　　～巨額融資を可能にするシンジケート・ローンの仕組み

76 リースとファクタリング ………………………………………… 224
　　～動産や売掛債権等を金融取引によって活用

77 IMF協定とデリバティブ ………………………………………… 226
　　～変動相場制と金利の自由化によるリスクに対応

78 スタンドバイ信用状 ……………………………………………… 228
　　～債務不履行があった場合に備える信用状

79 サムライ債とショーグン債 ……………………………………… 230
　　～日本国内で海外の事業体が資金調達をする手法

80 プロジェクト・ファイナンス …………………………………… 232
　　～資金調達対象である事業からの収益で返済

81 三角合併・株式交換 ……………………………………………… 234
　　～外国の親会社が日本の完全子会社に親会社株を移動
　　コラム9 国際ビジネスにおける意見書

82 外資による敵対的買収の脅威 …………………………………… 238
　　～上場企業に対するコントロールの功罪

第9章 国際取引の紛争解決手法

- **83** 国際ビジネスに伴う不法行為 ……………………………… 242
  ～事業活動の過程での事件・事故への対応
- **84** 知的財産権の侵害 …………………………………………… 244
  ～属地主義の限界を克服して救済を可能にする取り組み
- **85** 契約終了をめぐる紛争 ……………………………………… 248
  ～関係解消だけでなく金銭的な清算、賠償問題等々
- **86** 準拠法の選択 ………………………………………………… 250
  ～合意がない場合の紛争解決基準となるルールは何か
- **87** 国際裁判管轄 ………………………………………………… 252
  ～国際的条約がない中で国際法から導かれるルール
- **88** 国際訴訟競合 ………………………………………………… 256
  ～同一の問題について日本と外国で提訴された場合
- **89** 米国の民事訴訟 ……………………………………………… 258
  ～陪審制度・証拠開示制度・複雑な証拠法が規律する
- **90** 訴訟か仲裁か ………………………………………………… 261
  ～国境を越えた紛争解決の手段
- **91** 国際商事仲裁 ………………………………………………… 264
  ～当事者間の合意を最大限に尊重する紛争解決システム
  コラム10 委任状（Power of Attorney＝POA）
- **92** 国際民事証拠共助 …………………………………………… 270
  ～国境を越えて散在する証拠を収集するための連携
- **93** 外国判決の執行 ……………………………………………… 272
  ～日本においては民事訴訟法と民事執行法の要件に注意
- **94** WTOの紛争解決手続 ……………………………………… 276
  ～当事者間では解決できない貿易に関する紛争
  コラム11 欧米から東アジアへ

(95) 国際税務紛争 …… 280
～国家間の税金の取り合いを調整する仕組み

(96) 外国法令違反のリスク …… 282
～海外の厳しい法規制を遵守するためにも内部統制が重要

(97) 競争法の域外適用 …… 284
～海外においてなされた行為に制裁金が課されることも

(98) 国際倒産 …… 287
～債権者を平等に扱うための国際的な法的倒産手続

おわりに　フェアな国際ビジネスの発展のために …… 289

第 **1** 章

国際ビジネス法の特色

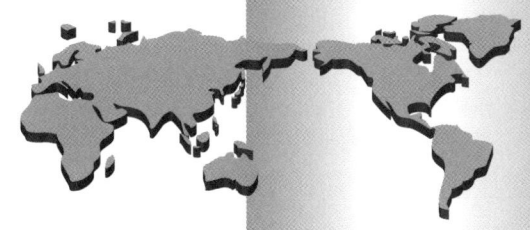

❶ 国際ビジネスのニーズ

▶▶▶グローバルな視野から企業活動を把握する

●世界的なビジネス展開のメリット

　企業が国際的な取引に乗り出していかなければならないのは、日本国内の市場だけでは事業を拡張するにも限界があるからだ。世界の広い市場に活動領域を広げることにより、販売量を増やしたり、国内では入手できない物品を入手したり、経済的にメリットのある取引ができる。また、海外の新しい考え方・文化や生活スタイル等を好みに応じて取り入れていけることも大きな魅力だ。

　多くの企業が国際的な取引に進出するのも、国内の市場だけでなく、世界の広い市場に活動領域を広げることによって、販売量を増やしたり、国内では入手できない物品・サービスを入手したりするためだ。

　特に、日本企業の成長は、海外での活躍如何にかかっている。日本の輸出入が好調であるかどうかは、日本経済の景況にも大きな影響を与える。既に多くの企業がグローバルなビジネス展開をしている。少子高齢化の時代を迎え、国内市場だけでは限界がある。海外市場に進出してこそ、企業としての飛躍も期待できる。モノやサービスの貿易はもちろん、海外投資や海外における知的財産権の活用も、ビジネスの成長に欠かせない。

　他方、海外からの投資や商品等の受入れは、日本の経済を活性化し、私たちの生活の質を高めるために不可欠である。また、外国にとっても、日本の技術やノウハウが新しく入ってきたり、雇用が増えたりすることによって経済の活性化に役立つ。国際ビジネスの発展は、経済の持続的発展と世界平和にも大いに貢献しているのだ。

●あらゆる取引が国際ビジネスに登場

　国際取引には、あらゆるジャンルのものがある。モノの国際間の売買取引が貿易であり、伝統的な国際商取引だ（→第6章、150頁以下）が、これに伴って、ヒトが提供するサービスや金融関係の国際的な取引が必要となる。また、

図表1　様々な国際ビジネス

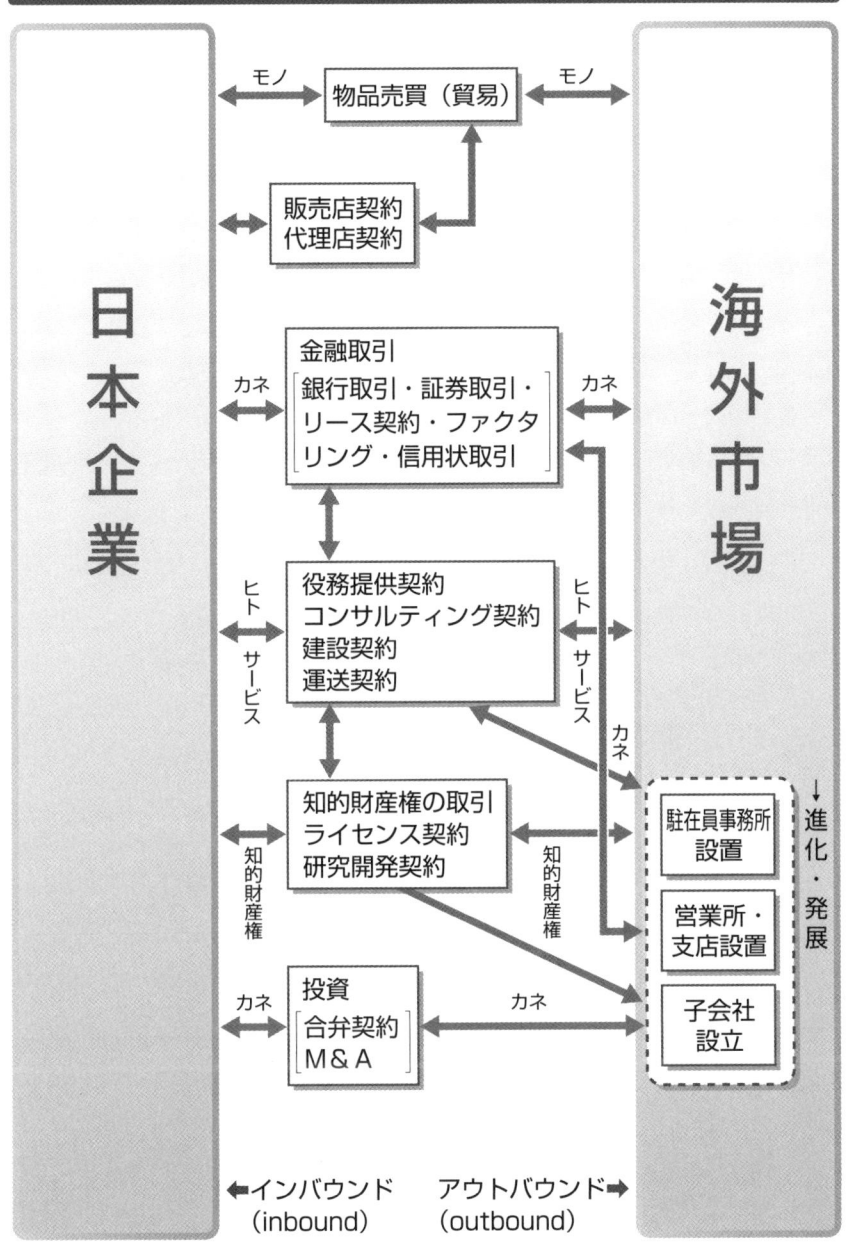

国際的な技術の移転・導入として盛んに行われてきた各種の情報や知的財産権等の取引も重要である。ライセンス契約は、特許権、商標権等の産業財産権のほか、著作権やノウハウのように登録されていない知的財産権の使用を許諾するもので、これらも国際的な取引の対象となる（→196頁）。

　国内に存在する多くの法律問題は、ほとんど国際ビジネスの局面でも類似のものが存在している。そのため、取り扱うべき問題は極めて多く、広汎に渡っている。また、国内ビジネスが経済のグローバリゼーションによって洗練されるに伴って、国内ビジネスを展開する上でも、国際ビジネス法の知識・経験は大きな意味を持つ。その意味で、国際ビジネスに対する理解を深めることは、日本国内だけでビジネスをする人たちにとっても非常に有益だ。

　今後、国内・国際を問わず、グローバルな視点をもってビジネス・ローにアプローチする姿勢は、これからの企業法務において欠かせない。本書は、それらの法律問題を対象として取り扱う。

COLUMN-1

「グローバル」と「国際」

　近時の国際ビジネスの背景には、「グローバリゼーション」の進展があるが、ここで本書が「グローバル・ビジネス法」とはしないで、「国際ビジネス法」(International Business Law) としている理由を明らかにしておきたい。

　元来、「国際」という場合は、分析単位として国家の存在を前提とし、その関係を問題とする。すなわち、この言葉が用いられる場合には、国際的な要因が国内にどういう影響を及ぼすかが問題とされ、国家間で利害が対立しているという点が所与の前提として存在しているのだ。

　それに対して、「グローバル＝世界」という場合には、国内問題と国際問題が明確に区別されるわけではなく、分析単位は世界そのものであって、個々の国家は分析の要素の一つに過ぎない。つまり、「グローバル」という言葉の意味する世界は、単なる国家の集合でも集計でもないと考えられよう。

　本書が取り扱う領域は、どちらかといえば国家の存在を前提として考えざるをえない状況にある（→47頁等）。国際ビジネスを規律する統一法の確立には、まだまだ遠い道のりが予想される。他方において、国際私法によって各国のルールの矛盾・抵触は、結局のところそれぞれの国家的な制度を通して解決されることがほとんどである。

　こうしたことから、当分の間は、「グローバル・ビジネス法」を論じるまでには至らず、国際ビジネス法として論じるべき状況なのである。

国際化に伴うビジネスの変化

▶▶▶洗練された法的リスク・マネジメントの重要性

●国際的競争の激化によるイノベーション

　21世紀になって、**グローバリゼーション**と**IT革命**が経済環境を大きく変化させた。各種の規制緩和は、日本をグローバリゼーションの荒波に巻き込み、これに伴う競争の激化は、一面で企業活動を厳しいものとしている。他面で、日本の経済に大きな刺激を与え、その内実を豊かなものにした。かつてはなかったような新しいスキームのビジネスが登場し、M&Aも日常茶飯事のものとなった。こうした経済のグローバル化は、日本のビジネスを、旧来型のものから、欧米企業が世界的に展開しているような合理的で洗練されたものに変えつつある。

　国際的な競争の激化は、あらゆるジャンルにおけるイノベーションを促す。より効果的・効率的な手法が追求され、これに伴って法制度も改革されていく。日本は1990年代以降、「**第三の大立法時代**」と呼ばれる改革の季節を迎えているが、諸外国においてもグローバリゼーションと規制緩和の流れが加速して、その状況に応じた法制度改革が進展している。新興諸国やロシア、中国等も多くの新たな法制度を整備し、国際ビジネスに対応できる体制を整えつつある。そうした各国の法制度改革の動きも国際ビジネスに無関係ではありえない。その意味で、国際ビジネスにおいては、幅広いアンテナが求められる。

　国際商取引の分野では、その手法から表現方法に至るまで、日本の企業は欧米企業のやり方を見よう見まねで取り入れてきた。そして、日本の取引法の実務から会社法務に至るまで、欧米の影響を強く受けたことに伴って、日本特有のやり方が通用しなくなっている。例えば、国内ビジネスでも、契約書の重要性が高まり、その内容も欧米のビジネス手法を取り入れて、洗練され、合理的なものに変容してきた。例えば、契約交渉でも最初に秘密保持契約（→106頁）を締結することから始まることが多くなったのは、その一つの現れだ。

図表2　グローバリゼーションとIT革命による変化

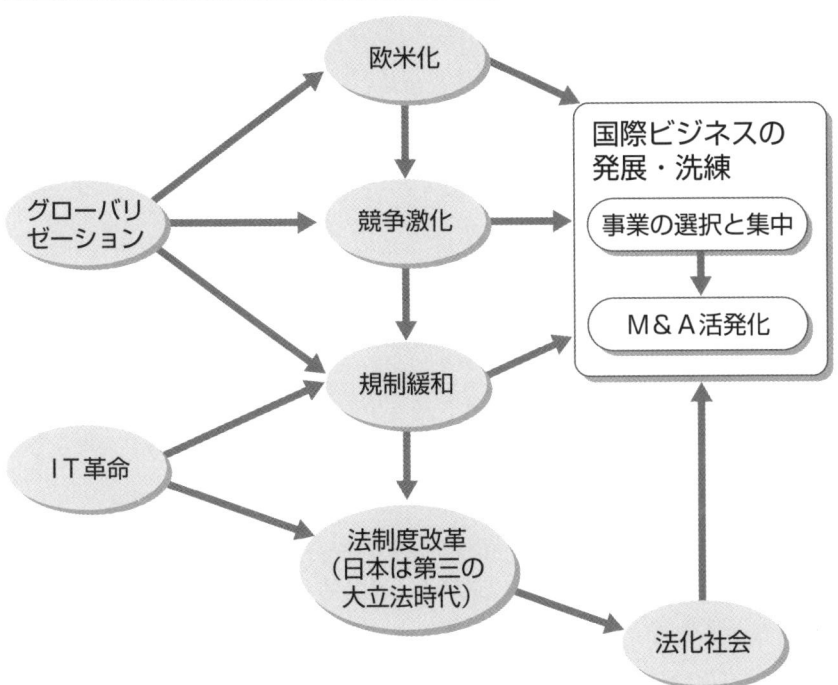

● **国際ビジネスマンにとっての基礎的な素養として**

　国際法務の基本的知識は、一般のビジネスマンにとっても、極めて重要な素養となるだろう。その内容はどんどん変化していくので、常にアップデートをしていくことも必要だ。

　国際取引をも取り扱う企業法務では、国際ビジネスに特有の法律問題を含む複雑で錯綜した利害対立を調整し、解決していく能力が不可欠だ。わが国の企業活動が今後も持続的に発展していくためにも国際ビジネス法に対する能力アップが期待される。

国際ビジネスの落とし穴

▶▶▶ビジネスリスクを踏まえた戦略とは

● トラブルが複雑化しやすい構造

　もとより、ビジネスにはリスクが伴う。国内取引でも様々なリスクがある。そのビジネスが国境を越えることによって、取引としての難しさが強まる。国際ビジネスは、異文化交流にほかならないから、異文化摩擦が生じることもある。異国の企業経営者とは経営理念やビジネスの手法が異なることは少なくない。そこから齟齬が生じてトラブルに発展する危険性も高い。

　ビジネスが順調に進んでいるうちはいい。しかし、一度トラブルになると、国内紛争に比べて、解決のために莫大なコストがかかり、解決が難しくなりがちだ。国内紛争であれば国内の裁判所に訴えればいいが、海外の取引先が相手方となると、どこの裁判所で訴えるのかという点から利害が鋭く対立する。外国で手続きを取ることが必要となれば、その負担は計り知れない。

　また、国際ビジネスに関する法律問題は複雑だ。例えば、Ａ国の会社とＢ国の会社の取引ではＡ国法とＢ国法の両方が何らかの形で関係する。この場合、民間企業同士の取引でも、私法上の問題のみならず公法的な規制が関係することが少なくない。ここにＡ国法とＢ国法のいずれが適用されるのかといった抵触法、国際私法の問題を解決する必要がある。

　加えて、当事者の言語、文化、歴史、コミュニケーション手法、取引のセンス、法的素養等が異なり、時として国益等が関係してくる。日本人の発想では考えられない奇想天外な主張が繰り出されることもあり、日本人の常識は通用しない。国際ビジネス特有の為替変動リスクや長距離運送に伴うリスクもある。特に開発途上国等の外国企業との取引では、戦争、内乱、政治体制の変更等により、輸出入や為替送金の停止等の事態に陥るリスク（**カントリーリスク**）もある。

図表3　国際ビジネスのリスク

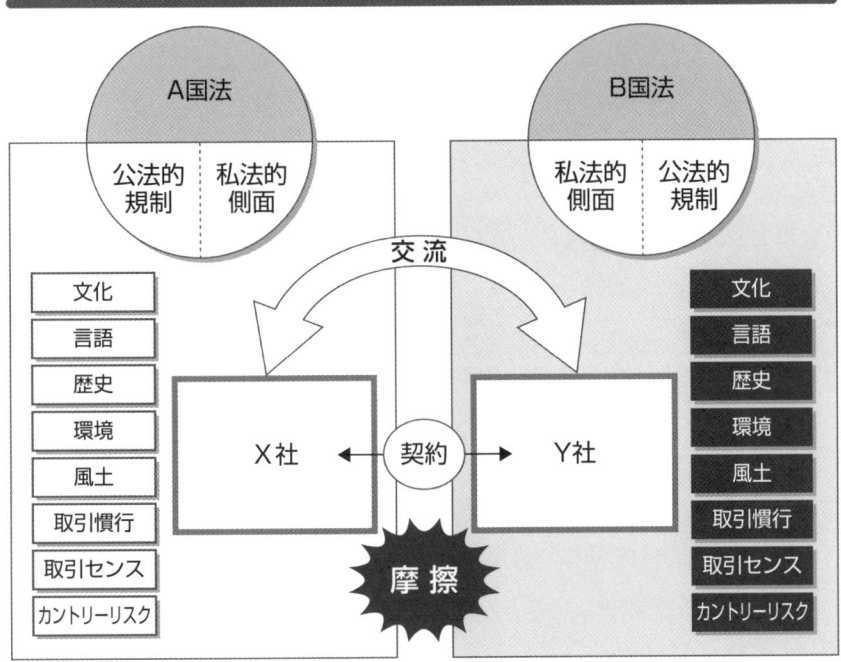

● 予防法務の重要性

　それだけに国際ビジネスの基本は、いかに紛争を予防・回避するかが重要だ。その重要性は国内取引に比べて格段に大きい。かくして、紛争予防のための契約書の重要性も、国際取引では、より大きなものとなる。

　国際ビジネスの分野では、リスク・マネジメントの観点から、できる限り契約をレビューし、不利な契約を回避するとともに、万一紛争が起きた場合に備えて、その損失を最小限にするための努力が重要だ。また、多国籍企業では、各国の法制度を踏まえつつ、グローバルなビジネス戦略を展開する必要がある。

　国際ビジネス法は、具体的な事例で考えたほうが理解しやすい。ビジネスの基本的な考え方も理解しておく必要もある。ビジネスの実態とかけ離れた議論をしても、あまり意味がない。何が現実的な選択肢として考えられ、それをどう絞り込んでいくかを、それぞれの問題ごとに考察していくべきだろう。

4 ルール適用の構造

▶▶▶ あらゆる法令が関係してくる重層性が特徴

● 私法的側面と公法的側面

　国際ビジネスを規律するルールは、一つの法典にまとめられてはいない。むしろ、様々な法令に国際ビジネスに影響を与えるルールが散在しており、その適用関係も複雑だ。国際ビジネスは、それぞれの国内法一般の規律を受けることに加え、国内の法令が国際取引に特別の規律を加えていることがある。

　民間企業同士の取引でも国境をまたぐと、私法上の問題だけではなく、公法的規制が関係してくる。当事者間の契約関係は、私法上の問題が基本だが、貿易規制、為替管理、投資規制等の公法的な規制にも服している。このため、いずれかの国の公法的な規律に違反すると、取引の目的を達成できないリスクが生じる。公法的規制が私法上の法律関係にどのような影響を与えるかも問題であり、時として「私法の公法化」ともいうべき現象が見られる。

　しかも、国際取引になると、適用される規律が一国のみによるものとは限らず、関係する複数の国の規律をクリアーしなければならないこともある。公法的規制の内容は、その国の政策によって大きく異なりうるが、その国の領域内において適用されるのが原則である（**公法の属地的適用**→41頁）。領域外には基本的に国家主権が及ばないと考えられるからだ。ただ、公法が域外適用される場合もあり、近時これを積極的に活用する傾向も現れている（→284頁）。

● 手続地から出発する

　A国の会社とB国の会社の取引における私法上の法律関係について、A国法とB国法のいずれが適用されるのかを決めるルールは、「**抵触法**」（Conflict of Laws）、「**国際私法**」等と呼ばれる（→36頁）。各国は、国際私法のルールをそれぞれ有しており、抵触法または国際私法という法領域を統一するルールは必ずしも十分に成立していない。

　そこで、当事者間で紛争が発生した場合、まずどこで紛争解決が図られるの

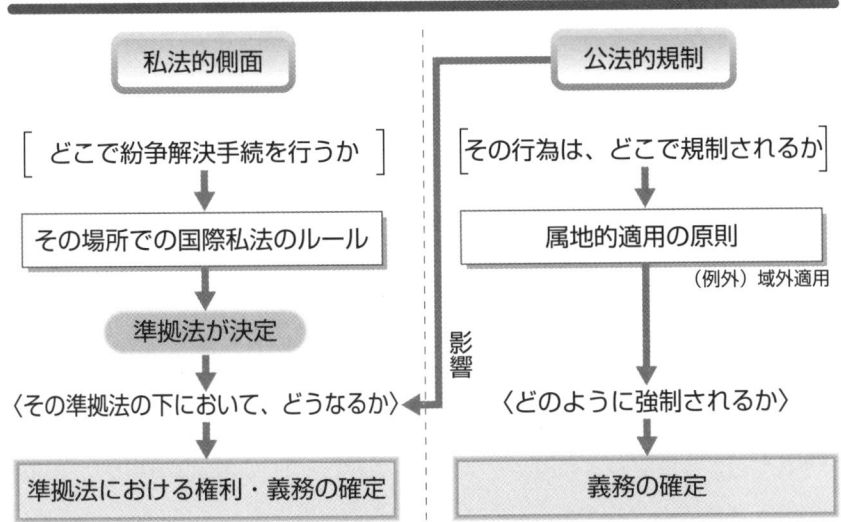

図表4　国際ビジネス法に関するルール適用の構造

かによって、適用される抵触法または国際私法も異なってくる。すなわち、A国法で紛争解決手続が進められるのであれば、A国法の国際私法が適用され、B国法で紛争解決をするのであればB国法の国際私法が適用されるというのがオーソドックスな考え方だ。

ただ、国際私法や抵触法そのものは、当事者の権利や義務を決めるわけではなく、それを規律するルール（準拠法）を決めるためのルールにすぎない。そこで、例えば、A国での国際私法でA国法が準拠法と決まり、次にA国法によって当事者の権利・義務が導かれる[1]。この場合、自国の法が準拠法となるとは限らず、外国法が準拠法となることもある（→50頁）。当事者間で適用される法令をA国法と合意しても、B国法が無関係だとは限らない（→251頁）。

準拠法が決まったら、その準拠法に照らして当事者の権利・義務を検討する。その場合、国際取引であるという理由で特別の扱いを受けることもあるかもしれない。

(注1) ただし、例外的には、CISG（→156頁）等のように国際私法のルールを介さないで、直接に適用されるルールもあり、法域の法整備の状況によって説明が違うこともある。

先端的な総合法学としての性格

▶▶▶国家権力により解決する強制執行システムの限界と課題

●国内法と外国法

　国際ビジネス法には、国内法のみならず、外国法をも含むあらゆる種類の法令が関係してくる。先に触れた通り、国内の紛争解決手続で外国法が準拠法となって権利・義務が争われることもある。諸外国の法制比較に、紛争解決のヒントが隠されていることもある。これに加えてソフトローや国際的な取引慣行も重要だ。

　それでは、国際ビジネス法をマスターするには、世界中の際限のない法知識が必要とされるのだろうか。もちろん、そんな法令をすべて知っている必要はない。それらの法律は、個別に取り上げるだけでも奥深いものだ。

　ただ、国際ビジネスの分野において、どのような局面で、どのようなリスクがあり、どのような種類の法令があるのかについて基本的な視点と知識を持っていることは重要だろう。ヒト、モノ、カネ等が国境を越える場合に、どのように国内法や外国法が適用されるのかを理解する頭を持つことが必要だ。

　個別の法令の内容や、具体的な結論がどうなるかについては、適宜必要に応じて調査をすることによって対応できる。しかし、その前提として、どこで何を調査するかを察知する必要があるし、その典型的なものを学習しておくことは可能だ。国際ビジネス法の基本的な内容を一通り理解しておけば、どのような法律問題があるかを知ることにより、個別のビジネスにおける法的リスクにも対応できよう。

●双方向の対称性

　日本における国際ビジネスは大きく分類すると、日本国内から外国に出て行くもの（outbound）と、外国から日本に入ってくるもの（inbound）とがあり、さらに多国籍企業のガバナンスの問題のように内外相互関係そのものが問題となる局面もある。

図表5　多様な法律・ルールが関連してくる

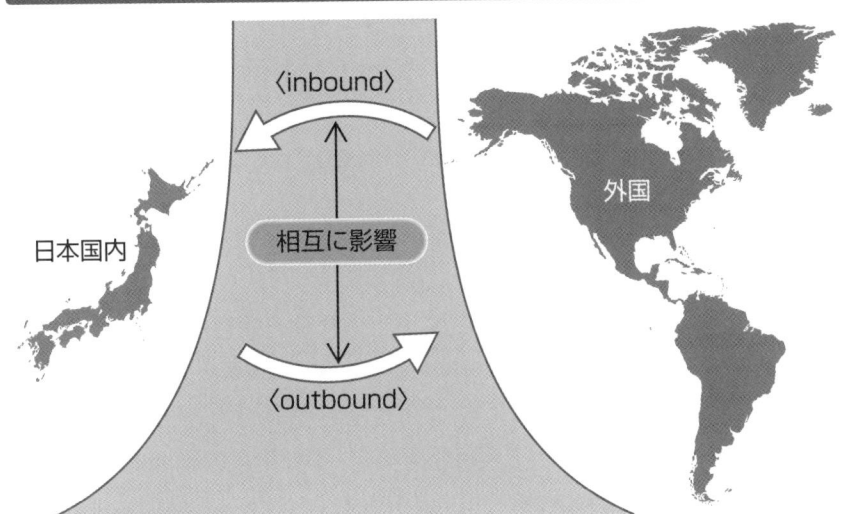

　本書で取り上げるのは、このすべてであるが、日本から外国に出て行く局面であるか、外国から日本に入ってくる局面であるかを区別していないことが多い。あくまでも例示として一定の局面における分析として理解してほしい。ただ、そこで取り扱ったのと同様または類似の問題が逆の局面でもありうる。その意味で、双方向から対称的に問題点を検討することもできる。

　もっとも、国際的なルールは統一されておらず、最終的には国家が別々の法秩序を有しているため、しばしば**法域**（jurisdiction）によって異なった結論となったり、矛盾した状況が生じたりすることがあり、また強制のメカニズムの差異による不均等が生じたりもする。

　一般的には、外国から日本に入ってくるビジネスは、日本法でどうなるかが中心的な課題となり、日本から外国に出て行くビジネスでは日本法のみならず目的地となる外国法が重要な鍵となる。そして、ビジネスが国際性を帯びているという理由で、時として日本法や外国法に加えて、条約その他の国際的なルールが関係することもある。ここに国際ビジネス法の重層性と複雑性がある。

国際取引を促進する枠組み

▶▶▶WTO、国連、複数国家間、民間団体等による多元的取り組み

●GATTからWTOへ

　国際ビジネスを規律する公法的規制の背景には、各国の企業の利害関係を調整するための国際的な枠組みがある。国際ビジネスをスムーズに行えるようにするためには、国際的な合意に基づいて統一的なルールを構築していくことも期待される。国際ビジネスの分野では、適用される法が統一・調和されることが望ましい。そこで、その理想に向けた取り組みがなされ、世界的な貿易の枠組みとして、1947年の「**貿易と関税に関する一般協定**」(General Agreement on Tariffs and Trade＝GATT) がほぼ半世紀にわたって機能していた。GATTの下では、ラウンドという多国間貿易交渉が行われ、関税障壁の除去等によって、モノの貿易の自由化が大きく進展した。その後、1986年に開始されたウルグアイ・ラウンド交渉により、GATTを発展的に解消させる形で、1995年に**世界貿易機関**（World Trade Organization＝WTO）が成立した。

　WTOは、多国間の包括的なルールを定めるため、貿易交渉のためのフォーラムを提供するほか、各国の国内貿易政策を監視し、貿易をめぐる紛争解決（→276頁）や貿易に関する途上国への技術支援等にも取り組んでいる。また、WTOは、円滑なサービス貿易の実現を目指して、「**サービスの貿易に関する一般協定**」(General Agreement on Trade in Services＝GATS) を設けた。さらに、WTOは、アンチ・ダンピングや知的所有権等について図表6のように幅広いルールを規律しようとしている。WTOには、2008年11月現在で153か国・地域が加盟しており、世界の経済発展に大きく貢献している。

●国際連合の取り組み

　一方、国連も、1966年12月、国際商取引法の段階的な調和と統一の促進を主たる目的として、国連総会の直属の補助機関として**国連国際商取引法委員会**（United Nations Commission on International Trade Law＝UNCITRAL）を

図表6　国際取引を促進する国際的な枠組み

○WTOを設立するマラケシュ協定の附属書一覧表

附属書一
　附属書1Ａ　物品の貿易に関する多角的協定
　　1994年の関税及び貿易に関する一般協定
　　　‥‥‥‥‥‥‥‥‥‥‥‥‥‥‥‥‥‥‥‥‥〈GATT1994〉
　　農業に関する協定
　　　‥‥‥‥‥‥‥‥‥‥‥‥‥‥‥‥‥‥‥‥‥‥‥〈農業協定〉
　　衛生植物検疫措置の適用に関する協定
　　　‥‥‥‥‥‥‥‥‥‥‥‥‥‥‥‥‥‥‥‥‥‥‥〈SPS協定〉
　　繊維及び繊維製品(衣類を含む。)に関する協定
　　　‥‥‥‥‥‥‥‥‥‥‥‥‥‥〈繊維協定。但し、2005年に失効〉
　　貿易の技術的障害に関する協定
　　　‥‥‥‥‥‥‥‥‥‥‥‥‥‥‥‥‥‥‥‥‥‥‥〈TBT協定〉
　　貿易に関連する投資措置に関する協定
　　　‥‥‥‥‥‥‥‥‥‥‥‥‥‥‥‥‥‥‥‥‥‥〈TRIMs協定〉
　　1994年の関税及び貿易に関する一般協定第6条の実施に関する協定
　　　‥‥‥‥‥‥‥‥‥‥‥‥‥‥‥‥‥‥‥‥〈反ダンピング協定〉
　　1994年の関税及び貿易に関する一般協定第7条の実施に関する協定
　　　‥‥‥‥‥‥‥‥‥‥‥‥‥‥‥‥‥‥‥‥‥〈関税評価協定〉
　　船積み前検査に関する協定
　　原産地規則に関する協定
　　輸入許可手続に関する協定
　　補助金及び相殺措置に関する協定‥〈補助金協定〉
　　セーフガードに関する協定
　附属書1Ｂ　サービスの貿易に関する一般協定‥‥‥‥‥‥〈GATS〉
　附属書1Ｃ　知的所有権の貿易関連の側面に関する協定(→196頁)
　　　‥‥‥‥‥‥‥‥‥‥‥‥‥‥‥‥‥‥‥‥‥‥〈TRIPS協定〉
附属書二
　紛争解決に係る規則及び手続に関する了解‥‥‥〈DSU〉(→276頁)
附属書三
　貿易政策検討制度‥‥‥‥‥‥‥‥‥‥‥‥‥‥‥‥‥〈TPRM〉
附属書四　複数国間貿易協定
　民間航空機貿易に関する協定
　政府調達に関する協定‥‥‥‥‥‥‥‥‥‥‥‥〈政府調達協定〉
　国際酪農品協定　｝(但し、1997年に終了)
　国際牛肉協定

設置した。同委員会は、国際動産売買について1974年に「動産の国際的売買における制限期間に関する条約」、1980年に**国際物品売買契約に関する国際連合条約**」（CISG→156頁）、国際手形の分野について1988年に「国際為替手形及び国際約束手形に関する条約」を採択したほか、国際倒産（→287頁）や国際商事仲裁（→264頁）、国際振込等の分野でモデル法を作り、国際海運立法、工業化のための契約に関する標準条項・標準契約等を議論するなどの活動に取り組んでいる。

また、**国連貿易開発会議**（United Nations Conference on Trade and Development＝UNCTAD）は、発展途上国の貿易、投資、開発の機会を最大化し、国際ビジネス上の難問に直面する途上国を支援しながら、対等な立場で世界経済を統合することを目指している。

● ハーグ国際私法会議

1893年にオランダ政府の発議でヨーロッパ諸国が集まって始まったハーグ国際私法会議も、国際私法の統一を目指す母体として重要である。この会議で採択された条約は、**ハーグ国際条約**と呼ばれ、準拠法や国際民事手続法に関する国際私法条約等、国際ビジネスに関係する重要な条約も数多く成立させている。日本は「**為替手形及約束手形ニ関シ統一法ヲ制定スル条約**」や「**小切手ニ関シ統一法ヲ制定スル条約**」のほか、民事訴訟関係で、「民事訴訟手続きに関する条約」、「民事又は商事に関する裁判上及び裁判外の文書の外国における送達及び告知に関する条約」（送達条約）（→263頁）等を批准している。

● 民間団体の取り組み

民間の**国際商業会議所**（International Chamber of Commerce＝ICC）はインコタームズ（→152頁）のほか、「**信用状統一規則**」「取立統一規則」「仲裁規則」「UNCTAD／ICC複合運送書類に関する規則」等の国際取引慣習に関する共通のルール作りや国際商事取引紛争に関する情報提供活動等を行っている。従って、インコタームズや信用状統一規則は、非国家法的な規範だ（→44頁）。これらの大多数の規定は、各国家が定める強行法規とは抵触しない。

また、**標準契約約款**（Standard Form Contract）のように、個別の契約の内容として当事者の合意によって採用されるものもある。これらは強行法規を

排除することはできず、契約の準拠法の許容する範囲で実質的な法規範として機能するものだ。これらのソフトローもまた国際ビジネスをスムーズに展開するためのルールの一翼を担っているのだ。

● **国際的取り組みの限界と課題**

しかし、これまでの国家間あるいは民間の外交会議では、欧米先進国の前提とする法体系の影響が強く、イスラム諸国や発展途上国からの積極的な参加が弱いという指摘もある。このため、多くの加盟国を得ていない条約も多い。また、これまでに存在している条約等の国際的規範の多くは、極めて限定された分野を規律するにとどまり、必ずしも十分な分野を規律対象とはしていない。

さらに、せっかく多国間条約がまとめられても、署名国数が発効要件に満たないとか、主要な国々が条約を批准しないと、事実上、空文化してしまう。このように、いくらニーズがあっても国際的に統一的なルールを構築することは困難な状況にある領域は少なくない。

● **二国間や複数国間の条約や協定**

そこで、当面のところ**二国間や複数国間の条約や協定**等によってビジネスの展開を図っている。例えば、投資については、包括的ルールはまだ十分に整備されてはいないため、投資の領域では二国間や複数国間の投資協定がある。**二国間投資協定（Bilateral Investment Treaty＝BIT）**があると、ビジネスの自由度が高まり、海外への進出・投資がやりやすくなる。BITは、1990年代から急増しており、グローバリゼーションの進展に伴って、海外投資も増える中で、こうした投資協定を積極的に活用していくことが期待される。また、**自由貿易協定（FTA）**や**経済連携協定（EPA）**も実質的にはBITと同じ内容を含んでいることが少なくない。

こうした条約や協定を締結した国家間ではビジネスチャンスが増える。しかし、これが行き過ぎるとブロック経済に陥りかねない。ブロック経済化が進行して他国を排除するような動きにならないように注意する必要がある。FTAやEPAで貿易や投資の流れが歪曲される「スパゲティボール現象」にどう対応するかは今後の大きな課題だ[1]。

（注1）須網・道垣内編『国際ビジネスと法』4頁以下（日本評論社、2009年）参照。

国際ビジネスの言語

▶▶▶国際ビジネスの共通語としての英語の重要性

● 影響力と使用頻度

　国際ビジネスにおいては、その言語を母国語とする人口がどれだけいるかということよりも、どれだけの影響力があり、どれだけ使われているかが重要だ。その観点からすると、英語が圧倒的に重要だといえよう。これまでの国際取引の実績からすると、英文契約書のシェアはかなり高い。例えば、日本の企業と東南アジア諸国の企業の間で締結される契約でも、日本語または彼らの言語ではなく、英文契約書による場合が圧倒的に多い。それが契約当事者双方にとって公平であるとともに、実務的にも便利であるからだ。これは、経済学で指摘されるネットワーク外部性が働いた結果であるという説明もできよう。

　もっとも、中国ビジネスの進展とともに、中国語による契約書の重要性が高まっているほか、他の言語による国際取引契約もある。英文契約がすべてというわけではない。また、インターネットの普及や衛星放送等によって他の言語によるコミュニケーションも可能になるから、英語の重要性は低くなるのではないかとの指摘もある。しかし、これまでの英文契約による取引実務の慣行は根強く定着しており、国際ビジネス法における英米法の影響が極めて大きいことから、今後も英文契約書の重要性が消えることはないだろう。

● 和訳を作成する意義と効能

　しかし、日本の組織においては、英語だけでは十分に正しく理解できないという人たちもいる。また、日本の裁判所等、公的な機関において証拠として契約書等を提出する場合には、和訳文を添付しなければならない。こうした事情から、実務的に英文契約書の和訳文が作成されることが少なくない。

　実務的には、日本語版と英語版との間にまったく齟齬がなければ、何も問題はない。しかし、英語を日本語に完全に移し換えることは、厳密にはできないこともあるし、あまり細かく考えると、うまく日本語に転換できないこともあ

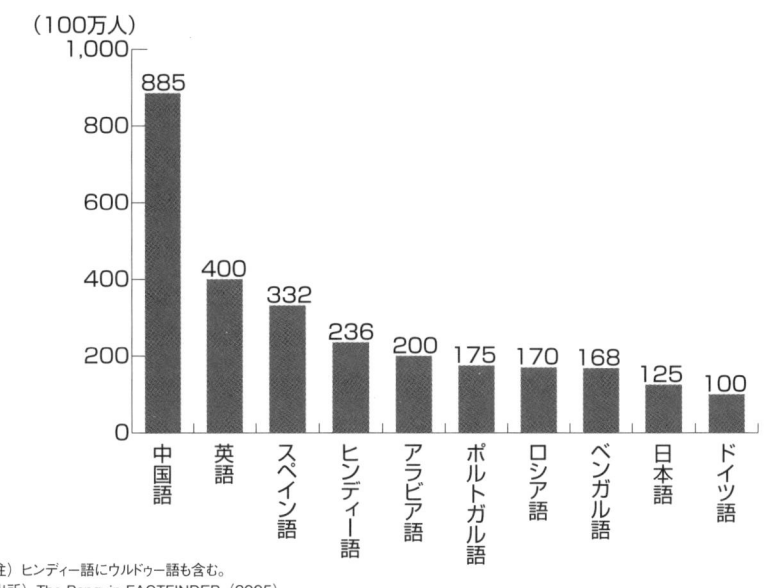

図表7 世界の母国語人口（上位10言語）

(注) ヒンディー語にウルドゥー語も含む。
(出所) The Penguin FACTFINDER (2005)

る。ある程度の意訳をしながら、役に立つような翻訳をすることが行われる。この作成プロセスにおいて、日本人は海外のビジネスマンとの思考の違いを認識することもできるし、英文契約書を細かく分析する機会にもなる。漠然としか英文契約書を読めないというのであれば、和訳を作成する作業をしてみることにより、より深く、正確に英文契約書の表現を把握することができるだろう。

ただし、契約書の訳文を作成した場合に、二つの異なった言語の契約書の両方に署名すべきではないだろう。言語の異なる契約書が別々の国で独自に効力を持つのは好ましくない。異なった言語で契約書が作成される場合には、どちらの言語によるものが正本であるかを明確に定めておくべきだろう。その判断を誤ると面倒なことになりかねないので、言語の選択も安易に考えないほうがよい。

もっとも、各国において、異なる言語による契約書を正本とする合意も有効となる可能性はあるが、両者の同一性には充分なチェックが求められる。この

点についてユニドロワUPICC（→48頁）第4.7条には、「契約が二つ以上の言語で作成され、それらが等しい権威を持つにもかかわらず、それらの間に相違がある場合には、契約が元来作成されたほうの版に従って解釈されることが望ましい」と定められている。この原則は、当事者が契約でユニドロワ原則に従うと合意したときでなければ当然に適用されるものではないが、このような考え方がされることもありえ、裁判所がこれに従うこともあるかもしれない。

第 **2** 章

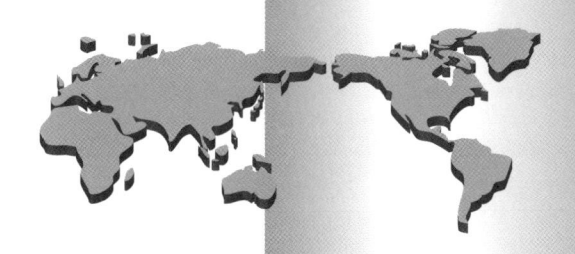

国際ビジネスを規律する法

⑧ 国際私法（抵触法）

▶▶▶法性決定から導かれる連結点によって準拠法を特定

●基本的には国内法

いくつかの国の法令が関係する場合に当事者間で適用すべき法（**準拠法**＝governing law ＝ applicable law）を決定する私法上のルールを、「**抵触法**」「**国際私法**」（または「**法の抵触**」＝ Conflict of Laws という表現もある）等という。これは基本的に国内法で、紛争解決の場面では手続地における国際私法が適用される。国際私法の統一化の試みは**ハーグ国際私法会議**（→30頁）等、いろいろな場で行われているが、難しい問題が多く、容易ではない。

ここで準拠法とは、国際的な私法上の関係に適用すべき実質的な法（＝実質法）の全体であって、制定法、判例法、特別法、経過規定等の一切を含む。「**抵触法**」というのは、各国の法の抵触を解決するためのルールであるからだ。

この準拠法を決めるための一般的な考え方は、四つの段階に分析できる。第一に、問題となる法律関係について、国際私法上どのような単位法律関係に分類されるかを決める必要があり、これを「**法律関係の性質決定**」（＝**法性決定**）という。ただ、この決定をする基準となるのは、手続地法（法廷地の実質法＝lex fori）なのか、国際私法独自の立場によるのかの問題がある。通説は国際私法独自の立場によるべきものとしているが、手続地の実質法によるバイアスがかかりやすい[1]。また、矛盾が生じたら適応、調整が必要となることもある。

第二に、法性決定された法律関係に対して準拠法を定めるにあたって、その媒介要素を特定する必要がある。この要素を**連結点**または**連結素**という。

第三に、連結点をもとに準拠法を特定する。ただ、通常は、連結点の確定の時点で準拠法が特定される。こうして、適用すべき準拠法が決められる。これによって、自国の法令が準拠法となることもあれば、外国法が準拠法とされる場合もある。ここで準拠法を決定することができれば、国際私法によって、その実質法が決められたということになる。

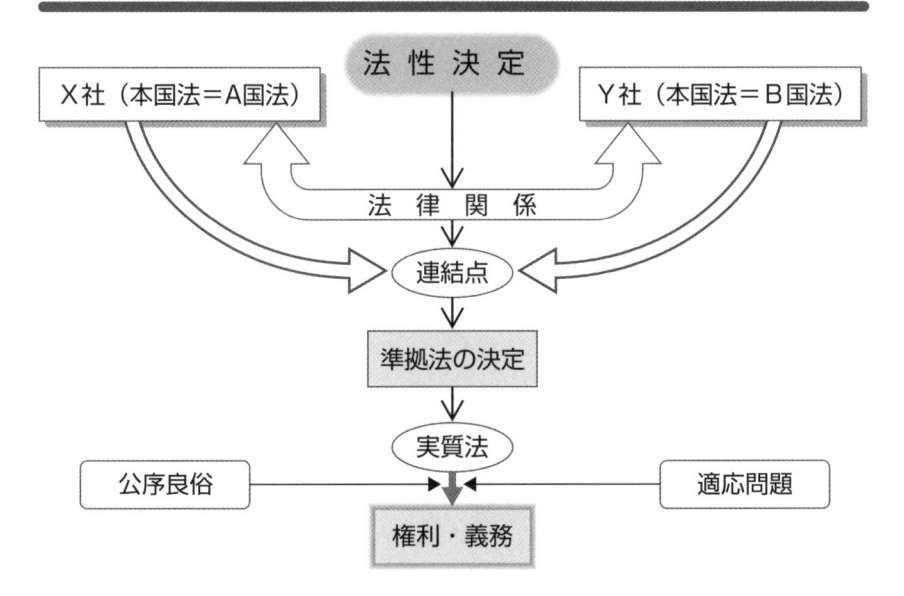

図表8　準拠法決定のルール

```
              法 性 決 定
     ┌─────────┬─────────┐
X社(本国法=A国法)        Y社(本国法=B国法)
     │    法 律 関 係    │
     └────→ 連結点 ←────┘
              ↓
          準拠法の決定
              ↓
           実質法
  ┌────┐    ↓    ┌────┐
  │公序良俗│→ 権利・義務 ←│適応問題│
  └────┘         └────┘
```

　第四に、決定された準拠法に基づいて、当事者間の権利・義務の内容が導かれる。その場合に、外国法が準拠法である場合には、その内容をどのように確定させるか、国内法の公序良俗との関係等が問題となる。

● 準国際私法

　国際私法には、国際民事訴訟法を含むこともあり、またそれとは別に準国際私法をも含むものとして広く把握されることもある。準国際私法とは、一つの国家内に複数の**法域**（jurisdiction）がある場合に、いずれの法を適用すべきかを定めるルールのことだ。例えば、米国では各州が独自に立法権、司法権、行政権を有しているため、各州によって法が異なる。英国でも地域によって法の内容が異なるので、準国際私法という概念が必要である。準国際私法は、国際私法とは一応区別されるが、元来は国際私法も準国際私法から発展してきたもので、その解決方法は類似している。米国の抵触法では、国際私法と準国際私法をほとんど区別しておらず、国際私法を準国際私法に準用することが多い。

（注1）澤木・道垣内『国際私法入門（第6版）』23頁（有斐閣、2006年）。

⑨ 法の適用に関する通則法

▶▶▶国際ビジネスにおける日本での法の適用

● 最密接関係地法の原則

　日本では、国際私法のルールを規律する基本的法典として、かつて「法例」という名前の法律があったが、これが全面的に改正され、「**法の適用に関する通則法**」（平成18年法律第78号）（「法適用通則法」と略称されることも多いが、本書では以下、単に「通則法」と呼ぶ）が、平成19年１月１日から施行されている。国際ビジネスに関する通則法の主なポイントは、次の通りである。

　第一に、法律行為の成立及び効力は、当事者がその法律行為の当時に選択した地の法によるものとされる（通則法７条）。当事者による準拠法の選択がない場合、法律行為の成立及び効力は、その法律行為の当時において、その法律行為に最も密接な関係がある地の法（＝**最密接関係地法**）による（８条１項）。どこが最密接関係地かは問題となるが、**特徴的な給付**を行う当事者の**常居所地法**が最密接関係地法と推定され、その当事者が当該法律行為に関係する事業所を有する場合は当該事業所の所在地の法、その当事者が当該法律行為に関係する二以上の事業所で法を異にする地に所在するものを有する場合は、その主たる事業所の所在地の法が常居所地法となる（同条２項）。また、不動産を目的物とする法律行為については、その不動産の所在地法が当該法律行為に最も密接な関係がある地の法と推定される（同条３項）。

● 消費者契約や労働契約等の特則

　第二に、消費者契約や労働契約について新たな定めを設け、消費者契約は成立、効力及び方式について、また労働契約は成立及び効力について、それぞれ消費者の常居所地法または労働契約の最密接関係地法中の特定の強行規定を適用する旨の主張をすることができるものとされる（通則法11条、12条）。もっとも、消費者契約や労働契約に限らず、日本国内での**絶対的な強行法規**の適用を免れないことに変わりはない。

図表9　法の適用に関する通則法

法性決定	連結点
法律行為の成立と効力　↑　契約の成立と効力	主観主義→当事者の意思（7条） 客観主義→最密接関係地（8条1項） 　　　　　絶対強行法規の特別連結理論
不動産を目的物とする契約 物権及びその他の登記をすべき権利	不動産の所在地（8条3項） 目的物の物理的所在地（13条）
不当利得 事務管理	原因となる事実の発生地（14条） （例外）より密接な関係地（15条）等
不法行為	加害行為の結果の発生地（17条） （例外）加害行為地（17条但書）等

　第三に、不法行為によって生ずる債権の成立及び効力に関する準拠法について、旧法例は「原因発生地の法律」としていた。しかし、通則法17条は、原則として「結果発生地法」と定めて、結果発生地が通常予見不能の場合には「加害行為地法」によるものとした。また、生産物責任や名誉・信用の毀損等に関しては特別の規定が設けられた（→242頁）。

　第四に、債権譲渡に関して、旧法例は、債権譲渡の第三者に対する効力を債務者の住所地法によることとしていた。これを通則法23条は、債権譲渡の第三者に対する効力について、譲渡に係る債権の準拠法によるものとする規定に改め、債務者の住所にかかわらず、譲渡の対象となる債権の準拠法に従って対抗要件を備えることができるように定めている。これによって、多数の債権を一括して譲渡することが容易になることが期待できる。

　しかし、準拠法の分割指定や黙示の意思による選択に関する定めは設けられず、代理（→76頁）等の準拠法に関する規定の新設も見送られ、今後も解釈に委ねられる。

⑩ 国際ビジネスに対する公法的規制

▶▶▶ 属地的適用の原則と域外適用の考え方

● バラエティに富む規律

　国際ビジネスにおいては、私法上の問題だけではなく、各種の公法的な規制に留意する必要がある。いずれの公法的規制にしても、矛盾・抵触があると、取引の目的を達成できないリスクがある。

　公法的規制の種類はバラエティに富む。為替管理、通関手続、関税の賦課等は、国際取引に特有の公法的規律だ。例えば、日本から物品を輸出する場合には、日本の輸出規制と相手国の輸入及びその他の取引規制に服する。また、日本で輸入する場合には、相手国の輸出規制と日本の輸入規制に服する。さらに、輸入後に国内での販売にかかっている規制もありうる。国によっては、特別の許可を必要とし、商品の規格に適合しないと通関できないこともある。

　また、為替管理について、日本には「**外国為替及び外国貿易法**」（外為法）があり、外国為替、外国貿易その他の対外取引が自由に行われることを基本としながらも、対外取引に対して必要最小限の管理または調整を行うことにより、対外取引の正常な発展並びに我が国または国際社会の平和及び安全の維持を期し、もって国際収支の均衡及び通貨の安定を図るとともに我が国経済の健全な発展に寄与することを目的として各種の規制を設けている（→226頁）。

　さらに、国によっては自国民保護のための警察・公安・保健衛生に関する規制や文化財保護・産業保護の規制が整備されており、企業間の競争に関する法令もある。

　公法的規制に関しては、二国間条約や多数国間条約があっても、それが国内法化されて実施されることが多い。従って、ほとんどの国際公法条約は、直接的に適用されることはなく、あくまでも条約に基づいて制定された国内法の適用という形を取る。

　こうした公法的規制は、基本的にそれぞれの国の主権の及ぶ領域内において

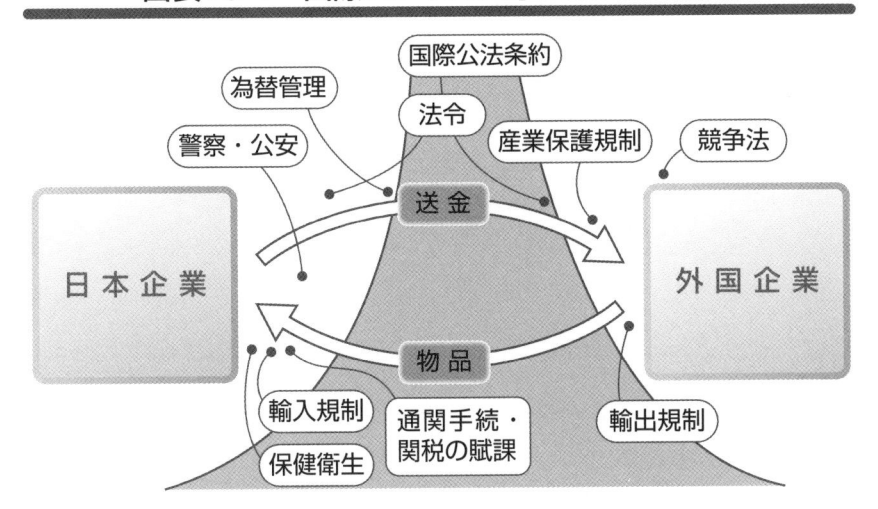

図表10-1　国際ビジネスに対する公法的規制

（図：日本企業と外国企業の間の国際ビジネスに対する公法的規制。国際公法条約・法令の下、送金・物品のやり取りに対して、為替管理、警察・公安、産業保護規制、競争法、輸入規制、保健衛生、通関手続・関税の賦課、輸出規制などが関わる。）

強制力を有するだけで、その領域外にまで及ぶのは例外的だ（**公法の属地的適用の原則**）。すなわち、自分たちの国において外国の公法の規制が直接に適用されることはない。

しかし、例外的に自国に影響を及ぼす場合には、公法の「**域外適用**」が問題となることがある。例えば、EUの競争法は日本における活動には適用されないのが原則だが、日本国内での談合行為がEU市場の競争を制限するような場合は、EU市場に影響を及ぼすものであることから、域外適用が主張されることがある（→284頁）。

●強行法規としての公法的規制

公法的規制は、しばしば私法上の問題を検討するに際して「強行法規」として作用することがある。その場合、講学上は「**相対的強行法規**」と「**絶対的強行法規**」とに区別し、後者は適用を免れないのに対して、前者はその国の法律が準拠法となった場合にのみ適用が強制される（その意味で任意法規ではない）性質の法令があるものと説明されることもある[1]。

(注1) 澤木・道垣内『国際私法入門（第6版）』197頁（有斐閣、2006年）参照。ただし、相対的強行法規は準拠法の合意によって排除できるという意味で「強行法規」ではなく、

具体的にどの法律が絶対的強行法規で、どの法律が相対的強行法規であるかは、必ずしも明確に整理されていないようである。

〈国際ビジネス・ケーススタディ〉
(東京高裁判決平成12年2月9日、判時1749号157頁、上告棄却で確定)
　東京から米国カリフォルニア州への転居のため、Xは、運送業者Y1との間で家財道具一式について運送契約を、損害保険会社Y2との間でXを被保険者とする貨物海上保険契約を締結した。ところが、運送中その一部であるイラン製絨毯が紛失した。この絨毯の米国内への輸入が米国法により原則的に禁止されていることから、保険契約に基づく保険金の支払が認められるかが問題となった(一審東京地裁はY1の責任のみ認め、Y2への請求を棄却)。

【東京高等裁判所の判断】
　Y2が日本国内でXに対し保険金の支払を命じる判決に基づいて強制執行を受けたとしても、それにより米国でどんな刑事制裁を受けるかは必ずしも明らかではない。少なくとも日本国では、個人が趣味で蒐集して所有または保管するイラン製絨毯を住居の移転に伴って引越荷物として日本から米国に運送することは何の法律にも違反しない。それが米国のイラン取引規則違反で、米国内への持込みについて特別許可を取得することがおよそ不可能でも、これは米国の行政上の一時的規制にすぎず、絨毯は麻薬や武器等の物品それ自体に問題がある通常の禁制品とは異なり、契約を無効としてまで取締りを徹底する必要はない。従って、本運送契約は公序良俗に反して無効ではなく、本保険契約の被保険利益が公序良俗に反するものともいえない。

　イラン取引規則の制定趣旨がテロリズムに対抗するもので、恒久平和を希求する日本国憲法の趣旨に合致するものでも同様で、本事案でその貨物につき締結された貨物保険を有効と判断したからといって、それが一般的に密輸を容易にし、かつ助長につながるとも考えられず、それを無効にしなければ国際間の協調と平和を求める日本の公序が保たれないとまではいえない。従って、保険契約は有効であり、保険者は運送中に発生した損害につき損害填補義務を負う。

　保険契約に基づく填補請求については、英国の法律及び慣習による旨の約定がある保険契約でも、航海事業の適法性についてまで英国法によることを約定

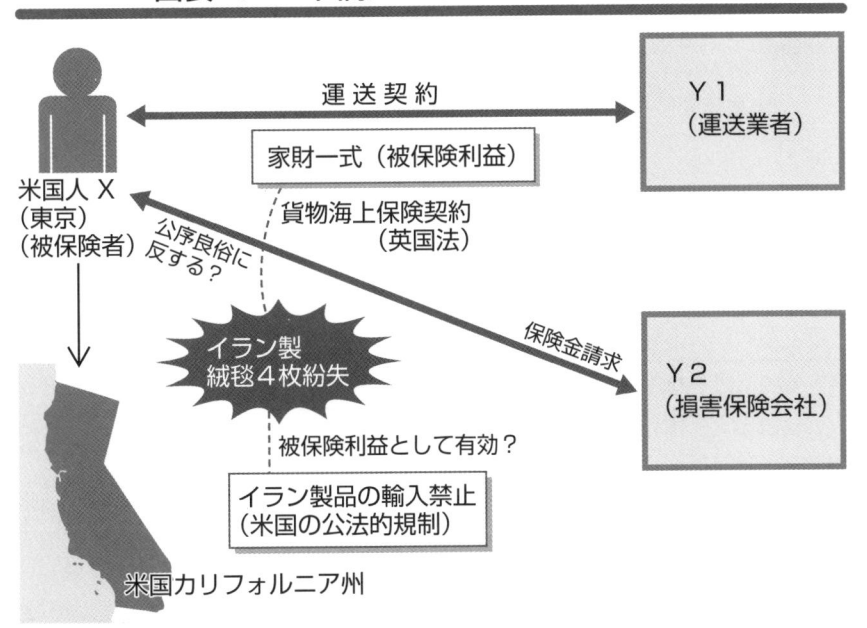

図表10-2　国際ビジネス・ケーススタディ

```
米国人X                  運送契約              Y1
(東京)          ←――――――――――――――→       (運送業者)
(被保険者)
              家財一式（被保険利益）
              貨物海上保険契約
     公序良俗に    （英国法）
     反する？
                                  保険金請求
        イラン製                              Y2
        絨毯4枚紛失            ――――――――→    (損害保険会社)

              被保険利益として有効？
              イラン製品の輸入禁止
              （米国の公法的規制）

    米国カリフォルニア州
```

したものではない。以上より、XからY1に対する債務不履行・不法行為に基づく損害賠償請求を日本法により認め、XからY2に対する約1億円の保険金支払を命じた。

(参考文献) 横溝大「第三国の輸入管理法の考慮」国際私法百選（補正版）30頁。
(参考) 国際海上物品運送法（運送品に関する注意義務）。
第三条　運送人は、自己又はその使用する者が運送品の受取、船積、積付、運送、保管、荷揚及び引渡につき注意を怠つたことにより生じた運送品の滅失、損傷又は延着について、損害賠償の責を負う。
2　前項の規定は、船長、海員、水先人その他運送人の使用する者の航行若しくは船舶の取扱に関する行為又は船舶における火災（運送人の故意又は過失に基くものを除く。）により生じた損害には、適用しない。

⑪ 国際ビジネスの統一法

▶▶▶世界的に共通して適用されるルールの構築に向けて

●統一法の試み

　国際ビジネスに関するルールや規律を統一するために条約を締結することがある。条約による国際的な統一法は、公法、私法いずれの領域においても見られる。条約による統一法を二つに分類すると、一つは各国の国内法の統一を目指すもの（**世界法型**）であり、もう一つは各国の国内法はそのままで国際ビジネスに関係する部分だけを統一しようとするもの（**万民法型**）がある。前者の例として統一手形法・小切手法条約等があり、後者にCISGや国際航空運送に関するモントリオール条約等がある。条約による統一法の試みは、実体法のみならず、抵触法や手続法のレベルにも及んでいる。

　政治的な理由等から条約が成立しないことも多い。そこで、条約とは別の方策として、各国の私法の内容をできるだけ統一するため、「**統一法**」や「**モデル法**」を作る試みもある。すなわち、国際取引に携わる人々の団体や業界等によって統一規則が作られていることもある。例えば、ICCのインコタームズや信用状統一規則は条約ではなく、必ずしも当然に法的拘束力を有するわけではないが、国際的な統一法規範として機能している。モデル法は、実定法ではなく、国家法を準拠法とした取引に取り込まれることで機能することもある。

●統一法の可能性と限界

　国際ビジネスは、経済合理性を基礎とするから、その統一は市場関係者にも大きなメリットがあり、各国の歴史・宗教・文化等と深く結びついた家族法等と比べて、法の統一にはなじみやすいはずだ。それでも国際ビジネスの分野において統一法やモデル法が作られた事項は、決して多くはない。また、国際的に統一的なルールができても、それが各国で採用されるときに同一の内容となるとは限らない。国際ビジネス法の分野において、世界的に統一的な裁判機構が個別の問題を処理する仕組みはできていない。そのため、個別の問題は各国

図表11　国際ビジネスの統一法

	例	日本での取扱い (国内法化した場合の法律)
世界法型の統一私法（世界統一私法）＝各国の国内法の内容統一を目指す	1930年　為替手形及び約束手形に関し統一法を制定する条約 1931年　小切手に関し統一法を制定する条約 1980年　契約債務の準拠法に関する条約	手形法 小切手法 なし
万民法型の統一私法＝渉外的法律関係に関するルールの統一だけ目指す	1910年　船舶の衝突に関する条約 1910年　海難の救援救助に関する条約 1924年　船荷証券に関するある規定の統一のための国際条約 1929年　国際航空運送についてのある規則の統一に関する条約（ワルソー条約） 1964年　有体動産の国際的売買についての統一法に関する条約 1980年　国連国際物品売買条約（CISG） 1999年　国際航空運送についてのある規則の統一に関する条約（モントリオール条約）	 国際海上物品運送法 ―― ―― 直接適用 直接適用

の司法権によって解決が図られ、その強制執行システムも国ごとに独立して存在するから、外国において相手方の責任を追及していくには多くのハードルがある。

　国によっては言語等も異なるから、同じ国際的なルールを適用していても解釈の不統一が生じたり、それぞれの事情による修正が加えられたりすることもある。結局、一部に統一法があっても、国際私法によって準拠法が何かを押さえた上で、対応しなければならないケースは多い。その意味で、国際私法も国際民事手続に関するルールも、それぞれの国で違うかもしれないという不安定さから完全に逃れることはできないといえるだろう。

　さらに、たとえ一時的には統一したように見えても、前とは違った新しいものが現れることもある。世界は大きく変化しており、国際ビジネスの分野では、次々に新しいものが登場する。国際取引においては、常に将来的な課題に取り組みながら、新しい解決方法を考えていくことが求められる。

⓬ レクス・メルカトリア

▶▶▶国際取引に直接に適用される非国家法規範

⦿ 特定の国家法規範に拘束されない

　元来、**レクス・メルカトリア**（Lex Mercatoria）とは、中世ヨーロッパの商人間において存在していた商慣習である。現代でも、これが国家法とは別の次元において存在し、国際商取引に関する当事者間の法律関係は、その法規範によって規律されるべきであるとする学説がある。

　確かに、国際ビジネスにおいては、特定の国家の法的伝統や政治経済の状況に拘束されず、世界的に見て均衡の取れた準則を確立することが望ましい。国際ビジネスは、個別の国家権力によって規律されるものではなく、国家法とは別の特別ルールによって規律されるべきだとの主張にはそれなりの理由がある。

　各国の国際私法によって導かれる準拠法で国際ビジネスを規律するのは迂遠であるだけでなく、法廷地によって適用されるルールが異なるのは適切でない。しかも、その適用されるルールはいずれかの国の法令（国内法）であるが、各国内法が国際取引にあまり適合しないことも少なくない。これらの理由から、国際取引に直接に適用される法規範としてレクス・メルカトリアを認める見解が提唱されているのだ。

　また、国家法のみが準拠法たりうるのかについては、学説に異論もある。必ずしもそうした前提に立つ必要はなく、両当事者による非国家法規範を指定することもできるという考え方もある。レクス・メルカトリアを準拠法とする考え方は、そうした学説に依拠するものだろう。

⦿ 内容の不確定性

　しかし、レクス・メルカトリアの内容は決して一義的ではない。これを肯定する立場によれば、公私の団体が作成した統一法、モデル法、各種の約款、標準契約条件、法の一般原則等が含まれるというが、その内容は必ずしも明らかであるとはいえない。しかも、それらの商人法がすべての国際ビジネスに必要

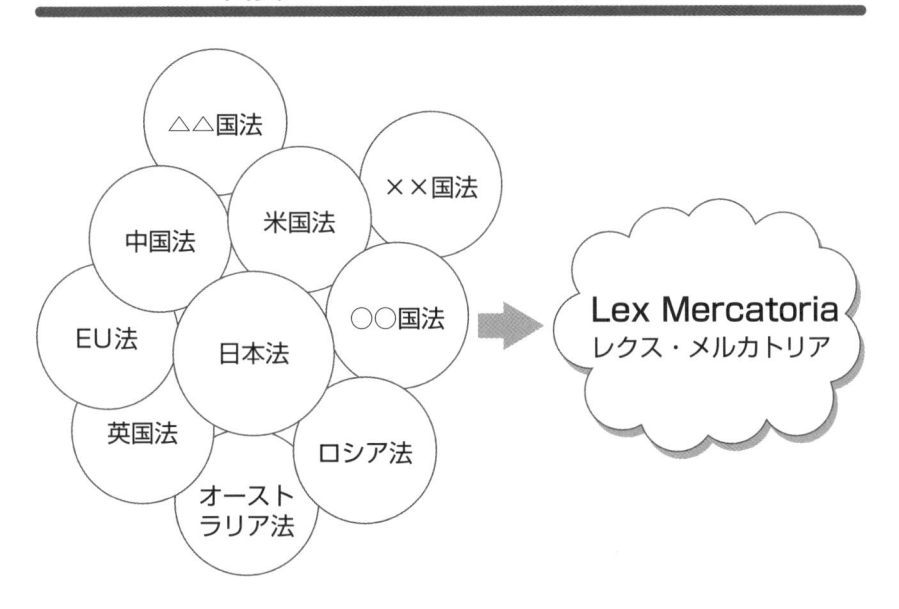

図表12　レクス・メルカトリアとは

△△国法／××国法／中国法／米国法／EU法／○○国法／日本法／英国法／ロシア法／オーストラリア法　→　Lex Mercatoria　レクス・メルカトリア

とされるルールを網羅的に提供してくれるわけでもない。

　また、国際ビジネスに関与する各国の弁護士も、多くは各国の国家法によって資格を付与されており、国際商取引をめぐる紛争は、国際的な機関ではなく、どこかの国内法のシステムによって強制されることになるため、いずれかの国家法を選択していなくても、結局は法廷地において何らかの準拠法が適用されるだけのことになるだろう（→19頁）。

　国際ビジネス法の統一にはまだまだ時間を要し、その紛争解決も国家権力による裁判制度や仲裁制度を通して実現するほかないことからすると、国家権力から超越したレクス・メルカトリアによって規律することには、まだまだ限界があるというべきだろう。

　日本の裁判所でもレクス・メルカトリアを準拠法と定めた契約について解釈する場合は、通則法7条の「地の法」に該当しないので、当事者が準拠法を選択していないことを前提としていずれかの国家法を準拠法として決めた上で、紛争を解決するであろうと考えられる（cf. 仲裁法36条1項の定め方）。

⓭ ユニドロワ

▶▶▶ 世界一流の学者が法体系間の調和を図る一般的準則を考案

● 国際商取引契約の一般的準則

ユニドロワとは、**私法統一国際協会**（International Institute for the Unification of Private Law＝UNIDROIT）のことで、1926年に国際連盟の下部機関として設けられた。同協会は、1940年に多国間協定たる**ユニドロワ法**（the UNIDROIT Statute）によって独立国家間組織となり、商取引法の現代化と調和を目的として、日本を含む63か国（2009年2月現在）が参加している。

ユニドロワは、日本を含む主要30か国以上の国際取引法の専門家による作業部会を1980年に設立し、国際商事契約の一般的準則として**ユニドロワ国際商事契約原則**（UNIDROIT Principles of International Commercial Contracts＝UPICC）をまとめるに至った。この作業部会のメンバーは、多様な国家・職域からなるが、その多くはウィーン売買条約の起草にも携わっていたという。

● 法体系間の調和を図る

UPICCは、これに従う旨を当事者が合意した場合等に適用されるもので、当然に法的拘束力を有するものではない。しかし、法体系間の調和を図る一般的準則と考えるべきであるという主張もあり、国際取引に適用される新たな法規範を創造しようとする狙いがある。UPICCは全部で119か条からなり、それらに関するコメントをまとめた冊子があり、ウェブサイト上でも各国語版が公開されている[1]。日本語でも多くの解説記事があるので[2]、アクセスしやすい国際取引ルールだといえよう。

既にUPICCを適用した裁判例や仲裁判断例が多くの国々で出ており、一部ではUPICCに対し、国際私法によって指定された準拠国家法と同等の位置づけを与えたものであるという報告もある。その適用態様は複雑で一様ではないが、契約当事者間の公平の原理を具体化したものであることから、広く用いられることが期待されている。従って、今後、国際ビジネス契約の成立から紛争

図表13　ユニドロワの歩み

1926年	国際連盟の下部機関として設置
1940年	多国間協定たるユニドロワ法によって、独立した国家間組織に
1964年	有体動産の国際的売買に関する統一法に関する条約（Convention relating to a Uniform Law on the International Sale of Goods＝ULIS）作成
1964年	有体動産の国際的売買契約の成立に関する統一法に関する条約（Convention relating to a Uniform Law on the Formation of Contracts for the International Sale of Goods＝ULF）作成
1980年	国際取引法の専門家による作業部会を設立
1983年	国際物品売買における代理に関する条約（Convention on Agency in the International Sale of Goods、未発効）作成
1988年	国際的ファクタリングに関する条約（UNIDROIT Convention on International Factoring）作成（1995年に発効→224頁）
1988年	国際的ファイナンス・リースに関する条約（UNIDROIT Convention on International Financial Leasing）作成（1995年に発効→224頁）
2001年	可動物権の国際的権益に関する条約（Convention on International Interests in Mobile Equipment、ケープタウン条約、2006年に発効）作成

（出所）http://www.unidroit.org/english/conventions/c-main.htm

解決に至るまで、国際的な取引をめぐるすべての段階で、多くの適切な規範を有するユニドロワの重要性がますます大きくなるだろう。

　UPICCは、国内法を解釈または補充するために用いることができ、国内および国際的分野における立法者のためのモデルともなり得るので、近くなされる日本の民法改正にも影響を与えそうだ。

　また、UPICCは、契約の解釈についても合理的な手法を採用しようとしており、例えば、第4.1条から第4.3条にかけて、契約の解釈は、契約の性質や目的だけでなく、当事者の交渉態度等一切の状況を解釈で斟酌しうるものとしている。さらに、債務の履行方法から、解除、損害賠償や時効に関する問題に至るまで、紛争解決のあり方を定めているので、国際商事紛争において見解が対立した場合に、援用を試みてみる価値があるケースもあるだろう。

（注1）公式サイト http://www.unidroit.org/english/home.htm を参照。
（注2）例えば、ユニドロワ2004年版については、内田貴「ユニドロワ国際商事契約原則2004――改訂版の解説」NBL811号以下（2005年）の連載参照。

⑭ 外国法

▶▶▶外国法が準拠法となることで生じる問題

●外国法が適用される可能性

　国際私法においては、常に手続地における自国の法を適用すると、どこで手続きを取るかによってルールが左右されてしまう。また、当事者が外国法を準拠法として定めていることもある。このため、国際ビジネスにおける紛争事件では、外国法を適用して解決すべき場合があり、日本の裁判所も外国法を適用して判断をすることがある。

　しかし、外国法が準拠法となる場合には、国内法を適用する場合と異なった問題が生じる。まず、外国法によるべき場合において、その規定の適用が公の秩序または善良の風俗に反するときは、その外国法が適用されない（日本では、通則法42条）。例えば、外国であるA国法で麻薬やギャンブルが適法であっても、日本では公序良俗に反するものとして、それらを許容する外国法が適用されることはない。ただ、外国法の適用が排除された後に、単純に内国法が適用されることになる（内国法適用説）のか、あらためて何らかの規範を補充する問題はないという（欠けつ否認説）のかは争いがある。

　また、EUの契約債務の準拠法に関する条約（ローマ条約）3条3項が、「当事者がある外国法を選択している場合で、かつ契約締結時の周辺状況に関する他のあらゆる要素が一国のみに関連する場合、外国裁判所の補充的な選択の有無にかかわらず、当該国の法規範（以下「強行法規」）の適用は契約によって妨げられない」と定めているように、国内の強行法規の適用が排除されないことがあることにも注意する必要がある。

●外国法の内容をどう立証するか

　裁判や仲裁では、外国法の内容が自明であるわけではない。自国の法令であれば、裁判所が法律判断をするのは当然であるが、外国の法令は裁判所がどこまで解釈できるかが問題である。この問題点は、裁判所にとって、「外国法は

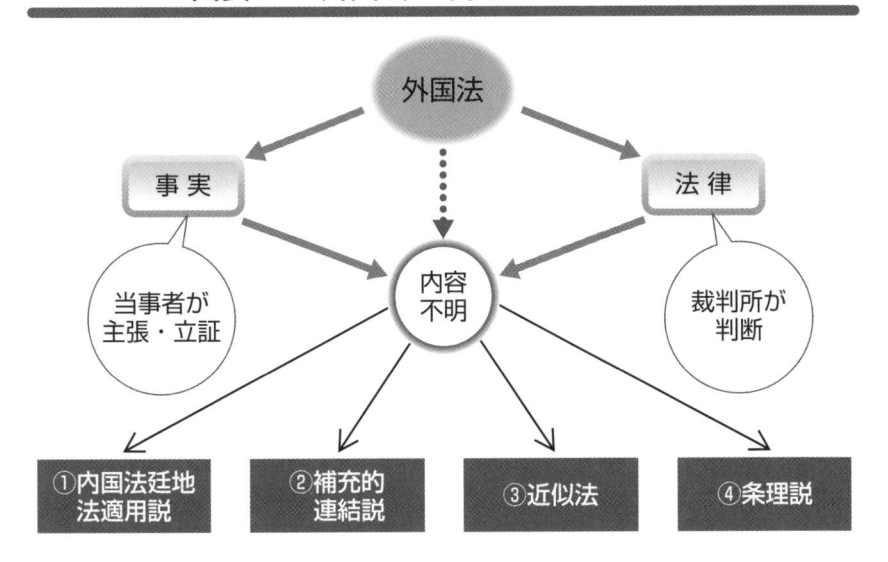

図表14 外国法が準拠法となると……

```
                        外国法
           ┌──────────┼──────────┐
         事 実                   法 律
           │          │          │
       当事者が     内容       裁判所が
      主張・立証    不明        判断
           │    ┌────┼────┐    │
           ↓    ↓    ↓    ↓    ↓
      ①内国法廷地  ②補充的   ③近似法   ④条理説
       法適用説   連結説
```

法律と扱うのか、事実であるのか」といった形で提示されることもある。法律であれば裁判所の専権で判断すべきであるし、事実であれば、当事者がその内容を主張・立証すべきことになる。

しかし、実務的には、訴訟当事者が外国法を主張し、立証することが求められ、裁判所が外国法のリサーチをするのは限界もある。当事者としても、それを裁判所に任せて誤った判断で不意打ちを食らうよりは、積極的に主張・立証するのが得策である。実際には、文献や専門の鑑定人等によって外国法を主張・立証して裁判所を説得しようとする。

日本では、外国法は一応法律とのことだが、事実上は事実と同様に当事者が主張・立証を行う。外国法が不明な場合の対応としては、①内国法廷地法適用説、②補充的な準拠法を探して適用する補充的連結説、③近似している法令から推認する近似法、④条理によって判断する条理説の争いがあるが、通説的見解は条理説のようだ。さらに、外国法の誤りは上告理由となるかという問題もあるが、法令に当たるが、裁量上告制度では外国法の誤りに関する上告可能性が制限されるのはやむをえない面もある。

⑮ 英米法

▶▶▶国際ビジネスに圧倒的影響力を有する

● 英米法のなりたち

　国際ビジネスでは、契約書の書き方に限らず、英米法の影響が圧倒的に大きい。英米の法律家は数も多く、世界的に活躍し、一部の法分野では英米法が準拠法となってグローバルスタンダード化したことなどから、企業法務を取り扱う法律専門家には英米法についての一般的な素養が期待される。

　英米法（Anglo-American law）は、**普通法であるコモンロー**（common law）と**衡平法**といわれる**エクイティ**（equity）からなる法体系である。英米法では19世紀半ば以降にコモンローとエクイティの融合がなされたとはいえ、伝統的な区別が残っている。例えば、エクイティ上の救済を認めるかどうかは裁判官が広範な裁量を有し、**インジャンクション**（injunction＝差止命令）は元来エクイティ上の救済手段なのでコモンロー上の救済が不十分な場合に限るといった補充性の原則等が認められる。このため、英米法を準拠法とする契約書では現在でも両者の違いを意識した言い回しがなされる。

　大陸法がローマ法と大陸の部族法の流れを汲む制定法を中心とするのに対して、英米法は、英国を起源として発達した判例法を中心とする。もとより英米法は、英国の植民地支配を通じて世界中に広がり、その後、第二次世界大戦後には、米国の経済的発展によって国際ビジネス法における指導的な地位を確立した。国際ビジネスでは英語が共通語として用いられ（→32頁）、英文契約書が占める比重が圧倒的に大きい（→90頁）。その契約書の法律用語にはコモンローが大きな影響を与えており、**捺印証書**（deed）によらない限り、**約因**（consideration）なくしては契約としての強制力を持たないという**約因理論**を意識した表現が見られる。

　このほか、代表的な英米法の概念としては、書面によらない証拠を認めない「口頭証拠排除原則」（Parol Evidence Rule）がある。また、米国の民事訴訟

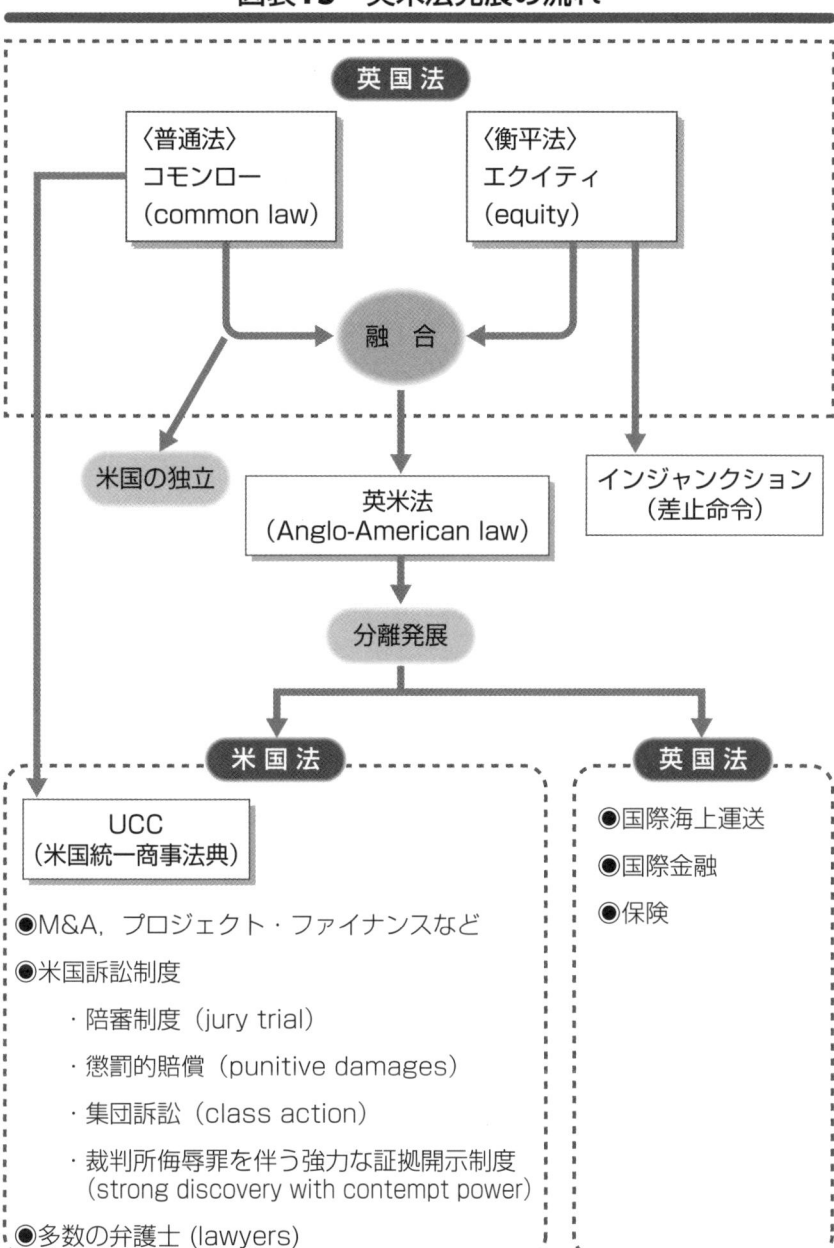

図表15　英米法発展の流れ

英国法

〈普通法〉
コモンロー
(common law)

〈衡平法〉
エクイティ
(equity)

↓ 融 合 ↓

米国の独立

英米法
(Anglo-American law)

インジャンクション
（差止命令）

↓ 分離発展 ↓

米国法

UCC
（米国統一商事法典）

- M&A，プロジェクト・ファイナンスなど
- 米国訴訟制度
  - 陪審制度（jury trial）
  - 懲罰的賠償（punitive damages）
  - 集団訴訟（class action）
  - 裁判所侮辱罪を伴う強力な証拠開示制度（strong discovery with contempt power）
- 多数の弁護士（lawyers）

英国法

- 国際海上運送
- 国際金融
- 保険

手続は日本とは大きく異なって、陪審制度があり、数多くの原告適格者のために訴訟を遂行できるクラスアクション制度があり、証拠開示制度は裁判所侮辱罪を背景とした強力なものとなっている。それによって導かれる結論から懲罰的賠償が命じられることもあり、米国でビジネスをする場合には、そのリスクを十分に認識しておく必要がある（→258頁）。

● **英米法が国際ビジネスをリード**

　国際ビジネスをサポートするコモンロー諸国の弁護士が多数輩出されたことに伴って、英米法を専門とするビジネスローヤーが活躍し、数多くの国際ビジネスを取り仕切ってきた。

　例えば、伝統的な商品取引においては、ロンドンの仲裁裁判所において多くの紛争が解決され、英国の裁判例も豊富に蓄積されたことも影響して、国際海上運送、保険、国際金融等の分野では、準拠法として英国法が選択されることが多い。

　一方、米国ではUCC（→158頁）のほか、反トラスト法やインサイダー取引規制等にかかる証券詐欺、プロ・パテント政策による知的財産権の保護等、国際ビジネスにも大きな影響を与えるような訴訟が活発に提起され、米国の訴訟社会が世界のビジネス法の発展にも大きく貢献した。また、M&A、プロジェクト・ファイナンス等の現代的な金融取引は、米国で開発され、世界中に広がった点でも、米国法の影響が大きい。

　近時は日本でも、ビジネスを規律する法解釈の面においても、制度改革のための立法面においても、英米法が大きな影響を与えている。こうした事情から、国際ビジネス法を理解するためには、英米流のビジネス手法、コモンローの基本的法律用語、コモンロー諸国の弁護士の使い方等をできる限り知っておくことが重要なのである。

COLUMN-2

国際ビジネスにおける信頼関係と懐疑心

　国際ビジネスにおいても、国内取引と同様に相互の信頼関係が重要であることに変わりはない。国際取引契約では、国境を越えることによる取引の難しさが加わる。その特有の法律問題は、複雑であり、時として解決困難である。そうした問題をできるだけ回避し、好ましい関係を構築するためには、十分なコミュニケーションとフェアネスの精神が求められる。双方が誠実に取引関係を発展させていく意欲があってこそ、ビジネスもうまくいくのであって、相互の信頼関係が極めて重要である。

　ただし、異文化の相手であることから、常に懐疑心をもって接することも必要な面がある。例えば、契約書の締結においては、その内容を十分に吟味することが重要である。軽率に相手方作成の文書にサインをするのは禁物だ。早くビジネスを進めたい気持ちが強くても、そこをこらえて慎重に判断する必要がある。

　友好的な関係を維持するために、ハードな交渉を避ける者もいるが、後日に認識の違いが顕在化すると余計にやっかいなことになる。特に、継続的取引契約では、より多くの取引を繰り返し、金額的にも大きくなりがちである。取引が長期にわたることになればなるほど、その取引による経済的なインパクトも大きくなる。従って、販売店等の指名等、相手方の選定も慎重に行わなければならない。そして、締結した契約をスムーズに運用していくためにも、様々なリスクを最小限度にするために契約書を事前にしっかりとレビューすることが重要である。

　国際ビジネスにおいては、充分な法的チェックに裏打ちされた、過信に陥らない適度な信頼関係と冷静にビジネスを遂行する健全な懐疑心のバランスが必要だ。

第3章

国際ビジネスの担い手

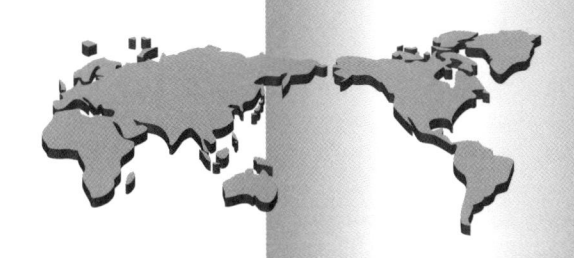

16 外国人の地位

▶▶▶内国人とは異なる特別の取扱いルール

●行為能力の制限がある場合

　国際ビジネスには、国籍等の異なる自然人や法人が当事者として登場する。その法的地位の理解に際しては、それぞれの国における自然人と法人の権利能力や行為能力がどうなっているかに着眼する。

　日本で法人や自然人の行為能力は、その本国法によって定められる（通則法4条1項）。その前提として、権利能力も同様だと考えられる。従って、外国人も、日本における居住・非居住を問わず、日本の会社の取締役等になれるし、契約を締結する取引ができるだろう。

　ただ、法律行為をした者がその本国法によれば行為能力に制限があるときでも行為地法によれば行為能力者となるべきときは、当該法律行為の当時そのすべての当事者が法を同じくする地にあった場合に限り、当該法律行為をした者は、行為能力者とみなされる（同条2項）。例えば、外国人が本国法では無能力者でも、日本法では行為能力があるはずであれば、両当事者が日本にいて契約を締結した場合は、行為能力者とみなされる。ただし、このルールは、親族法または相続法によるべき法律行為や行為地と法を異にする地にある不動産に関する法律行為には適用されない（同条3項）。

●外国法人の取扱い

　外国法人についての内部・外部の関係は、何法によるかという**従属法**の問題があり、**本拠地法**によるのか**設立準拠法**によるのかという論点がある。法人の従属法は、法人格の成立に関係がある問題であるから、設立準拠法によるのが日本の国際私法では通説である。

　外国会社については会社法に定めがあるが、それ以外の外国法人は、国や国の行政区画を除き、その成立が認許されず、法律または条約の規定により認許された外国法人だけが例外的に成立を認められる（民法35条）。特別に成立を

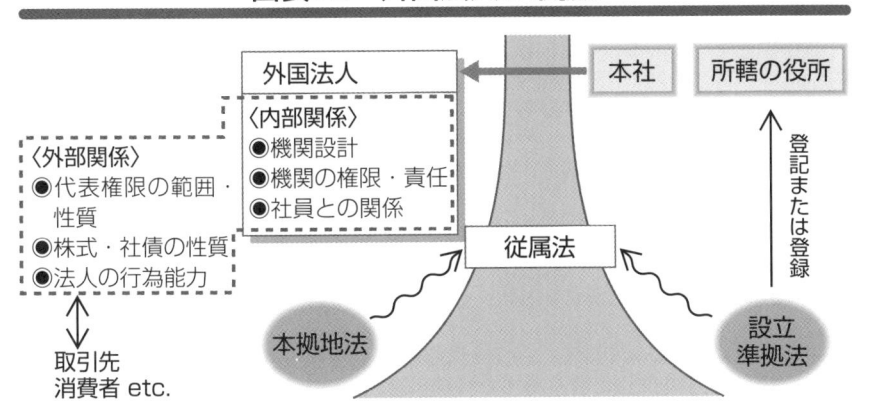

図表16　外国法人の取扱い

〈外部関係〉
- 代表権限の範囲・性質
- 株式・社債の性質
- 法人の行為能力

取引先
消費者 etc.

外国法人
〈内部関係〉
- 機関設計
- 機関の権限・責任
- 社員との関係

本社　　所轄の役所

登記または登録

従属法

本拠地法　　設立準拠法

　認許された外国法人は、日本で成立する同種の法人と同一の私権を有するが、外国人が享有することのできない権利及び法律または条約中に特別の規定がある権利は、日本法人と同じとは限らない（同条2項）。

　外国法人が日本に事務所を設けたり、主たる事務所を移転したりする場合は、登記義務がある（民法36条、37条1項）。外国法人が初めて日本に事務所を設けたときは、その所在地で登記するまで、第三者は、その法人の成立を否認できる（同条5項）。

　民事訴訟法も、外国人の訴訟能力について特則を設けている。すなわち、外国人は、その本国法によれば訴訟能力を有しない場合でも、日本法によれば訴訟能力を有すべきときは、訴訟能力者とみなされる（民事訴訟法33条）。法人でない外国の社団等の場合には、法人でない社団または財団で代表者または管理人の定めがあるものは、その名において訴え、または訴えられることができる（同法29条）。ただ、訴訟能力、法定代理権または訴訟行為をするのに必要な授権を欠くときは、裁判所は、期間を定めて、その補正を命じなければならず、遅滞のため損害を生ずる恐れがあるときは、裁判所は、一時訴訟行為をさせることができる（同法34条）ので、法人格が認められない場合にはこれを使うこともできるだろう。

17 外国会社の規制

▶▶▶国内の債権者保護のための外国会社に対する特別な規律

●外国会社と内国会社

　日本では、国内の準拠法によって設立された会社が「**内国会社**」と呼ばれるのに対して、外国会社とは外国法によって設立された会社や団体をいう。外国人が日本国内で日本の会社法に基づいて設立・登記する会社は、外国会社ではなく、日本の内国会社と取り扱われることになる。

　日本の会社法は「**外国会社**」を「外国の法令に準拠して設立された法人その他の外国の団体であって、会社と同種のもの又は会社に類似するものをいう」（会社法2条2号）と定義している。このため、外国の会社だけではなく、会社に類似するもの、具体的には米国の**パートナーシップ**や**リミテッド・パートナーシップ**（→68頁）等も「外国会社」に含まれると解される。

　外国会社をどのように規律するかは、各国の法令に任されている。米国の場合、外国会社をどのように取り扱うのかは基本的に州レベルで規律される。

●日本の会社法による外国会社の規律

　日本で、外国会社に営業所設置義務はないが、外国会社が日本で継続して取引するには、日本における代表者を定めて、その登記をしなければならない（会社法817条、818条）。外国会社の日本における代表者は、日本での会社の業務に関する一切の裁判上または裁判外の行為をする権限を有する（817条2項）。たとえ、その権限に制限を加えても、善意の第三者には対抗できない（同条3項）。外国会社の代表者は、日本人でも外国人でもいい。外国人が日本での代表者となる場合、外国人登録をすることで、印鑑証明も取得もできる。ただ、印鑑証明のない外国人の場合、大使館等の公官庁の発行するサイン証明で代用できることもある。

　また、外国会社も日本の会社と同様に貸借対照表の公告義務がある（819条）。さらに、日本から撤退する場合にも規制があり、日本におけるすべての代表者

図表17　外国会社に対する規制

〇 日本における取扱い

	内国会社	外国会社
設立準拠法	日本法（会社法など）	外国法
貸借対照表の公告義務	株式会社にはあり（合同会社にはなし）	あり
登記義務	あり	あり

〈外国会社に取引禁止命令、営業所閉鎖命令を求めることができる場合〉

①営業所の設置が不法の目的でなされた場合

②正当の理由なく登記後1年内に営業を開始しない場合

③正当な理由なく1年以上営業を休止した場合

④正当な理由なく支払を停止した場合

⑤外国会社の代表者など、営業所の業務を執行する者が法務大臣から書面で警告を受けたにも拘らず法令違反や、権限濫用行為、刑罰法令違反行為を継続や反覆した場合

⇒
・裁判所は取引禁止命令・営業所閉鎖命令を出し、利害関係人の申立または職権により、日本にある会社財産の全部について清算の開始を命ずることもできる。
・裁判所は清算人を選任。

が退任しようとするときは、債権者に対して、その退任に異議があれば一定の期間内に述べるべき旨を官報で公告し、会社債権者には個別に催告しなければならない（820条1項）。その退任は、それらの債権者保護手続が終了した後に登記をして、はじめてその効力が生じる（同条3項）。

　日本で外国会社が清算する場合には、裁判所は利害関係人の申立や職権で、日本にある会社財産の全部について清算の開始を命じうる（822条1項1号）。また、日本で取引を継続することを止めた場合も、裁判所は利害関係人の申立または職権で、日本にある会社財産の全部について清算の開始を命じうる（同項2号）。外国会社に不正行為等所定の事由があれば、法務大臣や株主、債権者その他の利害関係人の請求で、取引継続中止命令や営業所閉鎖命令も出せることになっている（827条）。

　日本企業が外国で事業活動を行う場合にも、上記と同種または類似の規律がないかをチェックする必要がある。

18 法人格否認の法理

▶▶▶ 多国籍企業の親会社に対する責任追及のための理論

●法人格を認めると正義に反する

多国籍企業の親会社に対して、子会社の行った事業活動について責任を追及するため、「**法人格否認の法理**」（"piercing the corporate veil" doctrine）がある。この法理は、法人としての会社の形式的な独立性をそのまま認めてしまうと正義に反する場合に法人格を否認するもので、諸外国にも類似の法理がある。

日本では、法人格が形骸化している場合や法人格が濫用されている場合に法人格の否認を認める。例えば、株式会社の実質が完全な個人企業と認められる場合、これと取引をした相手方は、会社名義でされた取引についても、その背後にある実体たる個人の行為と認めて、その責任を追及することができる。

しかし、その場合に、どの国の法律を適用するかは問題だ。法人格の成立に関するものとして、法人の従属法や設立準拠法によるという見解もあるが、日本では問題状況に応じて決めるべきだとする見解が有力である。例えば、子会社の債権者を保護する必要がある場合には、その債権者全体を保護するために子会社の準拠法によるべきだろう。

〈国際ビジネス・ケーススタディ〉

（東京高裁判決平成14年1月30日確定、判時1797号27頁）

親会社が日本法人のオランダ法人Xは、日本の証券会社Aの完全子会社であるバハマ法人Y2との間で、XがY2からスウェーデン輸出信用銀行が発行した債券を買い受け、Y2がXから本件債券を買い戻す旨の債券現先取引を締結し、売買代金を支払った。ところが、その後、約旨に従い、Y2に対し、本件債券の引渡債務について履行の提供をして、売買代金の支払を求めたところ、Aは破産し、Y2はこれに応じなかったので、Y2及びAの破産管財人Y1を相手に債務不履行に基づき損害賠償を請求した。

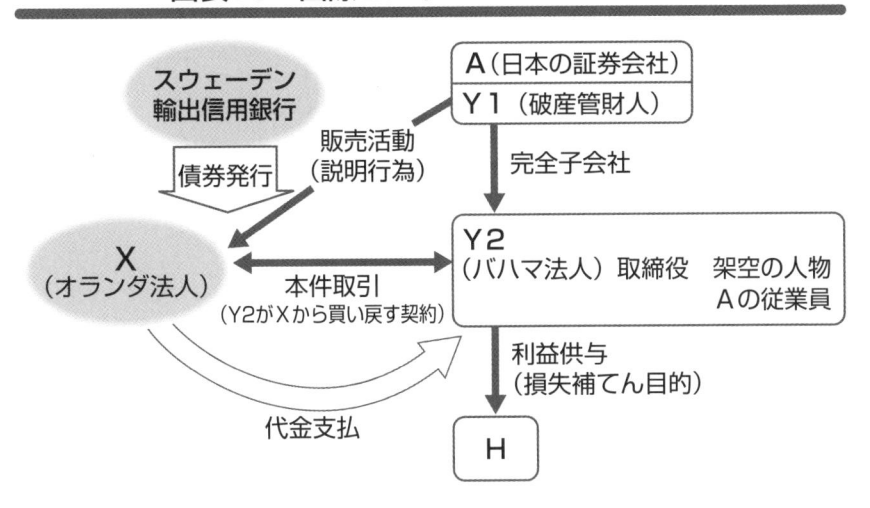

図表18　国際ビジネス・ケーススタディ

```
スウェーデン          A（日本の証券会社）
輸出信用銀行          Y1（破産管財人）
    ↓     販売活動        │
  債券発行 （説明行為）     │完全子会社
    ↓                    ↓
   X    ←──本件取引──→  Y2（バハマ法人）取締役　架空の人物
（オランダ法人）（Y2がXから買い戻す契約）                Aの従業員
    ↓                    │
  代金支払               利益供与
    ↓                  （損失補てん目的）
    └──────────────→  H
```

【裁判所の判断】

　Y2は、その取締役にAの従業員1名と架空の人物ジョン・スミスを登録しただけで、実体のないペーパーカンパニーであるから法人格は形骸にすぎず、Aから独立した存在とは認め難く、Aは損失補填のためのHへの利益供与という違法な目的及び債券の実質的価値を秘匿する違法な手段のためにY2の法人格を利用して本件契約に至った。

　各法人と親会社たる日本法人との関係、契約締結に至る両親会社間の交渉の経緯・内容、バハマ法人の組織及び活動の実態等から、準拠法を日本法とする旨の黙示の合意があったと推認し、法人格否認の問題にも同契約の準拠法たる日本法を適用し、バハマ法人の法人格は形骸にすぎず、Aは違法な目的・手段のためにY2の法人格を濫用したとして、信義則上、親会社が子会社と法人格を異にするとして契約上の責任を免れることは許されず、Aは、買戻代金支払債務の不履行による責任を負う。かくして、法人格否認の法理に基づき内国法人である証券会社Aに子会社の履行遅滞に基づく債務不履行責任が認められた。

（参考文献）眞砂康司「法人格の否認」国際私法百選（補正版）44頁、落合誠一・平成14年度重要判例解説〔ジュリスト臨時増刊1246〕272頁。

19 擬似外国会社

▶▶▶ 日本で事業を営み、外国では何もしない会社の規律

● 外国ではペーパーカンパニー

「擬似外国会社」とは、外国法に基づいて設立された会社なのに、日本に本店を設け、または日本で事業を行うことを主たる目的とする会社のことをいう（会社法821条）。通常、外国にはペーパーカンパニーがあるだけで、事業活動はすべて日本国内で行っているような会社である。本来ならば、日本で事業活動を行うだけで、外国では何も活動をしないのであれば、外国で設立するというのは道理に合わないはずである。ところが、日本の規制を受けないために、わざわざ外国で設立しているものと考えられるので、そうした会社を「擬似外国会社」と呼んで特別の規制をしている。

すなわち、日本の会社法は、擬似外国会社が日本国内で取引を継続して行うことができないものと定め、これに違反して取引を行った者は、その取引について、その擬似外国会社と連帯して責任を負うものとしている。これにより、擬似外国会社にも権利能力は認めているので、その契約が無効となるわけではないし、擬似外国会社も登記をすることができる。

しかし、上記のような連帯責任を負わせることで日本国内の債権者や消費者の保護も図ることができる。また、資産の流動化等の新しい金融手法において、外国法に基づいて設立された会社がたとえ疑似外国会社でも、それだけでスキームそのものが無効になってしまうということは避けることができる。

● 参議院の附帯決議

擬似外国会社が濫用されることは好ましくない。そこで、上記のような連帯責任を定めておくことは不可欠だ。もっとも、会社法の成立に当たって、参議院では次のような附帯決議がつけられている。

「十五　外国会社による我が国への投資が、我が国経済に対してこれまで果たしてきた役割の重要性及び当該役割が今後も引き続き不可欠なものとして期

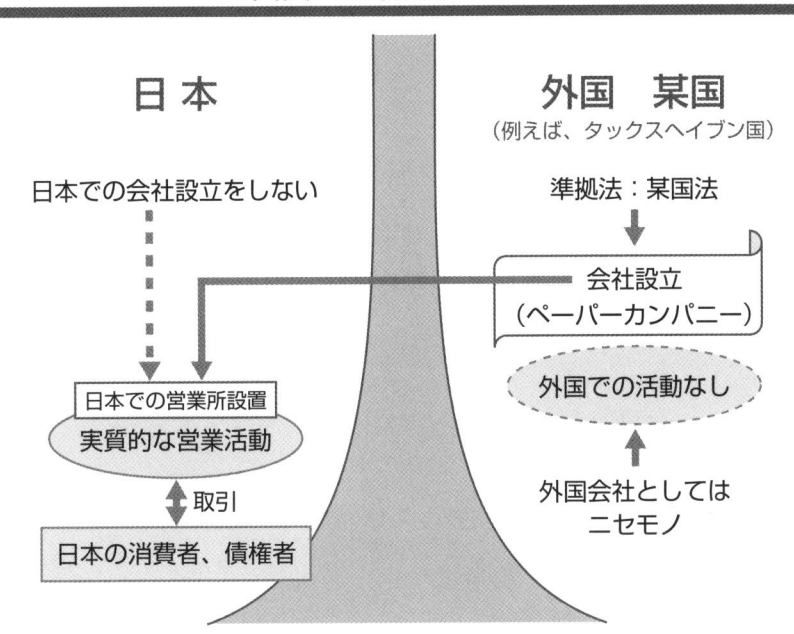

図表19　擬似外国会社

日本　　　　　　　　外国　某国
　　　　　　　　　　（例えば、タックスヘイブン国）

日本での会社設立をしない　　　　準拠法：某国法
　　　　　　　　　　　　　　　　　↓
　　　　　　　　　　　　　　　会社設立
　　　　　　　　　　　　　　（ペーパーカンパニー）

日本での営業所設置　　　　　　　外国での活動なし
実質的な営業活動
　　↕取引　　　　　　　　　　　外国会社としては
日本の消費者、債権者　　　　　　ニセモノ

待される点にかんがみ、会社法第八百二十一条に関して、その法的確実性を担保するために、次の諸点について、適切な措置を講ずること。
　１　同条は、外国会社を利用した日本の会社法制の脱法行為を禁止する趣旨の規定であり、既存の外国会社及び今後の我が国に対する外国会社を通じた投資に何ら悪影響を与えるものではないことについて、周知徹底を図ること。
　２　同条は、外国の事業体に対し、特定の形態を制限し又は要求する趣旨のものではないことについて、周知徹底を図ること。
　十六　会社法第八百二十一条については、本法施行後における外国会社に与える影響を踏まえ、必要に応じ、見直しを検討すること。」
　しかし、問題となりそうな会社は、既に組織形態を改める等の対応をしている。諸外国においても、自国外で設立した会社に対して、どのような規制があるかに注意することが必要だ（拙著『会社法はこれでいいのか』（平凡社新書、2007年）47頁以下参照）。

㉛ 会社とパートナーシップ

▶▶▶ 事業主体の多様な選択肢

●営利を目的とした事業体

　国際ビジネスの主体となる事業体は、法人格を有する会社（図表20参照）だけではない。英米法では、複数の自然人や法人が資産・役務等の出資によって共同事業を営む事業体として、**パートナーシップ（Partnership）** が重要である。日本法でも、同様の事業体として、民法上の組合（任意組合）、商法上の匿名組合、有限責任事業組合等がある。国際ビジネスでは、法律上・税務上のメリット・デメリット等を比較するため、法人形態か組合形態かが検討されたり、各国において認められた各種の法人・組合の比較検討もされる。

　一般的には、法人は法人格がある。このため、収益があがると法人が法人レベルで課税され、出資者レベルでもさらに課税される点で、二重に課税されるはずだ。それに対して、組合（パートナーシップ）は基本的に契約関係であると考えられる。その帰結として、パートナーシップ自身は法人課税を受けず、収益・損失は各パートナーの持分に応じて直接に配分・課税される。こうした取扱いを、**パススルー税制（Pass-Through Taxation）** という。ただ、日本企業が米国のパートナーシップのパートナーになると、**恒久的施設（Permanent Establishment＝PE）** があるものとして課税されるのではないかといった問題があり、さらに子会社を加える等のスキームが検討される。

　一方、日本において、任意組合は、組合名義での登記・登録が認められない場合が多い。それに対して、米国のパートナーシップは、その名義でも契約の当事者となり、資産を保有し、所有権等を登録することまでが認められ、あたかも法人格を有するがごとくである。

●有限責任による事業体の選択が可能

　日本の会社法は、持分会社として、合名会社、合資会社、合同会社を設けている。これらの持分会社は、法人格があるものの、基本的には、その内部関係

図表20　多様な事業主体

	代表的な会社形態	主な特徴
ドイツ	Aktien Gesellschaft（A.G.）	株式会社に相当
	Gesellschft mit beschrenkten Haftung（G.m.b.H.）	有限会社に相当
	Kommanditgesellschaft Aktien	株式合資会社
英国	私会社（private company） 公会社（public company）	Companies Actで規律
米国	Business Corporation　その他	州法で規律
フランス	société anonyme（SA）	株式会社に相当
	société a responsibilité limitée（SARL）	有限会社に相当
	société en commandite	合資会社に相当
中国	独資経営企業 中外合資経営企業 中外合作経営企業	

では組合的な規律に服する。例えば、社員の入社、持分の譲渡、会社成立後の定款変更は、原則として総社員の一致による。また、定款自治の範囲が広く、会社の運営方法は社員が自由に決めることができる。このうち合同会社は、有限責任社員だけからなる会社であり、米国のLLCの日本版として導入されたものだ。**合同会社（日本版LLC）**は、株式会社と同様に出資者の責任を有限とするので、出資者にすぎない社員は会社の債務について責任を負う必要がない。

　一方、諸外国においても各種の会社がある。米国の場合、州法によって会社法が規律されており、図表20の通常の会社（Business Corporation）のほか、**LLC（Limited Liablility Company＝有限責任会社）**、税務上非課税会社として認められる小規模会社（S Corporation）がある。

　日本の会社と米国の会社・組合には類似するものが存在するが、米国のLLC等にはパススルー税制の恩恵があるのに対して、日本の合同会社にパススルーは認められない。

21 パートナーシップと組合

▶▶▶共同して出資して事業の利益と損失をシェア

●ジェネラル・パートナーシップとリミテッド・パートナーシップ

　パートナーシップは、共同事業体と訳されることもあるが、基本的には組合であり、ジェネラル・パートナーシップ（General Partnership＝GP）とリミテッド・パートナーシップ（Limited Partnership＝LP）がある。米国のパートナーシップは、会社法と同様に州法レベルで規律されている。GPについては、**統一パートナーシップ法**（Uniform Partnership Act＝UPA）、LPについては、**改定統一リミテッド・パートナーシップ法**（Revised Uniform Limited Partnership Act＝RULPA）があり、全米での統一化が図られている。

　GPは、すべての出資者が無限責任を負う等の点で、合名会社に類似する。GPは、複数人の契約だけで成立し、その財産は全パートナーの共有となる。

　これに対して、LPは、出資者が無限責任を負う者（General Partner＝ジェネラル・パートナー）と有限責任を負う者（Limited Partner＝リミテッド・パートナー）とによって構成されている点で、合資会社に類似している。LPは、有限責任共同事業体と訳されることもあり、LPの成立には設立証書等の登録手続が必要とされる。基本的に、そのジェネラル・パートナーは、業務を執行する代わりに無限責任を負うが、リミテッド・パートナーは、業務執行には関与せず、出資金を限度にのみ有限責任を負う。ただ、リミテッド・パートナーも、事業の重要事項に関する議決権や業務執行社員の解任権、検査権等を有するように定めることは可能だ。

●日本の有限責任事業組合

　日本には、合同会社と同様に組合的な規律で出資者全員の有限責任が認められるものとして、「有限責任事業組合契約に関する法律」に基づく**有限責任事業組合**（Limited Liability Partnership＝LLP）がある。LLPは、課税においてパススルーが認められ、組合レベルでの課税がなく、出資者は損失も通算でき

図表21　パートナーシップと組合

出資者の構成	日本	米国
有限責任のみ	株式会社 合同会社	Business Corporation リミテッド・ライアビリティ・カンパニー（LLC）
有限責任と無限責任	合資会社	リミテッド・パートナーシップ
無限責任のみ	合名会社	ジェネラル・パートナーシップ

る。
　しかし、合同会社には業務執行に関わらない社員がいてもよいが、日本版LLPは租税回避目的で濫用されないように、共同事業性の確保が求められる。つまり、日本版LLPでは重要な意思決定について全員一致によるほか、全出資者が何らかの業務執行に参加する必要がある。
　合同会社も有限責任事業組合も、持分譲渡、入社・組合員の加入、定款・組合契約の変更は全員一致という組合的な規律になる。そのため、当初の出資者の権利が強く守られるものと期待できる。ただ、日本版LLPは、組合契約を締結するので、必然的に最低2人が必要であるのに対して、合同会社は1人会社も可能だ。また、LLPは法人格がないため、他の会社との組織再編や組織変更を行えない。このため、将来的に事業が成長した際に株式会社に移行し、**株式公開（Initial Public Offering＝IPO）**で上場益を得ることを目指すような場合には合同会社のほうが適している。

22 外国法人との取引
▶▶▶ 取引の安全のための基本的概要の公示制度と法律意見書

●法人格を商業登記で確認
　会社が事業活動を行う場合、多くの人々と経済的な取引をする。このため、会社の基本的な情報は誰もが確実に知りうるようにすることが望ましい。そこで、日本には商業登記制度があり、会社の基本的な情報が登記情報によって確認できる。この登記情報は誰でも閲覧できるように整備されている。

　日本の会社法は、どういう事項を登記しなければならないかを定めている。逆に法律で登記事項として定められていなければ、登記はできない。登記をする内容、手続は法律で厳格に定められている。多くの人々が同一のルールで取り扱えるようにするためだ。会社に関する登記手続の詳細は、商業登記法や商業登記規則等に定められている。

●登記と登録は異なる
　しかし、諸外国においては、日本と同じような登記制度が整備されているとは限らない。例えば、法人の「登録」制度しかない場合には、過去において当該法人の設立の登録をしたことはわかるが、その法人が現在どうなっているか、例えば現在の役員は誰であるのかが一目瞭然となるように管理されているとは限らない。この点については、それぞれの国の会社法によって異なりうる。

　国際ビジネスにおける取引においては、相手方の法的地位を確認しなければ、法的拘束力のない契約しかないことにもなりかねない。そこで、海外の法人と取引をする場合には、その法人の登録証の写しや証明書をもらうなどして、本当に会社として存在しているかどうかを確認することが望ましい。

　さらに、ある会社を代表して契約書に署名する人物が本当にその会社を法的に拘束する権限を有しているかどうかも確認する必要がある。どういう役員が相手方の法人を代表または代理する権限があるのかは、法人の設立準拠法によっても異なる。また、ある文書にサインがある場合、それが本人のサインで

図表22-1　存続証明書のサンプル

```
               CERTIFICATE OF GOOD STANDING

TO WHOM IT MAY CONCERN

I HEREBY CERTIFY that
            XXX CORPORATION, LTD
A company duly organized and existing under and by virtue of
the Laws of the XXXX is at the date of this certificate in
Good Standing with the office, and duly authorized to exercise
therein all the powers vested in the company.


                  Given under my hand and the Seal of the State
                  of [name of the state] at [name of the City]

  (Seal)          [Signature of the public official]
                  An Authorized Officer,
                  Registry of Companies
```

あることを証するサイン証明も確認すべきだろう。

　重要な契約では、こうした基本的事項の確認が不可欠であり、真実かつ正確な事実を**表明保証条項**（→126頁）に盛り込むが、契約が拘束力を有しないのでは意味がない。そこで、法人の契約締結権限等に問題がないことについては資格のある弁護士から**法律意見書**（→236頁）をもらうこともある。こうした注意を払って契約を締結することは、日本の会社の役員が、善良な管理者の注意義務（**善管注意義務**）を尽くして取引をした証拠にもなる。

　ただ、法律意見書を作ってもらうと、それだけコストもかかるので、取引の規模によってはそこまであったほうがよいとは思っても、そこまで事実上できないこともある。その場合でも、少なくとも、相手方から法人の存続証明書など、何らかの登録証や証明書をもらうべきだろう。それが偽造などであったら、もう犯罪なのであるから、まともな取引を期待することはできない。一般的には、相手方から出された書類を信用して、その記載と契約書の記載に齟齬がないように確認することをもって取引をするケースも多いようだが、そこには法

的リスクがあることにも十分に留意すべきだろう。

〈国際ビジネス・ケーススタディ①〉

(最高裁判所第三小法廷判決昭和50年7月15日、仲裁手続不許請求上告事件)

　米国ニューヨーク州法に準拠して設立され、本店を同州に設置するY社の発起人との間で契約を締結したというXが、Y社は同契約締結当時、未だ法人として存在していなかった等と主張して、Y社に対し、本件契約書が真正に成立していないこと、その一条項である仲裁合意の不存在及び独占販売代理権等の不存在確認、並びに仲裁手続の不許を請求した。

【裁判所の判断】

　Y社の設立発起人が、将来設立するY社の営業準備のため、第三者と契約を締結した場合、Y社が設立された後に同契約上の権利義務を取得しうるか、その要件如何等は、会社の行為能力の問題であるから、Y社の従属法たるニューヨーク州法で定めるべきである。Y社の設立発起人が、その設立前に会社の営業準備のため日本の会社と締結した契約中の仲裁約款は、設立後の会社による採用により会社との間に成立した契約として有効である。

(参考文献) 神前禎「法人の従属法」国際私法百選(補正版) 42頁、「最高裁判所民事判例集」29巻6号1061頁。

図表22-2　国際ビジネス・ケーススタディ①

①営業準備中の契約

- 日本：X社（日本企業）
- ニューヨーク州：Y社
- 発起人
- 独占販売代理店契約（仲裁条項あり）
- 独占販売代理権の不存在確認・仲裁の不許
- 提訴

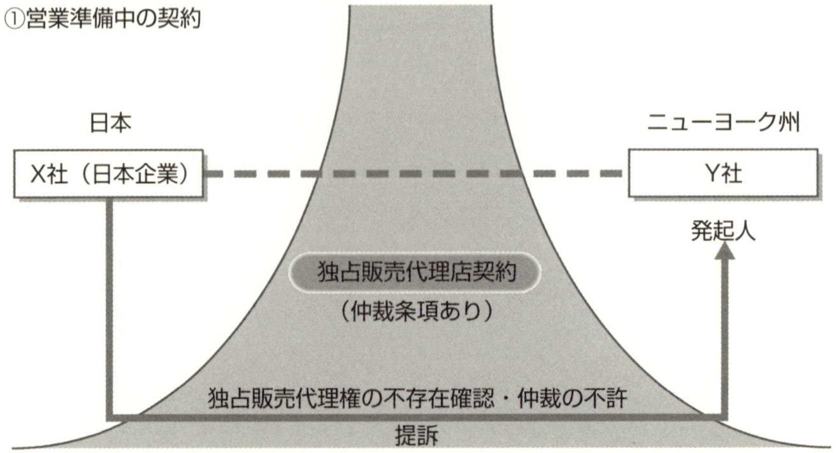

〈国際ビジネス・ケーススタディ②〉

（東京地裁判決平成4年1月28日、判時1437号122頁、判タ811号213頁）

　Xは米国カリフォルニア州（カ州）法人であるM社に対して金1億8000万円を貸し付け、M社の取締役であるY1と知人Y2がこの債務を保証したので、その保証債務の履行を求めて訴えた。しかし、Y1・Y2は、その保証は、形式的なものにすぎず、金銭の支払義務を負う私法上の保証ではないとか、M社の借入れについて取締役会決議がないとか、貸金契約はカ州の暴利行為を制限する法に違反した金利であって公序に反するものとして無効であり、保証契約も無効である等として争った。

【裁判所の判断】

　M社はカ州を本拠地とし、カ州法を設立準拠法とする会社であるから、M社の従属法は、カ州法であり、M社が第三者となす対外的行為も、原則としてカ州法の規定による。この取引には、持ち回り決議によるM社の取締役全員の署

図表22-3　国際ビジネス・ケーススタディ②

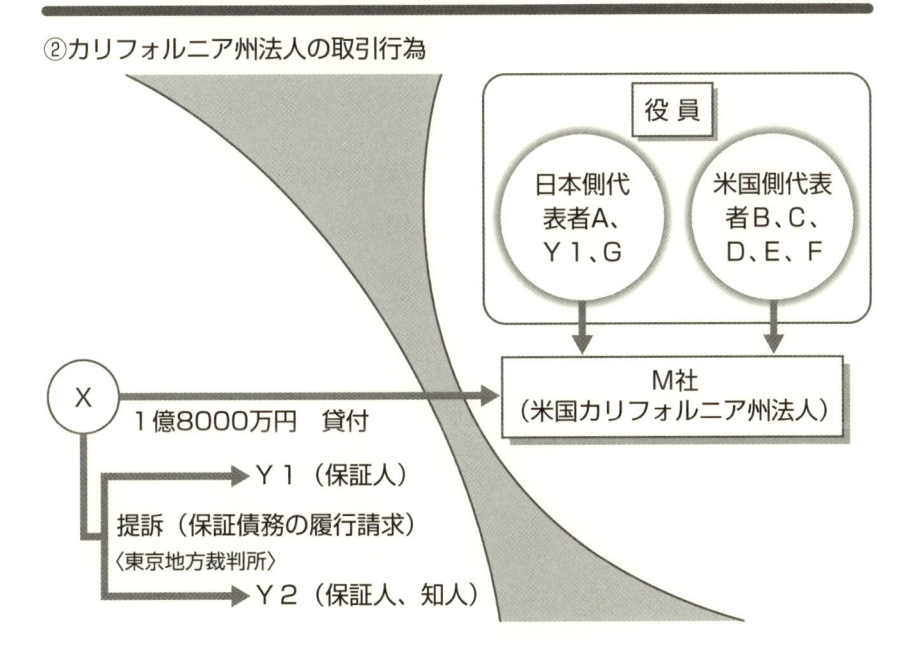

②カリフォルニア州法人の取引行為

役員
- 日本側代表者A、Y1、G
- 米国側代表者B、C、D、E、F

→ M社（米国カリフォルニア州法人）

X → 1億8000万円　貸付 → M社

X →　Y1（保証人）
X →　Y2（保証人、知人）

提訴（保証債務の履行請求）
〈東京地方裁判所〉

名がされた取締役会の承認が認められ、日本の利息制限法、カ州における暴利行為禁止法のいずれにも違反せず、経験則に照らし、利息の決定のあり方も金融機関として通常のもので、M社の取締役が利害関係を有しない会社を相手方とする取引でも、その内容及び条件において同様なものであると推認できる。利益相反取引に係る取締役会決議の違法により本件契約が無効であるとの主張は理由がなく、被告らはいずれも弁護士であるから、英文で書かれた書面でも、M社の債務を保証する旨の記載のある保証書に署名する意味や法律効果を理解せず、または顧慮しなかったとは考えられず、保証書が英文で記載され、保証人の中には米国人の取締役もいたから、保証書の作成に実印の押捺や印鑑登録証明書の差入れ等を求めることが不可能かまたは不要・不適であったと考えられる等として、Ｙ１及びＹ２に対して保証債務の履行を命じた。

COLUMN-3

Race to the Bottom（底辺への競争）の危険性

　擬似外国会社（→64頁）は、日本の会社法による設立手続き等に服する必要はない。しかし、事業活動をもっぱら日本で行うという会社が、日本の会社法に従って、株式会社の設立を要求しなくてもいいのだろうか。そこに日本の会社法を強制するのは不当なことだったのだろうか。

　もしも、擬似外国会社のようなものが広く蔓延すると、主として日本で事業を行うための会社でも、日本の会社法によって会社を作らないで、外国で会社を設立して、いきなり日本でビジネスをやる者が現れるかもしれない。そのため、国際的な会社法レース、制度間競争に全面的に突入してしまう危険性がある。

　すなわち、「経営陣に都合のいい法制度」＝「少数株主・債権者その他の利害関係者の利益保護に薄い法制度」に流れていく（Race to the Bottom＝底辺への競争）という恐れがあるというのだ。もっとも、これに対しては、経営陣だけに都合のいい法制度は結果として資金調達を困難にするはずであり、

競争の中でマーケット・メカニズムが働いて最適なバランスが達成されていくはずだ（Race to the Top＝頂上への競争）といった極めて楽観的な見方もある。

ただ、「擬似外国会社」の日本での活動を無条件に認めれば、我が国の会社法も、こうした「会社法のレース」に巻き込まれる可能性がある。一部の事業者がより規制の緩い国で会社を作り、規制のとても緩い国の会社法によって作られた会社が日本で事業活動を行うということにもなりかねない。これを経営者の倫理だけに任せておく、というわけにはいかないだろう。

確かに、取締役の責任範囲、買収防衛策について日本の会社法よりも柔軟性のあるデラウエア州で会社を設立して、主として日本で事業を行えるということを、外国人投資家は歓迎するかもしれない。しかし、一般的には他国の会社法を設立準拠法として選ぶのは、いろいろなリスクがあるわけであって、法制度に対する情報が必ずしも十分にないことは安全なビジネスの支障にもなりうる。場合によっては、かえってコストがかかる結果にもなりかねない。その意味でも、擬似外国会社は、あまり歓迎すべき存在ではない。

その意味で、会社法が責任者に連帯責任を負わせているのは正当だ。多くの有力な外資系の証券会社は、日本の法律に従って株式会社を設立しなおして疑義のないように体制を改めた。それほど心配するようなことでもなかったが、それは結果オーライだったのではないか。

23 代理の準拠法

▶▶▶本人のために第三者が代理行為をする場合

● 法定代理と任意代理の区別

代理とは、本人に代わって、代理人となる者（代理人）が何らかの法律行為をなし、その効果が本人に帰属する制度のことだ（日本の民法99条以下）。

代理には**法定代理**と**任意代理**とがある。法定代理とは、本人の意思によらずに、法律に基づいて当然に発生する代理のことだ。例えば、未成年者に対する親権者の代理権等がある。日本では、未成年者の親権者の法定代理に関する準拠法は通則法32条により、成年被後見人に対する後見人の法定代理に関する準拠法は、通則法35条によって定められる。法定代理権の発生または存否及び効力は、内部関係も外部関係も、本人の保護を図る必要があり、相手方も予見可能であるはずだとして、法定代理権発生の原因となる法律の準拠法によるものであると一般的には説明されている。

● 三面関係を別々に検討

それに対して、任意代理は、本人と代理人間の委任契約や雇用契約によって授権行為がなされることによって発生する。本人が代理人に何らかの権限を授権し（**授権行為**）、それに基づいて本人のために法律行為を行う（**代理行為**）。代理の利用が許されるか否かは、授権行為の準拠法によって判断される。

次に、本人と代理人の関係は、原則として、授権行為の準拠法によるべきだろう。従って、通則法7条によって、委任契約で準拠法が定められていれば、それに従うことになる。

これに対して、代理人と相手方の関係は、代理行為の準拠法によるべきだろう。例えば、本人から委任された代理人が、相手方と契約をする場合には契約の準拠法（通則法7条以下）によって決められる。

最も問題なのは、本人と相手方との関係の準拠法だ。これについては日本法の下でも見解が対立しており、①授権行為準拠法説、②代理行為地法説、③代

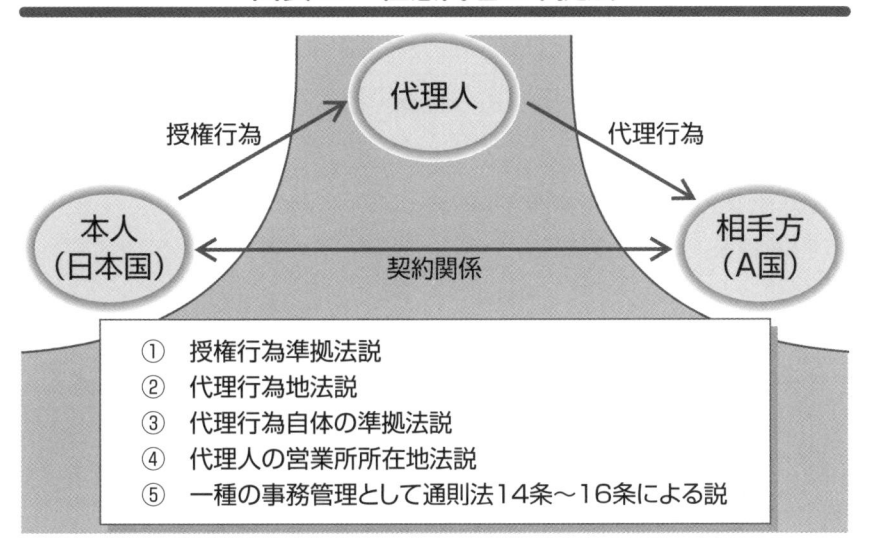

図表23　任意代理の準拠法

本人（日本国） —授権行為→ 代理人 —代理行為→ 相手方（A国）
本人（日本国） ←契約関係→ 相手方（A国）

① 授権行為準拠法説
② 代理行為地法説
③ 代理行為自体の準拠法説
④ 代理人の営業所所在地法説
⑤ 一種の事務管理として通則法14条〜16条による説

理行為自体の準拠法説、④代理人の営業所所在地法説、⑤一種の事務管理として通則法14条〜16条による説のほか、1978年ハーグ代理準拠法条約のように、原則として④だが、広く例外を設けて②によるといった複合的な見解もある。

　日本の従来の通説は①であったが、この考え方に対しては、相手方が授権行為の準拠法を知ることが難しいという問題がある。そこで、取引安全のために、代理行為がなされた場所の法律によって代理行為が有効である場合には、その法律によるとする立場（②）や、代理行為によって定められた準拠法によるといった考え方（③）等が提唱されている。

　さらに、表見代理や無権代理の場合も、代理権が授与されている場合と同様に取り扱う考え方がある。これも代理行為の効力の問題であるとして、表見代理人のなした代理行為の準拠法によるものと解するものが従前は多かったようだ。しかし、近時は、取引の安全を重視する立場から、②によるとする見解や、完全な無権代理ならば事務管理または不法行為の問題だという見解も有力になっている。

24 国家・公的団体

▶▶▶ 民事裁判権に服するように変遷してきた背景は

● 絶対免除主義がかつての国際慣習法

　国家や国家機関、地方公共団体や国際機構等の公的な団体もビジネスの当事者となることがある。これらの組織の権力的な行為は、他国の裁判権に服さない（**主権免除**＝state immunity, sovereign immunity）。外国国家に対する民事裁判権免除についても、法廷地国内に所在する不動産に関する訴訟等、特別の理由がある場合や、自ら進んで法廷地国の民事裁判権に服する場合を除き、外国国家は法廷地国の民事裁判権に服することを免除される**国家主権免責特権**を認める**絶対免除主義**の国際慣習法がかつては存在していた。

　しかし、国家の活動範囲の拡大等に伴い、国家の行為を権力的行為とそれ以外の私法的ないし業務管理的な行為とに区分し、後者についてまで法廷地国の民事裁判権を免除するのは相当でないという考え方（いわゆる「**制限免除主義**」）が次第に広がっていった。現在では、多くの国がこの考え方に基づいて、外国国家に対する民事裁判権免除を制限している。2004年の国際連合第59回総会で採択された「**国家及び国家財産の裁判権免除に関する国際連合条約**」も、制限免除主義を採用した。国際ビジネスの実務でも、国家等が当事者となる契約をする場合には、**主権免除放棄条項**を設けることによって、その趣旨を明確に定めることが多い（例えば、230頁のソブリン債）。

● 日本も「絶対免除主義」から「制限免除主義」に変更

　日本もかつては絶対免除主義であったが、最高裁は、2006年に外国国家による私法的ないし業務管理的な行為には、法廷地国の民事裁判権から免除される旨の国際慣習法は存在しないと明確に述べて、制限免除主義を適用するに至った。この考え方に従って、日本は近く外国等に対する民事裁判権に係る法制を整備する予定だ（2009年にも法案が提出予定）。ただし、裁判権免除が国家によって放棄された場合でも当然に強制執行の免除が放棄されたと解するこ

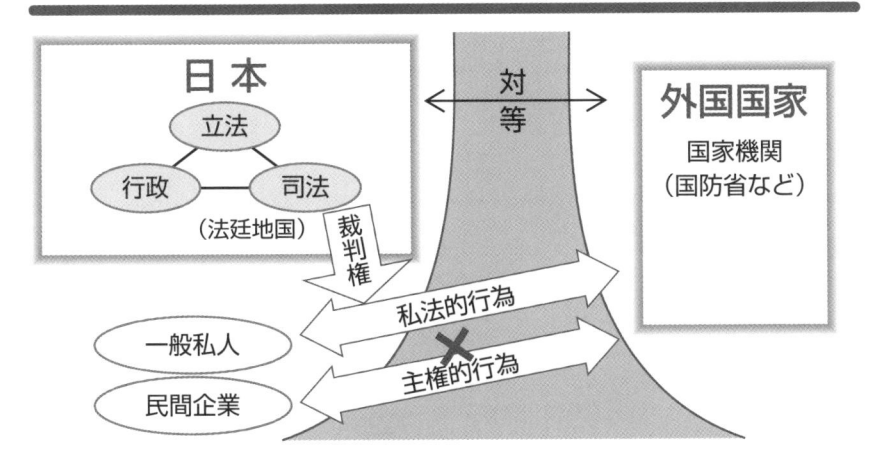

図表24　国家・公的団体が当事者のケース

（図：日本（立法・行政・司法）（法廷地国）と外国国家（国家機関（国防省など））が「対等」の関係。一般私人・民間企業から外国国家への「私法的行為」には裁判権が及び、「主権的行為」には及ばない（×）。）

とはできないので、その点は留意する必要がある。

〈国際ビジネス・ケーススタディ〉

（最高裁判所第二小法廷判決平成18年7月21日）

　上告人らが、パキスタンとその国防省関連会社の代理人A社との間で、パキスタンに対して高性能コンピューター等を売り渡す旨の売買契約を締結し、売買の目的物を引き渡した後、売買代金債務を消費貸借の目的とする準消費貸借契約を締結したとして、パキスタンに貸金等の支払を求めた。

【最高裁判所の判断】

　外国国家は主権的行為について法廷地国の民事裁判権から免除される旨の国際慣習法は引き続き肯認できるとの先の判断を維持しながら、外国国家は、その私法的ないし業務管理的な行為については、日本による民事裁判権の行使が当該外国国家の主権を侵害する恐れがある等特段の事情がない限り、日本の民事裁判権から免除されないとして、訴えを却下した原判決を破棄し、原審に差し戻した。

（参考文献）河野真理子「裁判権免除」国際私法百選（補正版）164～165頁。

25 国際ビジネス弁護士

▶▶▶ 国際ビジネスに精通する法律専門家の活用

● どの弁護士に依頼するか

　国際ビジネスを専門とする弁護士として、「国際弁護士」という資格が公的に存在しているわけではない。あくまでも、それぞれの国の弁護士制度で資格が付与される一般的な弁護士のうち、国際ビジネスをも取り扱う弁護士のことを、俗にそのように呼ぶにすぎない。

　ただ、弁護士を起用する場合には、どこの国の資格を有する弁護士に依頼するかは注意する必要がある。この点で、準拠法が何かは一つの目安となるが、取引の準拠法が定かではない場合もあるので、その場合も含めてアドバイスが得られることが望ましい。すべての弁護士が国際的なビジネスに関する法律問題を取り扱うわけではない。国際ビジネスには国内の法律問題には見られないような特有の落とし穴がある。そこで、そうした問題にも精通する弁護士に依頼することが必要だ。

　ビジネス・アドバイスをも売り物にしているという弁護士は、ビジネスそのものについて深い洞察力があり、これに法的分析を掛け合わせてアドバイスをするケースが増えつつある。これに対して、法律問題についてはかなり詳細な理論まで精通しているが、ビジネスの実態には疎く、全体のバランス感覚を欠いているといった専門家もいないではない。そうした弁護士のアドバイスは、法律的には正しくても、政治的、ビジネス的にどうかは別問題である。ただ、いずれにしても、最終的なビジネス判断は必要だ。

　日本の弁護士も、これからどんどん海外に進出することが期待されている。もっとも、日本の弁護士が海外に進出するに際して、どれだけ開放されているかは問題であり、例えば米国における日本弁護士の仲裁代理権限が不透明ではないかといった指摘もある。ただ、日本の国際弁護士は、資格としてはダブルのようだが、実力的にハーフではないかといった厳しい意見もあり、英語力を

図表25　世界の10大法律事務所

順位	事務所名	弁護士数(人)	事務所がある国の数
1	Baker & McKenzie1 International（U.S.）	3,626	38
2	Clifford Chance International（U.K.）	2,828	21
3	Linklaters International（U.K.）	2,448	30
4	Jones Day National（U.S.）	2,204	14
5	DLA Piper International2 International（U.K.）	2,174	25
6	Allen & Overy International（U.K.）	2,131	21
7	Freshfields Bruckhaus Deringer International（U.K.）	2,127	17
8	Latham & Watkins National（U.S.）	1,979	11
9	White & Case International（U.S.）	1,971	25
10	Skadden, Arps, Slate, Meagher & Flom National（U.S.）	1,941	12

（注）Baker & Mckenzieの数字は2008年6月末。DLA Piper International はDLA Piper USと別に表示。
（出所）*The American Lawyer, October* 2008

アップして、交渉力を一段と高める努力が求められよう。

● **どの弁護士を起用するか**

　国際ビジネスといっても範囲が広いので、各人の得意分野をチェックして適切な弁護士を選択する必要がある。大手事務所では、各種の部門の専門家を備えているので、独禁法から税法まで多岐にわたる法律問題をカバーできるメリットがある。多彩な能力のある事務所には、多方面にわたる問題を処理してもらえる。ただ、数人のチームが担当することが多く、フィーも高くなりがちだ。大手事務所には多くの依頼者間の利益相反（コンフリクト）の問題があることもあり、大手事務所といえども、個々の弁護士の力量がすべてだから、大手事務所が最善の選択であるとは限らない。業界の評判や事務所のブランドに頼るだけでは不十分だ。信頼のできる弁護士からの助言や紹介が望ましいところだが、実績に着目して選択するのも一つの方法だ。

　もっとも、あまり浮気をしていては、いつまで経っても自分の会社を理解してもらえないために非効率的になってしまう。ホームドクター的な事務所に依頼企業の特徴を十分に理解してもらうことも有意義だ。弁護士と良好な信頼関係を築かなければ、長期的にうまく対応してもらいにくいことに留意する必要がある。

㉖ 外国弁護士

▶▶▶外国において資格のある弁護士の活用

●外弁法による規制

　グローバリゼーションの進展や継続的な外国法関連サービスが提供されるに伴って、日本国内の外国弁護士（外弁）に対する日本企業のニーズは高まっている。外弁事務所は、高い専門性を発揮している領域では積極的評価も高い反面、消極面としてはフィーが割高であることや、クライアントが外国企業に偏っていること等が指摘される。

　近年もその拡大傾向は続いており、日本の弁護士には、外弁の存在を脅威と受け取るむきもある。ドイツでそうであったように大手事務所が外国事務所に牛耳られてしまうとか、準拠法として外国法が選択されるようになるため、国内の国際ビジネス法務が空洞化する懸念があるからだ。しかし、日本では、まだ日本語や法文化等の障壁が高いことから、そうした状況にはなりそうにない。日本の弁護士が外弁を積極的に活用・管理していく可能性もある。

●外国法事務弁護士の規制

　日本における外弁事務所に対する規制としては、「**外国弁護士による法律事務の取扱いに関する特別措置法**」（昭和61年法律第66号、以下「**外弁法**」）がある。これにより、外弁法は、外国弁護士となる資格を有する者が日本国内で外国法に関する法律事務を取り扱うことができるように「**外国法事務弁護士**」を設けている。この制度は、渉外的法律関係の安定を図り、あわせて、外国における日本法に関する法律事務の取扱いの充実に資することを目的としている。

　外弁は日本法を取り扱えないが、既に外弁法は外弁が日本の弁護士を雇用することを許容しており、日本の弁護士との共同事業も解禁され、多くの外資系事務所が日本国内の法律事務所と「**外国法共同事業**」として業務を行っている。こうした状況で、外弁の職務範囲制限の潜脱の危険性も指摘されている。

　もっとも、日本の外弁法は、個人ごとに外国法事務弁護士として認める制度

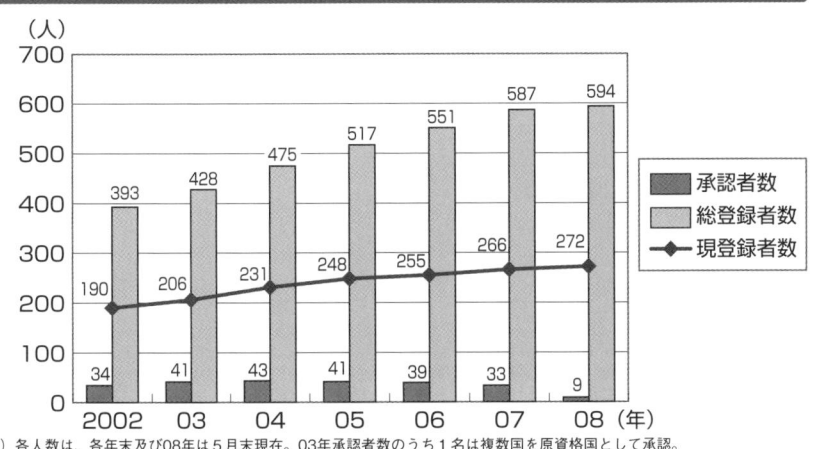

図表26　外国法事務弁護士の承認及び登録の状況

年	承認者数	総登録者数	現登録者数
2002	34	393	190
03	41	428	206
04	43	475	231
05	41	517	248
06	39	551	255
07	33	587	266
08	9	594	272

（注）各人数は、各年末及び08年は5月末現在。03年承認者数のうち1名は複数国を原資格国として承認。
（出所）法務大臣官房司法法制部外国弁護士制度研究会（第1回）配布資料

であり、中国が外弁について代理店の拠点設置を認めているのとは異なる。今後は、日本の弁護士が外弁をパートナーとして受け入れ、発展していくために、外弁の法人化を認める等、その活動をより広く許容すべきではないかといった主張にどう対応するかが注目される。

　海外の弁護士とは、直接に意思疎通することが好ましいが、日本の法律事務所を通じて間接的にコンタクトを取るケースもある。海外の弁護士を起用する場合には、英文で弁護士への委任契約（engagement letter）の締結が求められることもあり、業務の範囲や報酬の取り決め、弁護士の免責に関する規定等に注意してチェックする必要がある。これは海外の弁護士に限らないが、疑問があれば、できるだけ納得できるような内容になるように修正を求め、事前に弁護士報酬（legal fee）の見積もりを求める等、賢い弁護士の使い方が求められる。この観点からも、弁護士資格を有する社内弁護士がこれらを取り仕切るような体制が望ましい。

27 会計・税務その他の専門家

▶▶▶ 多様な専門家の目で国際ビジネス案件を多角的に検討

● 国際的人材の育成の必要性

　国際ビジネスを支えるのは、資本力もさることながら人材の力が重要である。たとえ大きな資金力で海外の企業や資産を買収しても、これを使いこなす人材がいなければ、永続的なビジネスの発展は望めない。国際取引契約には法務的観点、会計的な観点、ビジネス的な観点からの検討が不可欠であり、それらが国際的な色彩を帯びていることに伴う特殊性がある。国際ビジネスにおける文化や言語の壁も無視できない。

　事業活動・営業活動をリードする人材をサポートする法律専門家と並んで重要なのが会計・税務の専門家である。これらの資格は、弁護士資格と同じように、基本的に国ごとに別々の資格で付与されるものであり、国際資格のようなものはなく、個人で複数の資格を有したり、複数人で連携したりすることで国際的な案件に対応しているのが実情である。ただ、会計基準も国際的な統一が図られており、日本の会計基準も欧米とは異なりながらも、世界標準に合わせていく努力がされている。

● ワンストップ・サービス

　一般的には、税務もまとめて一つの事務所で対応してほしいという依頼者が多いだろう。英文契約については日本人弁護士とネイティブの弁護士がペアで案件を処理するように、法律の専門家と税務の専門家がペアで案件を処理したほうが便利である。

　そこで、一部では弁護士と公認会計士やコンサルタント等の専門職が共同して法的サービスを提供する **MDP（Multidisciplinary Practice ＝ Multidisciplinary Partnership）** と呼ばれる異業種間共同事務所の設立が、巨大会計事務所を中心に推進されている。しかし、MDPでは、弁護士が非弁護士によってコントロールされる懸念や秘密保持の弱体化等の懸念から、このような形態に対して

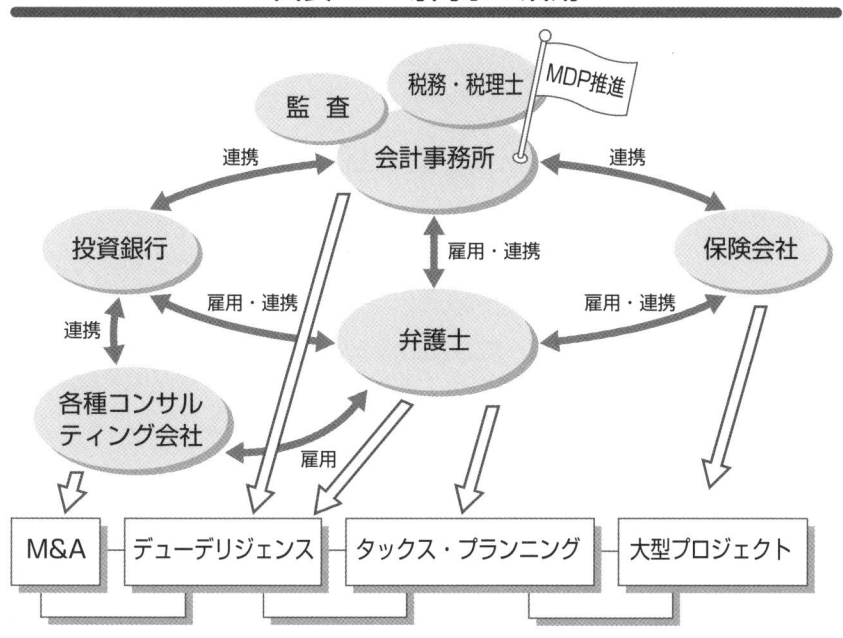

図表27　専門家の活用

消極的な法域もある（独仏等は容認するが、日米等は消極的である）。そこで、一定の提携関係の下に事実上のMDPが形成されていることもある。

　ただ、こうした体制を整備している事務所はまだまだ限られている。また、形が整えば、それで質の高いサービスが確保されるわけでもない。そこで、現実的には、依頼者の側で弁護士と税務の専門家を別々に依頼することが少なくない。これはお金が余計にかかる面もありえようが、多くの取引をする場合には、結果的にはそれが合理的な方法でもあるのだ。

　日本においては、伝統的に内向きの傾向が強く、国際的に活躍する人材が限られている。国際ビジネスを担える人材を育成強化することは極めて重要だ。今後は、法科大学院等の専門職大学院における企業法務教育を強化するとともに、弁護士等の有資格者を増員し、国際競争に打ち勝っていけるように、人材の裾野を広げていくことが課題である。

COLUMN-4

国際的ローファームのビジネス展開

　国際ビジネスにおいては、一つの案件で日本法と外国法の専門的知識が同時に必要とされることが多いため、国際的なローファームが成長しつつある。外資系ローファームの東京事務所は、アジア地域の出先事務所と密接な協力関係を強調し、世界各国の主要都市で多数の法域にまたがる法的サービスを提供するのが売り物だ。多様な言語、文化、法律の知識と経験を持ち寄って複数の国の弁護士が一体となってチームを編成して業務にあたり、数千人規模の弁護士を擁するに至る法律事務所も現れている。依頼者に最良の成果をもたらせるように、各人の専門性を伸ばしながら、互いに補完し協力しあえる態勢で効率的に依頼者へ法的サービスを提供しようという戦略だ。

　既に多くの外資系事務所が東京に開設され、日本国内外の多くの依頼者を抱えている。金融分野や最先端の技術、生命科学に至るまで、先進的な業務における幅広い法律分野を取り扱い、企業間の紛争解決にもあたっている。特に各国の市場をまたぐ高度に多様化した複雑なクロスボーダー取引では、広範囲の依頼者を代理している。国際的ローファームの市場では、各種のランキングが公表されており、比較的大きなローファームがその主要取扱分野において上位ランキングを占めていることが多く、日本市場でも非常に高い評価を得ている。

　多くの依頼者は、国内取引と国際取引の性質に応じてすべての法律をカバーする総合的な法的サービスを求めている。このため、各依頼者の事業の内容や案件の目的、法的問題点とビジネス上の重要な点を的確に捉え、依頼者の目的を達成するために真に役に立つ実務的、実践的、創造的なアドバイスを提供することが必要となる。

　なかには米国の有名ロースクールの教官を招いてLLM（法学修士号）留学希望者対象のセミナーを弁護士向けに開催する事務所もあり、国際的なネットワークを生かした留学サポート活動等を通じて、他の法律事務所や企業との交流を図っていることも窺われる。

第**4**章

国際取引の契約手法

28 契約書の重要性

▶▶▶ 自由があるからこそ自己責任が厳格に求められる

● 契約自由の原則

　国際ビジネスの分野では、公法的規律の枠内で自由な取引が奨励されている。このため、欧米先進国をはじめとするWTO参加諸国では、原則として契約の自由が認められている。契約書の定め方をめぐって多大なエネルギーをかけるのも、契約書に定めた合意が尊重されることになり、当事者を拘束するのが原則となるからである。

　しかし、「契約自由」だからといって、あまり自己に有利な条件を得ようとして一方的すぎる条項を作ったりすると、何も得をしないどころか、かえって自分たちを不利な状況に追い込んでしまうこともある、ということを肝に銘じておくべきだろう。また、例外的に契約で定めた通りの効力が法的に認められないこともある。これが契約自由の原則の例外であり、日本でも公序良俗に反する約束は無効とされる（民法90条）。また、海外でも、各種の公法的な規制等によって効力が否定される可能性がある。

　国内取引の契約書とは異なり、国際的性格にも配慮しなければならない。そのため、勢い契約書も長文になりがちだ。しかし、これは海外の弁護士の顔を立てるためではない。実務的に契約書で守られるのは、「利益の確保」と「リスクの回避」だ。つまり、いかなる利益が得られるのかを明確にすると同時に、予想されるリスクを抑制することが契約書作成の目的だ。国際ビジネスにおける厳しいリスクを考えて必要な事項を盛り込むことは、後日における意見の対立を回避し、紛争を抑制するためにも極めて重要である。

　契約書に責任を軽減するための定めを設けることも少なくない。例えば、責任をできる限り軽減するテクニックとして、契約条項に「知る限り」と限定することがあるが、「知る限り」の意味を厳密に定義して、さらに責任を軽減しようとすることがある。リスク軽減のためにも、様々な工夫が考えられる。

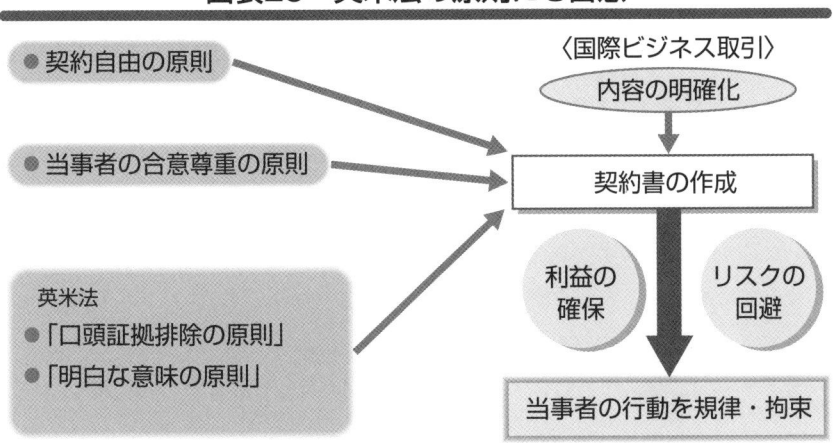

図表28　英米法の原則にも留意

- 契約自由の原則
- 当事者の合意尊重の原則

英米法
- 「口頭証拠排除の原則」
- 「明白な意味の原則」

〈国際ビジネス取引〉
内容の明確化

↓

契約書の作成

利益の確保　リスクの回避

↓

当事者の行動を規律・拘束

● 口頭証拠排除の原則

　日本では、契約書に細々とした事項まで書き切らないことが暗黙の前提となっている。その背景には、書面にしておかなくても当事者間の合意が法的にもそれなりに尊重されることがある。しかし、英米法には、書面が明確である場合や最終的な意思の表明である場合には、書面と矛盾・抵触する口頭証拠を許さないという「口頭証拠排除の原則」（Parol Evidence Rule）がある。

　また類似の考え方で、「明白な意味の原則」（Plain Meaning Rule）といったものもあり、契約書等の解釈において書面の意味が一見して明白な場合は、裁判所がそれ以外の証拠を考慮してはならないものとされている（上記二つの原則はいずれもCISGで適用されないという（CISG-AC意見3号）が、事実上の影響は残るだろう）。

　このため、契約書の表現をどうするかが極めて重要な意味を有しており、契約書の明文に定めてしまうと、これに反することは難しい。また、契約書に定めない事項については、後になって交渉する必要が生じる。しかし、利害関係が対立してから交渉を始めても、なかなか成立しにくくなり、国際取引においては深刻な問題になりがちだ。だから、懸案事項については早めに解決しておくことが特に好ましいと考えられやすい。

㉙ 国際取引契約書の仕組みと構造

▶▶▶英米法の影響を受けた英文契約書に原型がある

●元来は一つの文章

　一般に、英文契約書の基本的なスタイルは、表題が付され、頭書、前文、本文、末尾文言、署名欄から構成される。これは、元来、頭書の**This Agreement**が主語で、**WITNESSETH**（witnessの古語）が動詞となり、前文と本文を目的語とすると、「この契約は、以下のこと（前文及び本文の内容）を証する」という意味であった。かつては、それで一つの文章になるという理由で、途中にピリオドがないという形式を踏襲するものもあったほどだ。

　もっとも、今日では、古い形式を踏襲する契約書はあまり見られなくなり、旧来の形式は自由化されつつある。しかし、英米法の約因理論（→52頁）の名残からconsideration（約因）に言及した一文が入り、その後に、本文の条項に入っていく。また、末尾文言の**IN WITNESS WHEREOF**に、「上記の証として、代表者に本契約書を作成させた」と締めくくり、最後にその代表者に署名をさせるといった形は依然として広く用いられている。こうした英文契約書のスタイルは、英米法の影響を強く受けているものにほかならない。

●定義条項から主たる債権・債務、付随的条項、一般条項まで

　最初の頭書では、どういう当事者の間でどういう契約を締結したかが示される。その後に、「説明条項」といって、契約の背景事情が説明されることが多い。説明条項が必要であるかは議論のあることだが、説明条項に書くべきではないことを避けるならば、できるだけ背景をわかりやすく表現することは、契約書をまとめるにあたっても意義があろう。

　本文では、最初に定義規定や解釈条項が置かれていることもあるが、ないこともある。また、主たる債権・債務については、その内容を明確に定めておく必要がある。その関連で特に重要なのは、表明保証条項（→126頁）で、これはデューデリジェンス（→108頁）と連動している。また、各種の条件（前提

図表29　英文契約書の体裁

```
            XXXX Agreement
  This XXXX Agreement ("Agreement") is
made and entered into this ____ day of
_____, 20XX, by and between XXX
and YYY.

              RECITALS
WITNESSETH

WHEREAS, ～
WHEREAS,

NOW THEREFORE, in consideration of the
mutual promises made herein and other
good and valuable consideration, it is
agreed between the parties as follows:

Article 1. (Definitions)
     .
     .
     .
```
〈表題〉
〈頭書（Premise）〉
〈前文〉
〈説明条項〉
〈約因文言〉
（147頁のサンプルも参照）
〈定義規定など、これ以下が本文（Body）〉

```
IN WITNESS WHEREOF, the parties hereto
have caused their duly authorized
representatives to execute this
Agreement the day and year first written
above.


XXX Corporation      YYY Corporation


BY_____    BY_____
_____    _____
(Print Name and Title)  (Print Name and Title)
```
〈末尾文言（Execution Clause）〉
〈署名欄（Signature）〉

別紙として、添付書類等（Attachment, Exhibit, Schedule）が付されることも多い。

条件、停止条件、解除条件（→134頁）や付随的義務（→124頁）、誓約、約定も主たる権利・義務と同じくらい重要である。このほか、知的財産権の取扱い、検査・監査権限、受入れ義務、コンプライアンス条項、エスクロー（→174頁）等に触れられることもある。

　さらに、契約違反の場合に備えて、その前提としての債務不履行事由を定めておく。契約終了をめぐる諸条項においては、これに併せて契約期間、有効期限と更新（あるいは、その条件）等を定めることも多い（→136頁）。

　期間が設けられる場合には、中途解約の可否や条件についても明確にする必要がある。さらに、即時解約と期間をおいた解約、当然終了等、終了後の処理についても定めておくことが望ましい。このように、解約手続きや条件のほか、解除した後の処理についても定めておくべきだろう。損害賠償の方法や範囲、補償の範囲、履行強制や弁護士費用等のコストについても定めておくことが望ましい。

　最後に、日本国内の契約書ではあまり見かけないような一般条項も並べられるが、それらの条項は形式的なものではなく、数多くの実質的な論点がある[1]。本書においても、一部紹介するが、それぞれの契約における意味合いを十分に吟味して検討することが重要だ。

（注1）詳細は、拙著『ロースクール実務家教授による英文国際取引契約書の書き方（改訂版）』（ILS出版、2007年）参照。

COLUMN-5

契約書の長さとコスト

　国際ビジネスの法実務においては、契約成立のためのコストも考える必要がある。時間とコストをかければ良い契約書ができるのは当然だ。取引規模、取引頻度によって契約書への力の入れ方は、違って当たり前なのである。

　もっとも、一般的に英文契約書は国内取引で用いられる契約書と比べて長くなることが多く、どこまで長くしたらいいのかとまどうことがあるかもしれない。しかし、問題なのは長さなのではない。欧米企業との国際取引においても、短い契約書はあるし、近時は国内取引においても、極めて長文の詳細な契約書が用いられることもあり、その傾向が強まりつつある。

　また、同じような意味の言葉を繰り返し、難解な言葉を用いるなど、わざと長く複雑になるような表現も見かけるが、これに対してはもっと平易な表現にすべきだという考え方に変わってきている。これはPlain English Movementとも呼ばれ、米国の一部の州ではPlain English Lawを制定して法文書の簡易化を目指す動きもあるほどだ。このため、契約書についても、より簡潔でわかりやすい文章を書くことが求められている。

　結局のところ、その契約の重要性、リスクの度合い等に応じて、どこまで想定されるリスクを詳細に盛り込むのかという、ビジネス判断に依存している面がある。その意味では絶対的な契約書等は存在しないのだ。

　ただ、国内の取引であれば、契約書に書かれていない事項についても国内の法令、自国で馴染みのある取引の慣行等によって救われることも多い。それに対して、国際ビジネスにおいては、そうしたことが期待しにくい。このため、契約書を作成するにしても、できる限り網羅的な記載をすることが求められ、それだけ契約書作成にも、それなりのコストがかかることを十分に織り込んでおく必要があるのだ。

㉚ 英文国際契約書の作成

▶▶▶ 客観的、論理的、合理的な権利・義務内容を盛り込む

● より明確な記載を心がける

　英文契約書の記載は、あくまでも客観的に論理的かつ合理的であることが求められる。契約書は、契約締結後の当事者の行動を規律するものだ。契約関係において、どのような問題が生じるかを予測し、その対応やリスクの分配について予め定めておく必要がある。リスクの発生は、立場によってプラスの効用をもたらすこともあるが、そのような場合にも紛争が起きる恐れもある。その場合の当事者の義務の内容を明確に定めておくことにより、当事者の権利内容も明確にすることができる。

　契約書の作成へ向けた実際の交渉段階では、相手方がどういう反応をするかを見ることによって、何を考えているか、どういう考え方をするかを知ることもできる。契約交渉の過程で相手方と真剣に議論することにより、その反応の傾向がわかると、予防法務にも役に立つ。国際取引においては、相互の文化が異なることを忘れるべきではなく、交渉においても先入観は禁物だ。解釈方法に関する一般的な考え方まで盛り込むほうが安全だと考えられやすい。

　形式がすべてというわけではないが、その方式が問題となることもある。また、実質的な内容の妥当性が重要であることはもちろんだ。実質面においても形式面においても、契約書はあくまでも法的に効力がなければ、せっかくコストをかける意味もない。従って、その作成においては、法的な観点から問題が生じないかをチェックすることが重要となる。

　もっとも、合意内容によっては、わざと法的拘束力がないように定めるとか、努力義務にして効力を弱めるといった工夫をすることもある。また、何らかの法的拘束力があるにしても、議論の余地を残すために、「合理的な」（reasonable）、「重要な」（material）等といった形容詞を加えることもあるが、これはプラス・マイナスの両面があるので、注意する必要があろう。一般的には、具

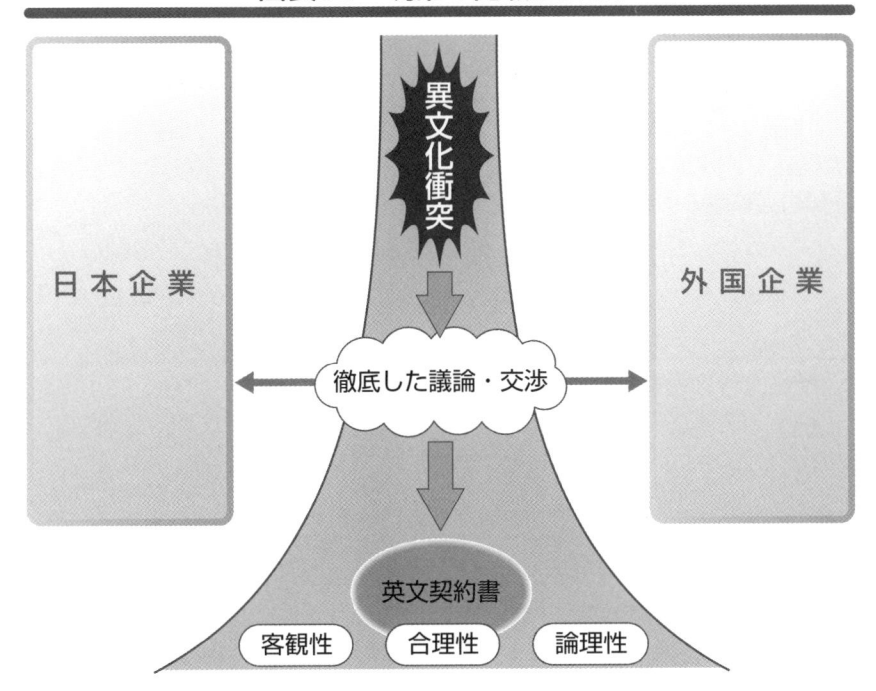

図表30 明確な記載が必須

```
日本企業  ←→  異文化衝突  ←→  外国企業
              ↓
         徹底した議論・交渉
              ↓
           英文契約書
      客観性  合理性  論理性
```

体的に書いて絞り込むことにより、より強固な権利となる。

別の文書で合意することも検討に値することがあるが、その法的効力はチェックする必要がある。特に、完全合意条項との関係には注意を要する。

● ネイティブ・チェックの意義

英文契約書を日本語に翻訳して理解しようとすることが多い。しかし、英語での法概念は必ずしも日本語の法概念に置き換えられないものもあり、英文のニュアンスは日本語では表現しにくいことも少なくない。従って、英文契約書の内容は原文のまま理解できるようにすることが望ましい。

また、最終的な契約条項の表現に誤りがないかを確認するためには、ネイティブの法律専門家にチェックしてもらうとか、外弁等を利用するのが理想的ではある。しかし、コストもかかるものであり、取引の重要性や規模等を考慮して対応するのが現実的だ。

㉛ 国際契約交渉の進め方

▶▶▶ 徹底的な議論を通して信頼関係を構築する

● 契約当事者の信用調査から戦略的に対応する

　契約交渉に入る前に第一にチェックすべきなのは、相手方が本当に取引してもよい信用のおける当事者かどうかという点である。これが不安な相手方では、どんなに立派な交渉、契約書を作成しても無意味だ。海外の取引先も信頼できる紹介者や興信所等でチェックしたいところだ。

　国内取引の契約交渉でもそうだが、交渉で議論する順序として、簡単なものから片付けて、難しい項目を最後に交渉するのは、必ずしも合理的ではない。交渉の無駄を防ぐには、最難関の事項を先に解決することが原則だろう。議論すべき項目が多く、交渉が長引きそうな場合は、ペンディング・リストを作成し、蒸し返しを防止するようにすべきだ。

　契約書草案（ドラフト）は、あくまでも叩き台であって、それに拘束される必要はない。新しい条項で加えるべきこともあるし、削除すべきこともある。相手方もビジネスの開始を期待しているはずであり、契約が不成立となれば、それまでの交渉が双方とも無駄になる。従って、できる限り主張することが得策だ。もちろん、相手方の強さ次第で、自分たちの提案が受け入れられる保証があるわけではない。

　ただ、立場をよく理解してもらえることにより、交渉が成功することもある。しばしば契約書草案の修正を求めて交渉すること自体が、波風を立て、トラブルの原因になるのではないかと心配するむきもある。しかし、ニコニコして大事なことを話し合わないでいたからといって、「円満解決」が保証されはしない。むしろ当方の懸念するところを率直に話し合うことが信頼関係構築のための第一歩だと認識すべきだろう。

● どちらが叩き台を出すか

　自社が叩き台のドラフトを出すほうが主導権を握ることができると考えたり、

図表31 どちらが叩き台を出すか

自社が叩き台のドラフトを出すのがよい	相手方にドラフトを出させるのがよい
自社が主導権を握ることができる。	自社から出すと、交渉でより有利に変えていくことは難しくなるだけ。相手方の叩き台を切り崩すほうが確実である。
自社の用いている印刷された契約フォームで交渉を封じることもできる。	徹底的な交渉をすることによって、最初の案がそのまま通ることが認められるわけではない。
自社で案を作るのが、契約書の管理という点では望ましい。契約書のコントロールがしやすくなり、様々な取引におけるノウハウを蓄積し、それを統一的に利用できる。	費用対効果との関係で、叩き台を出す側のエネルギーもばかにならない。取引の個別の特殊性を重視した対応が重要。
落とし穴のある条項を防止できる。	自社の手の内を明かしてしまうことを防止できる。
取引実情と経験に照らして、類似取引を多く行っている側が叩き台のドラフトを出すのが合理的。	

　さらに自社の用いている印刷された契約フォームで交渉を封じようとする当事者もいる。確かに、自社で案を作るのが、契約書の管理という点では望ましい。契約書のコントロールがしやすくなり、様々な取引におけるノウハウを蓄積し、それを統一的に利用できる。また、契約の土俵を自分たちのほうで作ることができ、落とし穴のある条項を防止しやすい。

　一方、デメリットとしては、自社の手の内を明かしてしまうことになるほか、交渉でより有利に変えていくことは難しくなる面がある。費用対効果との関係で、叩き台を出す側のエネルギーもばかにならない。一般的には、取引の実情と経験に照らして、類似取引を多く行っている側が叩き台のドラフトを出すのが合理的だろう。供給者側の交渉力が強く、同じ取引をたくさん取り扱っていることから、供給者側が原案を出すケースが多いようだ。

32 国際契約交渉のテクニック

▶▶▶ 将来のビジネスの成功を念頭に十分な準備をする

● 修正を求める理由が必要

　国際ビジネス交渉においても、相手方と主張が対立した場合には、相互に相手が主張する理由を十分に理解した上で、その究極の目的について一致点を探すことが必要だ。予想される対立点については、予め交渉方法を考えておく。

　交渉に際して、法的障害があることを理由に適切な内容を求めることも重要なポイントである。それぞれの国の公序良俗や各種の保護法や独禁法等の規律によって有利な修正ができるのであれば、これを見落とさないようにしたい。

　ドラフトを変更する理由については、自分たちに都合のよい理由だけでなく、相手方にとってもそれがよいということが説明できるように考える必要がある。そうでなければ、修正を求める理由がないがゆえに、原案通りにすべきであると言われてしまう。相手方のドラフトに対して修正案を提案する場合にも、どのような形で着地するかについて見当をつけておくことが重要である。運悪く合理的に契約の修正に応じてもらえない場合には、そのリスクを念頭において行動する必要がある。そのリスクが合理的な範囲にとどまる限りは非難されずにすむ。それがせめてもの対策だ。

● 力関係を読み取れるかがポイント

　契約交渉の詰めにおいては、両者の背後にある力関係を読み取れるかどうかがポイントとなる。契約交渉は理屈ではないといった経験談も聞かれる。確かに、論理的説得のみならず、情緒的説得が効を奏することもある。ただ、真剣に交渉をした場合には、客観的に認められる両者の力関係が契約内容に反映されることが多い。もっとも、その力関係は、状況によって変化する可能性があるので、油断は禁物だ。

　相手方の譲歩を引き出すため、交渉の余地があれば、時間の許す限り交渉すべきだ。状況の厳しさとか、力関係の強弱といっても、程度問題だ。不利・劣

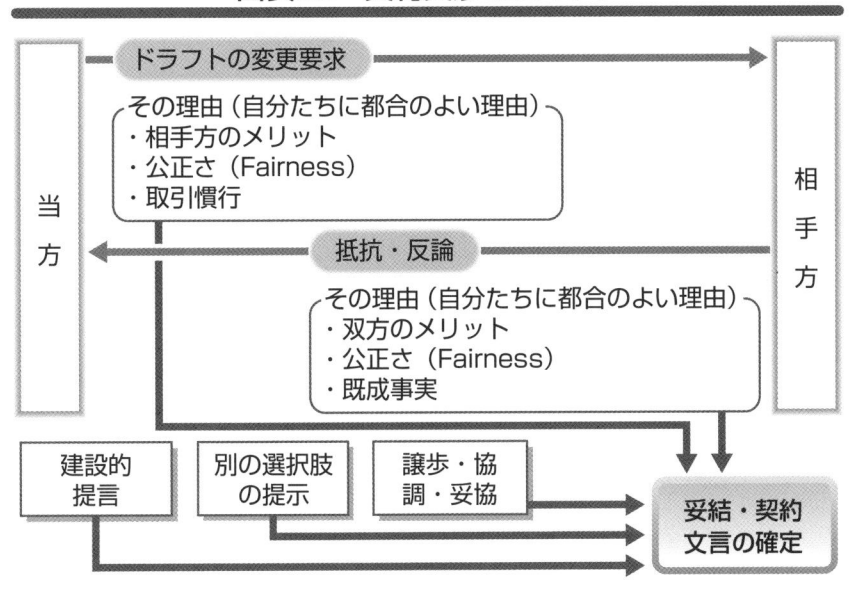

図表32　契約交渉のポイント

当方 → ドラフトの変更要求 → **相手方**
　その理由（自分たちに都合のよい理由）
　・相手方のメリット
　・公正さ（Fairness）
　・取引慣行

当方 ← 抵抗・反論 ← **相手方**
　その理由（自分たちに都合のよい理由）
　・双方のメリット
　・公正さ（Fairness）
　・既成事実

建設的提言／別の選択肢の提示／譲歩・協調・妥協 → 妥結・契約文言の確定

　位にある側は、どう対応するかが問題であり、いずれの立場も全面的に有利な条件を勝ち取れるわけではない。ただ、契約交渉と平行して契約履行の準備をすることで既成事実を積み上げ、契約締結から逃れにくい状況が生じることもある。契約成立が日に日に当然のことになり、徐々に契約締結を拒絶しにくい状況になる。そうした問題にも配慮しながら交渉をコントロールすべきだろう。さらに、会社組織の場合、ビジネスマンの役割、社内弁護士等の役割は異なるので、契約交渉における意思決定者が誰かを見極めて交渉する必要がある。

　収益を上げるという目的は万国共通であるから、国際ビジネス交渉においては合理的な妥協点を見つけて合意に持ちこむ余地はどこかにあるはずだ。異文化を克服して、利益を上げるための合理的な企業文化を、どのように海外で展開できるかが課題となるだろう。

㉝ LOI等の取り交わし

▶▶▶ 短期間に基本的な方向性だけを定め、詳細は正式契約で

● 大型取引案件の段取り

　LOI（基本合意書、予備合意書、Letter of Intent）、MOU（覚書、Memorandum of Understanding）等といった文書は、その内容によって様々なものがありうる。相互に取引をしようという話になっても、契約書を詰めるには交渉のために十分な時間が必要だ。そこで、暫定的な約束または予備的な合意を記録にとどめ、正式契約を締結するまでの方向性を確認するLOI等と後述の秘密保持契約を取り交わしてからデューデリジェンス（→108頁）に進むといった展開が典型的なものだ。LOIではLetter Agreementの形式が取られても、両当事者が署名する。状況や内容によっては、契約として法的拘束力を有する部分もあり、支払約束等の具体的な内容が含まれていると、後日正式契約が成立しなかった場合に、その趣旨をめぐって紛争が生じることもある。

● LOI等の法的効力

　一般的には、基本合意をしたからといって、正式契約を締結することが義務づけられるわけではない。基本合意によってすべてが拘束されるような法的義務を発生させるべきでもない。まったく法的拘束力のないLOIもある。しかし、その一部の条項に法的拘束力を持たせるためにLOIを締結することもある。これにまったく拘束力がないと、LOIを結ぶ意味も弱くなる。場合によっては、LOIが契約締結上の過失等の認定において影響を及ぼすこともありうる（→111頁）。いずれにせよ、LOIで法的拘束力を持たせるべきはどの点にあるか、拘束力を有するものと定められている条項が適切かどうかは、個別に吟味する必要がある。相手方から提示されたLOIは、短いからといって軽視すべきではなく、決して鵜呑みにすべきものでもない。

　例えば、短い期間とはいえ独占交渉権の拘束力を認める条項が考えられる。その期間内は誠実かつ真剣に検討してもらう必要がある。また、他の当事者に

図表33-1　大型契約案件の流れ

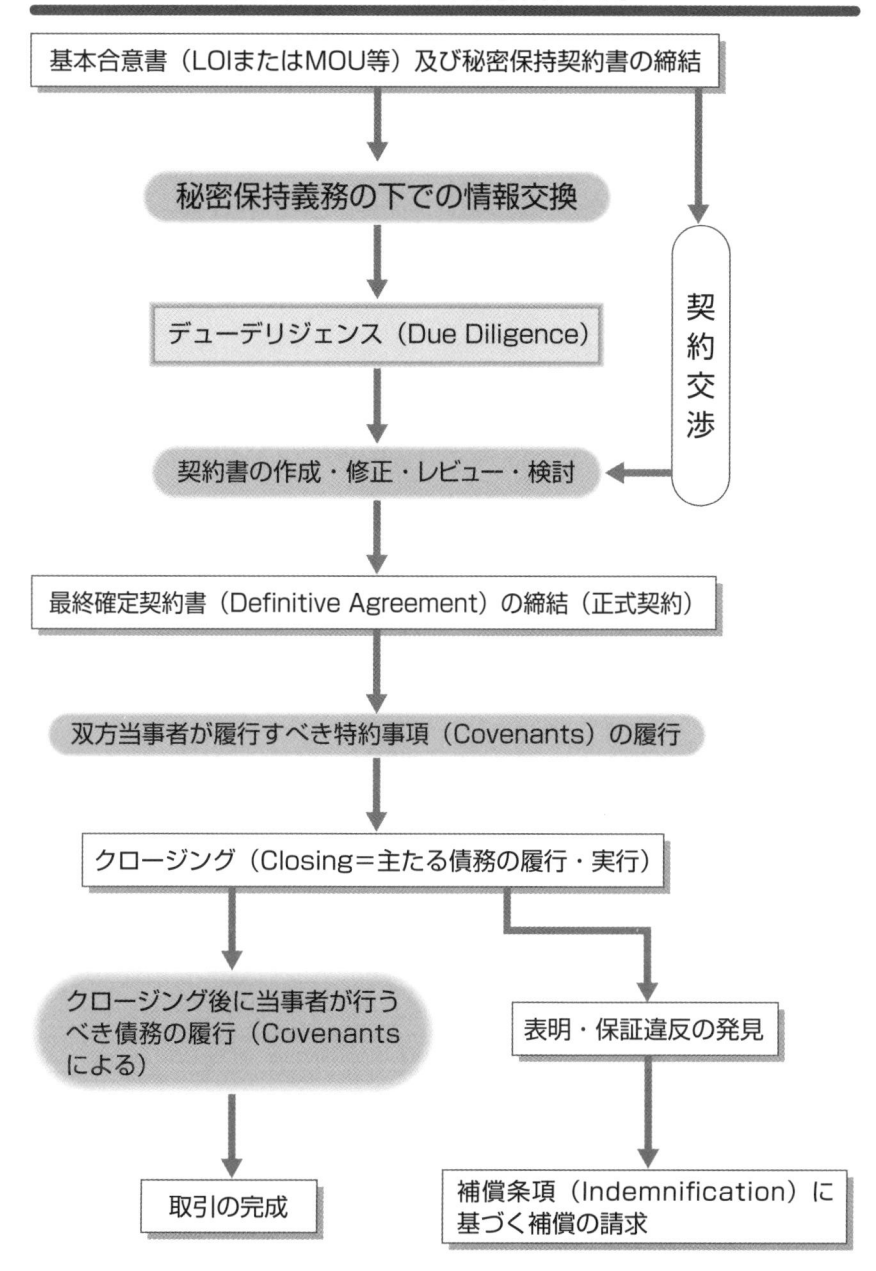

```
基本合意書（LOIまたはMOU等）及び秘密保持契約書の締結
        │
        ├──────────────────────────┐
        ▼                          │
秘密保持義務の下での情報交換          │
        │                          │
        ▼                          │
デューデリジェンス（Due Diligence）   │ 契約交渉
        │                          │
        ▼                          │
契約書の作成・修正・レビュー・検討 ◀──┘
        │
        ▼
最終確定契約書（Definitive Agreement）の締結（正式契約）
        │
        ▼
双方当事者が履行すべき特約事項（Covenants）の履行
        │
        ▼
クロージング（Closing＝主たる債務の履行・実行）
        │
        ├────────────────────┐
        ▼                    ▼
クロージング後に当事者が行う    表明・保証違反の発見
べき債務の履行（Covenants
による）                       │
        │                    ▼
        ▼              補償条項（Indemnification）に
   取引の完成          基づく補償の請求
```

逃げられる恐れがあるとか、どうなるかはまったく保証の限りではないというのでは真面目にデューデリジェンスをして価格の検討をする労力を投入してもらえず、だめもとで低い価格しか提示してくれなくなる恐れもある。相手に恩をうまく売って、別の譲歩を引き出すといったことを考えるべき場合もある。そこで、一定期間の**独占交渉権**や**誠実交渉義務**に法的拘束力を認めるとか、他の交渉者が現れた場合にはその内容を通知するとか、**一定の優先権**（先買権＝first refusal）を定めておくというのは合理的でもある。

ただし、独占交渉権を認めても、役員の善管注意義務により、新しい提案に乗り換えることを可能にする**Fiduciary Out条項**（信認義務に基づいて独占交渉から免れうる旨の条項）を設けておくべき場合もある。それが欠けていたために現実に大問題となった事例として、国内紛争のケースではあるが、日本の裁判事例を後に紹介しておく。

なお、仮に信認義務に基づいて独占交渉から免れうるように見えても、法外な**解約金**（break-up fee）が課される場合には実質的には独占交渉権に縛られてしまい、Fiduciary Out条項は画餅に帰する。

●Letter of Comfort等

LOIと同じように、その法的効力が問題となるLetter Agreementに**Letter of Comfort**（＝comfort letter）、**letter of awareness**、**keep-well letter**等があるので、ここで触れておこう。これは、融資紹介状、貸し手宛の推薦状とか、念書等と訳されることもあるが、その法的意味は他の文書と同様に表題だけでは判断できない。かつて、日本でも、その文言が**保証状**（Guarantee）を意味するものであるか否かが争われたケースがある。当事者の関係や取引の状況等に加えて、その文面の表現によっては、第三者の債務を保証した趣旨であるとして問題となることもあるので、リップサービスのつもりで安易な文書を出すと大変な問題となる恐れがある。基本的には、その文言が抽象的なものにとどまり、債務を負ったり、保証したりするものではない趣旨が明らかであれば、それによって債務を負うものではないものと解されよう。

〈国際ビジネス・ケーススタディ〉
（東京高裁判決平成12年4月19日確定、判例時報1745号96頁）

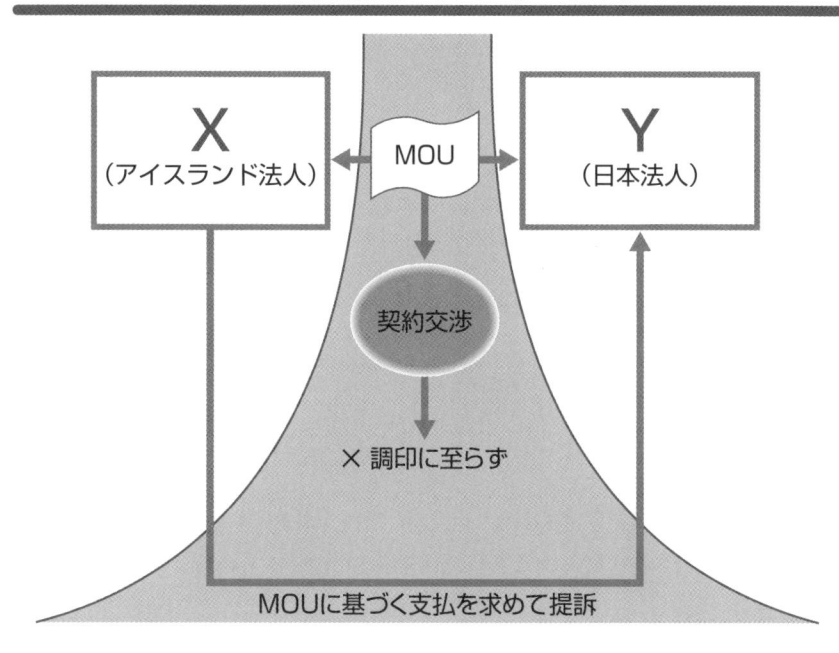

図表33-2　国際ビジネス・ケーススタディ

```
    X                    MOU                    Y
(アイスランド法人) ←——————→ (日本法人)
                          ↓
                        契約交渉
                          ↓
                      ×調印に至らず

              MOUに基づく支払を求めて提訴
```

　アイスランド法人Xと日本法人Yとの間で日本でメモ（MOU＝本件メモ）を作成した後、XからYに詳細な条項を含む契約書案が送付され、修正案や修正意見等が何度かやり取りされたが、その調印には至らなかった。Xは本件メモの記載内容のうち50万ドルの支払に関する部分の内容は明確で一義的であるとしてYにその支払を求めて提訴した。

【裁判所の判断】

　本件メモは、2、3時間の交渉で了解に達した事項をホテルのフロント備付けの用紙にペンで記載したもので、その内容も基本的な事項について文章体でなく箇条的に記載するにとどまる。本件メモは、両社間で以後ライセンス契約の締結を目指して協議を進めるために、その基本的な事項について了解に達した事項をメモ書きにしたものにすぎず、以後この基本的了解事項をベースとして協議をした上で必要な条項を盛り込んだ契約書の成案を得るとの予定の下に作成署名された。その支払は、本件ソフトのソースコードのライセンス供与の

対価で、供与されるべきライセンスの具体的内容が後日の協議により確定されることを予定したものである以上、その支払義務のみ後日の協議と無関係に効力を発生させる趣旨のものと解することはできない。Y取締役は、書簡等で本件メモを指してcontractまたはagreementと呼び、その効力発生の延期を求める旨の意思表明をしているが、ここから直ちに、同人において本件メモの記載内容が契約としての効力を有し、後日契約書の調印に至ると否とにかかわらずYがその支払義務を負うものとの認識の下に本件メモに署名したものと認めることはできず、Xに対する支払義務が発生したものとはいえない。

〈ビジネス・ケーススタディ参考事例〉住友信託銀行対旧UFJ信託銀行事件

　三井住友フィナンシャルグループの住友信託銀行（X）は、UFJホールディングス（Y）との間で、UFJ信託銀行と住友信託グループの業務提携（協働事業化）等に関する基本合意を締結した。その基本合意書には、「各当事者は、本基本合意書に定めのない事項若しくは本基本合意書の条項について疑義が生じた場合、誠実にこれを協議するものとする。」「また、各当事者は、直接又は間接を問わず、第三者に対し又は第三者との間で本基本合意書の目的と抵触しうる取引等にかかる情報提供・協議を行わないものとする。」との定め（以下「本件条項」）があった。ところが、UFJはこれを破棄して、東京三菱グループとの交渉を始めたので、Xはその交渉の差し止め等を求め、その後、下記③事件で、XはYらに対して損害金2331億円の一部である1000億円の請求をした。

【裁判所の判断①】（東京地裁判決平成16年8月4日、商事法務1708号22頁）
　本件条項は、その趣旨、文言、締結の経緯に照らして、法的拘束力を有するものと認められ、同条項がその締結後の事情により失効したとは認められず、保全の必要性も肯定でき、第三者との間で会社の営業の第三者への移転、第三者との合併、会社分割等の取引に関する情報提供または協議を禁止した仮処分原決定を認可した。

【裁判所の判断②】（最高裁判決平成16年8月30日確定、判時1872号28頁）
　上記違反でXが被る損害は、最終的な合意が成立するとの期待が侵害されることによるものにとどまり、事後の損害賠償で償えないほどではない。本件基

第4章　国際取引の契約手法

図表33-3　ビジネス・ケーススタディ参考事例
　　　　（住友信託銀行対旧UFJ差止等請求事件）

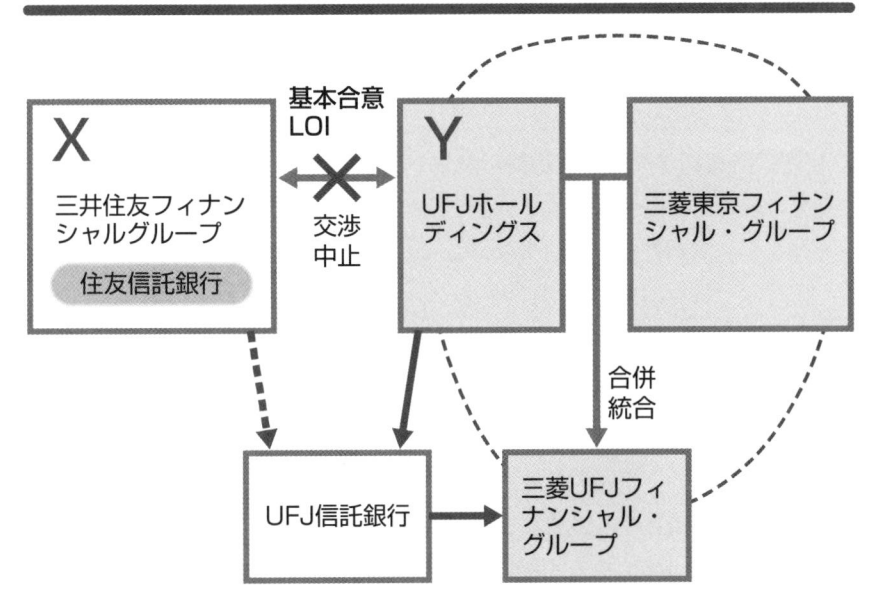

```
    X                 基本合意
                      LOI          Y
三井住友フィナン      ×──→    UFJホール      三菱東京フィナン
シャルグループ        交渉         ディングス      シャル・グループ
                     中止
  住友信託銀行                        │
                                     │ 合併
                                     │ 統合
         ╲                           ↓
          ╲                    三菱UFJフィ
           → UFJ信託銀行 ──→  ナンシャル・
                                  グループ
```

本合意に基づく本件協働事業化に関する最終的な合意が成立する可能性は相当低く、いまだ流動的な要素がまったくなくなったとはいえず、本件条項に基づく債務はいまだ消滅していないから、暫定的に情報提供または協議を行うことを差し止めなければXに著しい損害や急迫の危険が生ずるものとはいえない。

【裁判所の判断③】（東京地裁判決平成18年2月13日、判時1928号3頁）
　Yらは本件基本契約ないし協働事業化に関する最終契約を締結するまではこれらの契約を締結する義務を負わず、また、Yらが独占交渉義務及び誠実協議義務を履行していたとしても、同契約の成立が確実であったとも、同契約の内容が具体的に確定していたともいえないから、最終契約が成立した場合の得べかりし利益が上記各義務違反と相当因果関係があるとは認められず、XはYらに対し最終契約の成立を前提とする履行利益相当額の損害賠償を求めることはできないとして請求を棄却した。

※その後、YがXに対して25億円を支払う旨の和解が成立した。

34 秘密保持契約

▶▶▶ 情報の重要性を踏まえた必須のリスク・マネジメント

● 秘密保持契約なくして情報開示なし

　主たる取引を開始するかどうかを検討するための情報交換をするに先立って、まず秘密保持契約だけを締結するといったことも多い。これをLOI等（→100頁）と併せて締結することも少なくない。情報交換をした結果、取引をしないで終わることもあることを考えれば、重要な情報を交換する場合には、秘密保持契約の締結は不可欠だ。その重要性は、国内・国際で差異はないが、国際ビジネス特有の問題が加わる。

　秘密保持契約書を作成する場合には、いくつか注意すべき点がある。

　第一に、秘密情報の範囲であるが、とにかく広く包括的に定めればよいというわけではない。むしろ、秘密保持義務の範囲を明確にするためにも、その範囲が明確に区別できるように、できるだけ特定することが望ましい。また、その秘密保持義務を負うのは誰かをチェックする必要もあり、法人だけではなく、その秘密にアクセスする個人にも義務・責任を負わせるようにする必要があろう。契約終了後に秘密情報を返還させる等、秘密保持の方法を具体的かつ詳細に定め、各個人に秘密保持誓約書等を提出させる方法も考えられる。

　第二に、秘密保持義務の期間は、原則として限定すべきではない。秘密保持に期間制限は必要でない。秘密保持契約では、基本的に永久に秘密を守ってもらわないと困るだろう。実務的にも期間制限なしのことが多くある。従って、秘密保持義務については、できるだけ期間の限定を削除すべきだ。どうしても期間制限が必要でも、それは条件付きで、無条件に開示を許してはならない。契約終了後に所定の期間が経過しても、交換した情報が陳腐化するとは限らない。一つの会社の重要部門が丸裸になって情報を開示するような局面もある。正式契約は最終的に成立しないこともある。その交渉過程で得られた秘密は永久に守るべき情報も含まれており、その情報が陳腐化する期間を予想すること

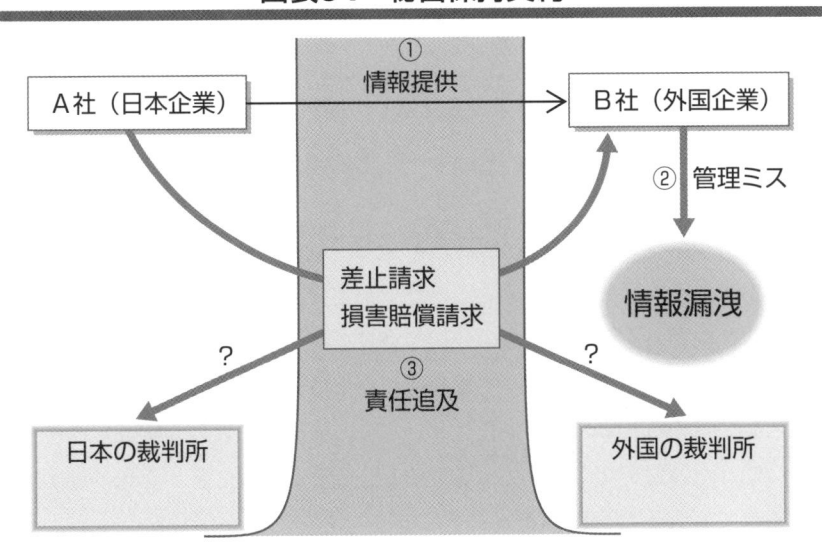

図表34　秘密保持契約

A社（日本企業） ① 情報提供 → B社（外国企業）
② 管理ミス → 情報漏洩
差止請求・損害賠償請求
③ 責任追及
? 日本の裁判所　? 外国の裁判所

　はできない。そこで、最低限度の妥協策として、故意・重過失による開示・漏洩は永久に責任を負うように定めておくべきだ。従って、秘密としての価値がある限りは、何らかの秘密保持義務を負わせる必要がある。

　第三に、秘密保持義務の例外の定め方においては、開示できる宛先を限定し、法令で開示する場合の対応や弁護士等、職務上秘密保持義務を負っている者に対する開示についても、万一の場合には秘密保持契約によって責任を追及できるようにしておくべきだろう。

　第四に、秘密漏洩が生じた場合の対応方法であるが、どちらの国でどういう手続を取りうるのかは問題だ。国際ビジネスにおいては、国内取引以上に、その法的強制が難しいことも考慮しておく必要がある。基本的には、直ちに漏洩・開示の差し止めを求める保全処分等が中心と考えるべきであるから、裁判所による救済を優先させるべきだろう。仲裁は本案の紛争を十分な時間をかけて解決する場合には適切であっても秘密漏洩の局面では限界もある。従って、仲裁条項を設ける場合にも裁判所の救済手段の障害にならないようにする必要がある（→261頁）。

㉟ デューデリジェンス

▶▶▶ 多角的な精査でリスクを認識し、回避・軽減等を図る

●取引の対象を精査

　デューデリジェンス（due diligence）とは、投資、融資ないしM&A等の取引において取引の対象を精査することだ。企業買収の場合であれば、企業の会計帳簿、社内文書、契約書類等の一切の資料を精査するし、金融取引の場合であれば、担保物件について現状や権利関係、市場価格等をチェックするといったこと等が考えられる。この過程において、関係記録や資料を検証して取引の対象に隠れた問題がないかをチェックする。会計士等が財務・会計の知識に裏付けられて行うもの（**財務デューデリジェンス**）のほか、弁護士等がリーガル・リスクとしてどのようなものがあるかを調べるもの（**リーガル・デューデリジェンス**）、業界の専門的見地からの企業組織、生産・販売及び研究開発活動等に関する調査（**ビジネス・デューデリジェンス**）等がある。

　デューデリジェンスには弁護士、会計士等、外部アドバイザーを活用するケースが多いが、より効果的・効率的に行うためには内部チームと外部チームが共同して作業にあたることが望ましい。その緊密な意思疎通によって、的確な情報伝達を確保することが重要だ。

　通常は、あらかじめ合意した期間内に行うことになるが、その許された範囲内で膨大な資料を可能な限り徹底的に分析する。取引を実施することに問題がないか、問題があればこれに対する対策を講じて、何か問題があったらレポート等において指摘する必要がある。

　デューデリジェンスは、売主・買主の両者が行えるが、より重要なのは買主側によるデューデリジェンスだ。というのも、対象物を買った後の一切の負担は一次的には買主に降りかかってくるものであり、売主は代金さえ回収できれば、とりあえずは取引の目的を達成することができ、その後の状況の変化によるリスクはすべて買主の負担となるのが原則であるからだ。

図表35　デューデリジェンスの徹底

会計士等	財務・会計リスク	財務デューデリジェンス
弁護士等	リーガル・リスク	リーガル・デューデリジェンス
業界の専門家	企業組織、生産・販売及び研究開発活動等に関する調査	ビジネス・デューデリジェンス

●デューデリ結果を踏まえての契約締結

　デューデリジェンスにより、取引の対象について何らかの事実が発見され、それが重大なものであると取引が中止されることもある。しかし、何とか取引が実行できそうであれば、当事者は、デューデリジェンスの結果を踏まえて、価格交渉やその他の諸条件に関する契約交渉を行う。

　デューデリジェンスによって将来的に顕在化しそうな問題が発見された場合、売主の立場からすると表明保証の除外事項にしてもらう必要があるということになる。逆に、買主の立場からすると、デューデリジェンスで安心できる確証が持てない事項について、売主に表明保証してもらう、といった形で処理することも考えられる。立場により、また状況によって様々な処理の仕方があるが、デューデリジェンスで発見された事項を何らかの形で契約書に反映させることが多く、別の契約を作成するとか、**表明保証保険**等による対応等もありうる。これによって、取引で達成されるべき目的の障害となるような要因を事前に把握し、その障害要因を除去・軽減することが可能となる。

36 契約交渉における法的リスク

▶▶▶契約交渉が無駄となった場合の損失処理

● どこまで情報を開示するか

　紛争解決型の交渉とは異なり、契約交渉はビジネスの開始または継続のために行うのだから、信頼関係を構築し、向上できるように取り組む必要がある。その意味で、交渉過程では、真実や本音を正直に伝えることが重要である。相互に相手に受け入れられるように説明し、理解させることも求められる。

　しかし、すべての情報を相手に開示するわけではなく、実務的にも相手に隠していいことは何か、隠さなければならないことは何かを峻別する必要がある。

　一つのポイントとして、相手方が、その取引に期待している事実に関して隠れている重要事項は、開示の必要があるということだ。特に相手が注意してもわからないようなことは隠さずに開示することが必要だろう。そうでないと、詐欺・錯誤の主張を招く結果となる。そのような交渉は最悪である。

　この交渉は、契約書の記載をめぐる局面もさることながら、デューデリジェンスの範囲等をめぐっての局面においても問題となる。すなわち、買主は契約段階では未確定でも、できる限りの情報を得ることにより、売主の責任をつなぎとめておきたいと考える。他方、売主においては、不利な事情を開示せず、偶発債務等の未確定あるいは潜在的債務に関する責任は買主に負担させたいと考えるかもしれない。このため、表明保証条項をめぐっては、その記載のあり方をめぐって鋭く対立する（→126頁）。

　しかし、ここで売主として下手に不利な事情を開示しないと、後日、表明保証違反による補償請求や詐欺・錯誤等の主張を招くことにもなりかねない。このため、実務的には、売主の認識する偶発的・未確定の債務等の事項についてはできる限りリストアップし、開示された範囲においては買主が認識して取得するものとして、基準日以降の危険を負担するものとして、価格等の条件に織り込み、逆に売主の免責が認められるようにすることが望ましいだろう。

図表36-1　開示が必要な事項とは

相手に隠してはならず、開示しなければならないこと	相手方に隠さなければならないことまたは隠しても差し支えないこと
相手方が、その取引に期待している事実に関して、隠れている重要事項	自社内における主観的な意見や評価（どれだけ欲しいか、時間的制約など）
相手が注意してもわからない重要事実	少し調べればわかる公知の事実（わざわざ説明するまでもないこと）
契約段階では未確定でも、偶発債務等の未確定あるいは潜在的債務	将来的な見積もりや計算、戦略
表明保証条項において除外するか否かが問題となりうる事実	表明保証を充分にしていることで、表明保証違反については責任を負うことを認めている事項（ただし、隠していて、後日判明・顕在化した場合には責任を負う）
相手方に開示することを約束したこと	相手方に開示しないことを明示したこと

　これに対して、自分たちの主観的な評価は伝える必要がないだろう。また、明々白々な事実や公開情報も開示されているから、積極的に伝える必要はないだろうが、これに関する質問に対しては正直に回答する必要がある。

●「約束的禁反言の法理」と「契約締結上の過失」

　合意が成立しなければ、契約は成立せず、何らの責任も発生しないのが原則だ。しかし、例外的に契約が成立しなかった場合に、その契約交渉決裂の責任が問われることがある。この点に関する考え方は、国によって異なり、そのトラブルの準拠法はどこになるのかも問題だ。

　英米法では、「**約束的禁反言の法理**」（Promissory Estoppel）が契約交渉の過程においても適用される可能性があるのに対して、日本では「**契約締結上の過失**」として論じられ、準拠法の決定においては不法行為と法性決定して判断している裁判例がある。**ユニドロワUPICC**（→48頁）にも、不誠実な交渉をした当事者が損害賠償責任を負うとの定めがある。

確かに、契約交渉には長い時間と労力をかけることがあり、それが不条理な形で決裂した場合は、その原因如何によって、何らかの法的責任が生じることもやむをえないケースがあるだろう。

日本では、信義誠実がすべての私法関係を支配する原則だとする考え方も強くなっている。このため、当事者間で契約締結の準備が進捗し、相手方で契約の成立が確実なものと期待するに至った場合は、その期待を侵害しないよう誠実に契約の成立に努めるべき信義則上の義務が生じやすい。万一、この義務に違反して契約の締結を不可能にした場合には、相手方に対する違法行為として損害賠償の責めを負うべきであると考えられよう。問題は、実際に、ある時点での契約交渉の打ち切りが、不当な契約破棄となるのか否かであるが、ケース・バイ・ケースで判断するほかない。

ただ、契約交渉の過程において、LOIやMOU等を作成している場合には、その内容にもよるが、交渉過程の責任の判断において影響を与えうると考えられる（→100頁）。

〈国際ビジネス・ケーススタディ〉
（東京高裁判決昭和62年3月17日、判時1232号110頁、判タ632号155頁）
マレーシア在住のマレーシア人XがJ本法人Y社との間でインドネシアにおける林業の共同開発に関する協定とそのマレーシア人の所有するブルネイ会社の株式50パーセントの売買契約に関する合弁事業を計画し、その計画の中核をなす株式の売買契約案、株主間契約案が検討され、最終案が作成されるに至ったが、契約の準拠法たる日本法によればいまだ契約が成立していない段階でY社は交渉を打ち切った。

【裁判所の判断】
Y社が契約及び協定の締結が確実であるとの期待を抱かせるに至った場合には、契約の基本的な了解が成立したと認められるから、Y社として契約及び協定の締結に向けて誠実に努力すべき信義則上の義務があり、その締結を一方的に無条件であえて中止するときは、その締結を中止したことを正当視すべき特段の事情のない限り、相手方が契約及び協定の成立を期待したことにより被った損害を賠償すべきである。ただし、相手方の名誉、信用を毀損されたことに

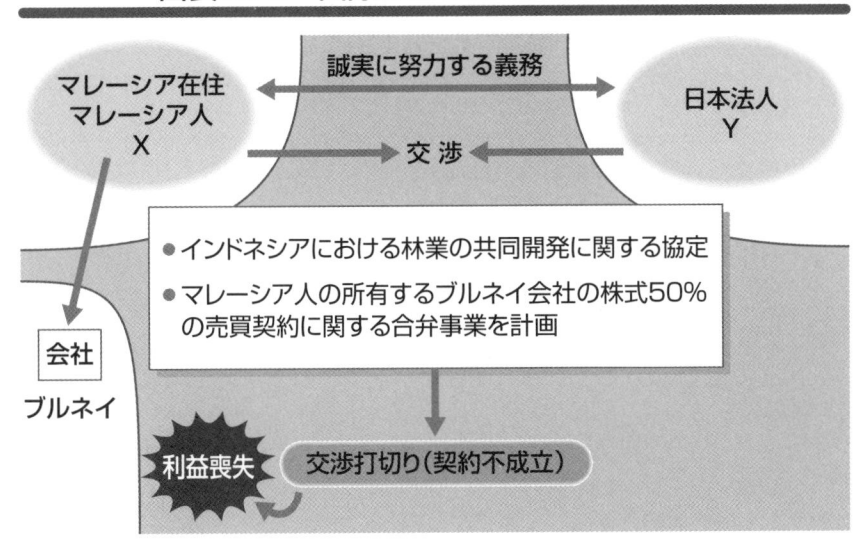

図表36-2　国際ビジネス・ケーススタディ

```
マレーシア在住         誠実に努力する義務         日本法人
マレーシア人  ←――――――――――――→    Y
    X         ――――→ 交 渉 ←――――

        ● インドネシアにおける林業の共同開発に関する協定
        ● マレーシア人の所有するブルネイ会社の株式50%
          の売買契約に関する合弁事業を計画

  会社
 ブルネイ       利益喪失    交渉打切り（契約不成立）
```

よる慰謝料及び共同事業契約が履行された場合の得べかりし利益の喪失は、契約等の準備段階における信義則上の義務違反と因果関係にない。

　XがY社との間で締結したと主張するブルネイ会社の株式の売買契約の準拠法は日本法であるから、この契約を補充して、これと密接不可分な関係にあるインドネシアの林業共同開発協定にも同じく日本法が適用されると解するのが当事者の意思に適合する。Y社によるその株式の譲受につき目的物、代金額、支払時期等の合意があった後は、不法行為の準拠法たる日本法によれば、特段の事情のない限り、締結を一方的に無条件で中止することは許されず、中止によってY社が損害を与えた場合には、これを賠償する責を負うべきである。

37 最終確定契約からクロージング

▶▶▶クロージングによって取引の目的を実現する

●契約締結日にクロージングまでするか

　最終確定契約（Definitive Agreement）とは、正式に締結される本契約のことだ。例えば、会社による合弁事業ならば（株主間）合弁契約書であり、M&Aで株式買収によるケースならば株式譲渡契約書であり、事業譲渡によるケースならば事業譲渡契約書が最終確定契約書にあたる。これが締結されれば、一段落となり、契約日や効力発生日にクロージングをする場合もある。その場合は「契約締結日」=「効力発生日」=「クロージング日」となる。

　しかし、最終契約を締結してから、しばらく時間があり、契約の効力発生日（または有効日）が異なる時点となる契約や現実の履行行為が別の日に定められる契約も少なくない。契約締結日から、一定の前提条件をクリアーしなければクロージングができないことになっている場合もある。

●クロージングの内容と期限

　クロージングとは当該契約で何を意味し、その日に具体的に何を行なわなければならないかは、必ずしも一義的に自動的に決まるわけではない。一般的に、クロージング日（closing date）とは、申込み等の締切日や決算日等を意味することもあるが、多くの国際取引契約では、契約に定めたクロージングないし必要手続を全部完了する決済日、実行日、手続完了日、すなわち契約における書面の交付や代金支払いの基準日を意味する。クロージングに関する条項では、契約の実行で何をするのかを具体的かつ明確に定めておく必要がある。

　クロージング日に主たる債務の履行が完了するのが原則であり、所定の期限までにクロージングをしない場合には契約違反または債務不履行の責任が発生することになりうる。ただ、その点も明確に定めておかないと、契約が履行されるかどうかも不確定になりかねない。所定の期限までにクロージングをしない場合には契約違反または債務不履行の責任を発生させるのであれば、その旨

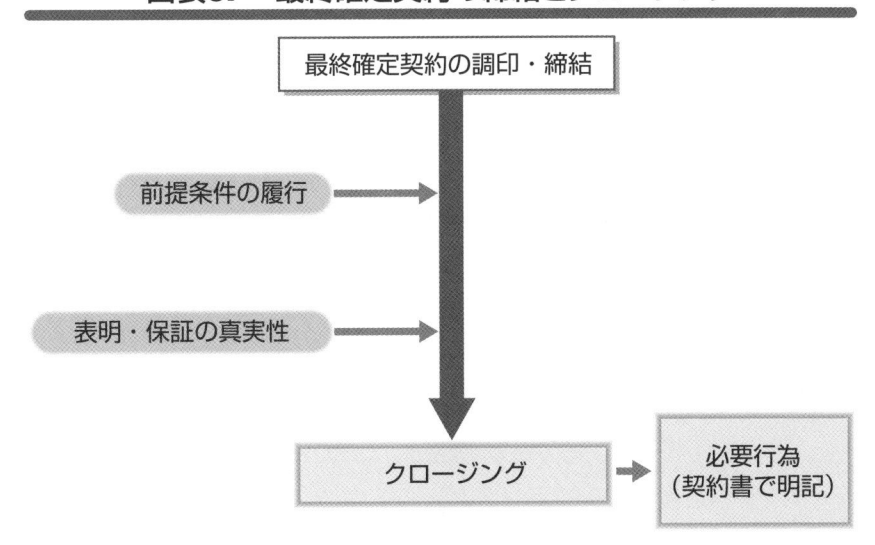

図表37　最終確定契約の締結とクロージング

```
          ┌─────────────────────┐
          │最終確定契約の調印・締結│
          └──────────┬──────────┘
                     │
  ┌──────────┐       │
  │前提条件の履行│──→  │
  └──────────┘       │
                     │
  ┌──────────┐       │
  │表明・保証の真実性│→│
  └──────────┘       ▼
              ┌──────────┐    ┌──────────┐
              │クロージング│──→│  必要行為  │
              └──────────┘    │(契約書で明記)│
                              └──────────┘
```

を明確に定めておく必要がある。しかし、前提条件を満たさなければクロージングをしないまま、責任を負わない旨をあえて定める契約もある。

クロージング日を法的な効力発生日と関連づけて定める形もあり、そこでいう支配権の変更の「効力発生日」とは、例えば日本の会社法で定める組織再編等に関する条項の効力発生日を指すように定めることができる。しかし、「支配権の変更が完了する日」とか「現実の変更が完了する日」といった表現であると、具体的に何をもって定めるのかが問題となりうる。この点は、クロージング日を所定の書面全部を交付した日と定めておけば、かなり明確であろう。

もっとも、書面の交換に基づく変更登記・登録等の手続は、クロージング後に行うと定められることもあり、登記・登録までクロージングで完成させる必要があるかどうかは取引によって異なる。「現実の変更が完了する日」が、ただ観念的に成立するのか、それとも登記・登録まで完了しなければ成立しないのかは、契約で明確に定める必要があり、また必要に応じてその期限も定めるべきだろう。

第5章 英文契約書のポイント

38 英文契約書の典型表現

▶▶▶ 定型的な表現を使いこなす重要性

● 法律英語は難しくない

　法律英語や英文契約書の表現は、それほどに気の利いた文学的な表現を使う必要はない。契約交渉では、基本的な言葉の寄せ集めやブロークンイングリッシュでも、とにかく勇気をもって話せば通じる面がある。しかし、日本語と英語は、言語の歴史的・文化的な背景も異なり、ただでさえ誤解も生じやすい。従って、契約交渉では丁寧に書面で確認するような慎重さが必要だ。

　ただ、書面で確認するにしても、基本的な法律用語を理解しておかなければならない。契約書は権利・義務を定めるものなので、権利を表現する may〜, can〜, be entitled to〜, have the authority to〜, have the right to 等や、義務・責任を表現する shall, will, must, have to, be obligated to, be liable to 等の言い回しや、claim for the damages against〜（〜に対して損害賠償を請求する）等の基本的な表現を使えることが必要だ。また、形容詞を上手に使うことで契約条項に様々な肉付けも可能となるが、形容詞を多用すると意味が不明確になる危険性もある。また、類似の表現でも文脈によって意味が異なりうることも留意すべきだ。

　ここでは、本書の他の箇所で登場、解説されない単語で、英文契約書で比較的多く見られ、知っておくと便利なごく一部の単語を一覧表にしたので、参考にされたい。また、法律用語については、日本の政府も、法令外国語訳推進の基盤整備に関する関係省庁連絡会議を設置し、**「法令用語日英標準対訳辞書」**を公表し[1]、これに対応した**「法令翻訳データ」**が、一部の主な法令について公開されている[2]。その訳し方には一部議論もあるが、法的な表現をする際には参照するとよい。

（注1）最新版は http://www.cas.go.jp/jp/seisaku/hourei/0803dictionary.pdf （平成20年3月）
（注2）http://www.cas.go.jp/jp/seisaku/hourei/data2.html

図表38　契約書に頻出する英単語

ab initio	当初から（の）
acceleration	期限の利益喪失
acceptable	承諾できる
action	措置、訴訟、法律行為
adverse	不利な、逆の、悪い
allege	申し立てる、主張する、断言する
ancillary	付属物、補助的な
apply to	適用する
apply mutatis mutandis to	準用する
argue	主張する
approval	承諾
as the case may be	場合により
assign	譲渡する、移転する、割り当てる、譲受人
attachment	添付書類、差押
best effort	最善の努力
bona fide	善意の、真実の
burden of proof	証明責任、立証責任
cause of action	請求原因
referred to collectively	総称していう
commence (ment)	開始（する）
comply with〜	〜に従う
consummation	成就、達成、完了
contemplate	企図する
corporation organized and existing under the laws of Japan	日本法に基づいて設立され存続する会社
counterpart	副本
of course	権利の問題として
coverage	対象範囲・程度の限定
demise	（不動産権の、権利の）譲渡、消滅、廃止
dispute resolution	紛争解決手続
dissolution	（企業等の）解散
dividend	配当
duly	適法に、然るべく
encumbrance	負担、負債、債務
endeavor	努力する
equitably	公平に
equivalent to	〜に相当する、〜と同等の

excluding	〜を除外する
execute	締結する、調印する、執行する
ex parte	一方的な
failure	不履行、しなかったこと、怠慢
most favorable	最も有利な
govern	準拠する
herein	本書において、本契約において、ここに
hereby	本書により、本契約により、これにより
identical with (to)	〜と全く同一の
immediately	直ちに
including among other things	例として含むが、これに限られない
including but not limited to〜	例として含むが、これに限られない
individually	個別に
instrument	書面、法律文書
intangible asset	無形資産
inter alia	とりわけ
interrogatory	質問手続き、質問書
invalid	無効な
jointly	共同で
jointly and severally	連帯して
lien	リーエン、先取特権、抵当権
liquidated damages	損害賠償額の予定
modification	修正、変更
mortgage	モーゲージ（抵当権、担保権）（の）、（抵当権付き）住宅ローン
mutatis mutandis	準用する
null and void	無効
occupancy	占有
the ordinary course of business	事業の通常の過程
organize	設立する、組織する
observe	遵守する
pari passu	同等の
performance	（債務の）履行
personal property	動産
pledge	質権
pre-engagement	予約
prevailing	一般的な、優勢な、有力な
prima facie	一応の
principle	原則

pro-forma	見積もりの
pro rata	比例して、按分に
provide	規定する、定める
properly	適切に
promptly	速やかに、早急に
provided that〜	但し〜、〜という条件で
pursuant to〜	〜に従って
real property=real estate	不動産
recipient	受領者
reserve	留保する、予約する、準備金
respectively	それぞれ
restriction	制限、制約
revocation	撤回
set forth	記載された
severance benefit	退職金
scope	範囲
(be) similar to	〜と類似した
(be) subject to〜	〜に服する、〜によるものとする
specify	特定する、定める、明記する
submit	提出する
subpoena	召喚状（を発する）
"such as", "and the like", etc.	〜等
tangible	具体的な、有形の、有体の
therein	（そこ）における（前の何らかの名詞を受ける）
thereof	その（前の何らかの名詞を受ける）
title	所有権、権原
tribunal	法廷、裁判所、裁決機関
trust	信託
validly existing	有効に存続している
voidance ab initio	無効
voidance pro futuro	取消
to whom it may concern	関係各位、担当者の方へ（→71頁）
withholding tax	源泉徴収税
within a reasonable time	合理的な期間内に
without commitment	約定義務なしに、義務を負担することなく
without delay	遅滞なく
without prejudice	権利を損なうことなく、何ら影響を与えることなく
without restriction	何ら制限することなく

39 定義規定の重要性

▶▶▶ 長文の契約書を一貫して正確にドラフト

●定義・解釈条項の必要性

　契約書を論理的かつ正確にドラフトしていくためには、そこで使われる用語を丁寧に定義し、その定義に従って権利義務を明確に定めていくことが求められる。とりわけ、複雑な権利義務関係を細かく定めていくためには、いちいち同じようなフレーズを繰り返すのが面倒であるから、いろいろな特別な表示を定めておくことが有用だ。

　また、複雑な権利関係である場合には、解釈も複雑に分かれやすい。その疑義をできるだけ抑えるため、定義条項でその一貫した意味を明らかにし、意味を限定し、併せて解釈方法も定めておく必要がある。従って、契約書で定義を規定する部分はとても大切であり、これを集めた定義条項やこれと併せて定められる解釈条項は極めて重要な働きをする。

　この定義条項が最も精巧を極める典型例が、金融関係で用いられる契約書だ。もちろん、一般の事業における契約書でも、M&A、合弁契約等の大型案件の契約書でも、同じように冒頭に精巧な定義条項がずらりと並ぶものが見られる。これらの契約書の中には、定義条項が十数ページにもわたることも珍しくはない。契約書の別紙、附属書等に一覧表を記載するとか、カタログの番号等を引用して詳細に表現する方法もある。

　それに対して、短い契約書では、わざわざ定義条項が設けられるわけではなく、必要に応じて、特別の用語を定義していくという手法が用いられる。

　このような金融関係や一部の重要な契約書で見られることからも明らかなように、重要な契約であればあるほど定義・解釈条項が必要となり、その重要性が高い。定義・解釈条項を検討する場合には、これらの定義・解釈条項の目的や働きを充分に念頭におきながら、ドラフトしていくことが必要となる。

図表39　定義・解釈規定の例

第1条（定義）
　本契約書で使用されているすべての用語は、本契約書によって指定された意味を有するものとする。特別の定めがない限り、ＸＸＸ関連分野において使用される通常の一般的意味を有するものとする。
〈アルファベット順が基本〉
・形式を統一する。
・「当事者」とは、特別の定めがない限り、ＸもしくはＹ、またはＸＹ双方を意味する。
・「及び」「または」を同時に言及する場合には、必要に応じて結合的か二者択一的かのいずれかに解釈されるべきである。
〈解釈条項例〉
・単数形は複数形を、また複数形は単数形を含むと解釈されるものとする。
・男性形、女性形、または中性形は、事実上及び文法上の正確さに必要な形であると解釈されるものとする。
・「人」「者」は、自然人または法人もしくは事業、組織、企業として認識された一切の形態のものを意味するものとする。
　以上の部分は、本契約書において使用される語句や文に適切な意味と文法上の形式を与えるように解釈されなければならない。

● 大文字のWordには定義がある

　定義条項では、取引の構造にかかわる用語の吟味が特に重要だ。契約書の訳文では、「本件」「本」等をつけて区別する。例えば、"Product"とあれば、「本件製品」「本製品」等といった訳され方をする。取引の対象の定義は、定義条項の中でも特に重要だ。例えば、基本的な合意があっても、それを変更する権限や、仕様の変更やバージョンアップがあった場合の取扱いによって「本件製品」の定義の仕方にも大きな違いが生じる（→194頁）。

　「本契約で『製品』とは」として、「本件」や「本」等が付されないものもあるが、一般的な製品と対象製品を区別した表現がしにくいので避けるべきだろう。ここで、「本件」と「本」にさしたる違いはない。最初の頭書き等で、当事者の特定をして「(以下「販売店」という。)」等と定義するようなスタイルも広く用いられる。その場合、大文字のDistributorは、当事者を指す記号となり、小文字のdistributorは一般概念の販売店を意味することになる。

40 付随的義務の定め

▶▶▶本質的な事項ではなくともビジネスの成否に影響

● 付随的義務の重要性

　取引の目的を完全に達成するには、主たる債務のことだけを定めておくのでは不十分なケースがある。取引に付随する各種の義務を明示し、誓約をさせることが、主たる権利・義務を明確に定めるのと同程度に重要であることも少なくない。その付随的義務は、独立して定められることもあれば、**Covenants（誓約）条項**に定めることもある。

　各種の義務は、積極的な作為的義務（affirmative covenants）と消極的に何かをしない義務（negative covenants）に分けられることもあるし、クロージングの前と後に分類されることもある。主たる支払債務を定めることに加えて各種の支払確保のための方策を定めるのも、付随的な条項として捉えることができよう。その意味で、主たる債務にどこまで付随的義務を加えるかは、契約交渉の重要ポイントでもある。

　法域によっては、何らかの付随的義務が契約締結の際の事情から、その目的の達成に必要不可欠なものとして信義則から解釈上導かれて救われることもあるかもしれない。しかし、国際取引においては明記されていない義務を負わせることが困難であることが少なくない。また、主たる債務の違反と異なり、付随的義務違反があった場合には解除ができるとは限らず、契約書に明示的に解除の可否を定めることが多く、何も定めていないと消極的に考えられることもあるだろう。その意味で、これらを契約書に盛り込む必要性は高い。

● クロージング前か後か

　付随的義務の代表格として秘密保持義務がある。この義務はクロージングの前後を問わずあらゆる局面にわたって及ぶものであり、その重要性から、主たる取引契約書とは別に、独立した秘密保持契約書（→106頁）を作成することもあるほどだ。

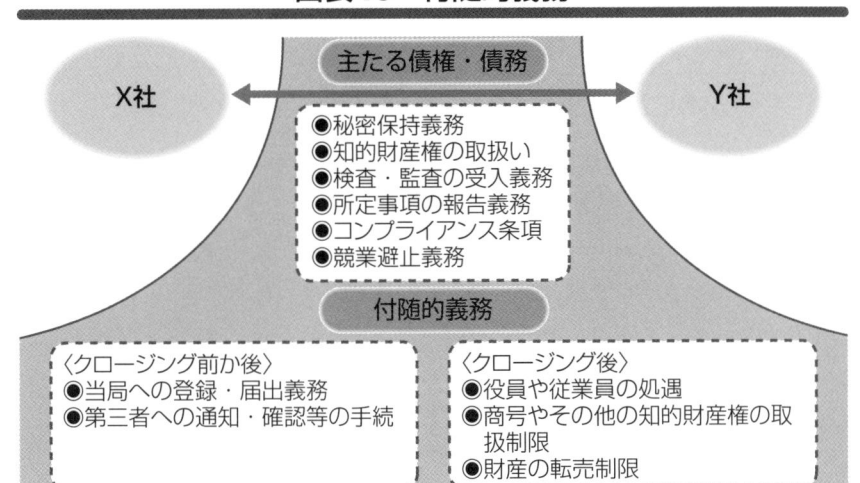

図表40　付随的義務

- 主たる債権・債務（X社 ⇔ Y社）
  - 秘密保持義務
  - 知的財産権の取扱い
  - 検査・監査の受入義務
  - 所定事項の報告義務
  - コンプライアンス条項
  - 競業避止義務

- 付随的義務

〈クロージング前か後〉
- 当局への登録・届出義務
- 第三者への通知・確認等の手続

〈クロージング後〉
- 役員や従業員の処遇
- 商号やその他の知的財産権の取扱制限
- 財産の転売制限

　付随的義務をクロージング前の義務として定めるか、クロージング後の義務となるかは、取引の性質や状況、法規制のあり方等によって異なるので、個別に吟味する必要がある。例えば、当局への登録、届出義務や第三者への通知・確認等の手続のタイミングは、法規制によっても異なりうる。その履行・遵守がクロージングの前提条件となっていることもあれば、クロージング後に行えば足りるケースもある。

　また、知的財産権の取扱い、検査・監査の受入義務、所定事項の報告義務、コンプライアンス条項、競業避止義務等に関する定めは、クロージングの前後を問わずに定めることもあるが、現実には正式契約締結後に重要となりやすいだろう。市場の状況を報告させる義務等のように、将来の事業戦略に絡む義務が加えられることもある。さらに、M&A取引等のケースでは、クロージング後の役員や従業員の処遇や、商号やその他の知的財産権の取扱いについて約束をさせることもある。例えば、クロージング後も1年間は労働条件を実質的に変更しないことを承諾させるといった条項が考えられよう。ただ、ケースによっては、余計な債務の存在が、真正売買に疑念を抱かせるリスクや税務リスクにどういう影響を与えるか等が問題となることもある。

㊶ 表明保証

▶▶▶契約の対象・前提を契約書に明記して利益確保を目指す

●事実の正確性と真実性

　表明保証（Representations and Warranties）条項は、当事者の取引の目的や双方の義務や責任を明確にする前提となるものだ。そのため、取引の対象物や当事者等に関する一定の事実について正確かつ真実であることを表明し、これに反する場合には損害を担保することを保証する。その法的性質は、瑕疵担保責任の一種とする見解もあるが、損害担保契約の一種として理解すべきだろう。

　この表明保証は、所定の基準日における正確性について言及するものであるから、どの時点のものであるか、また、その有効期間に注意する必要がある。通常は契約日及びクロージング日における事実の表明なので、日時が経過すれば状況が変化するかもしれない。時期が違えば保証の限りではないということになるだろう。また、有効期間が定められていれば、その期間中に限ってクレームをつけることができるだろう。ただ、それさえも直ちにクレームをつけることのできる期間の定めであって、表明保証違反が発覚してから長い期間が経過してからでは権利放棄をしたはずだとの主張もありうるので注意を要する。

　表明保証は、双方当事者が相互に平等に行うこともあれば、一方当事者だけが表明保証することもある。表明保証が必要となる事項としては、売主側からは、訴訟案件による偶発債務、製品保証やPL責任、人件費・年金関連、環境債務、資産の買戻請求等、各種の潜在的債務等がある。これらの分野について法務デューデリジェンスで何らかの問題が発見された場合には、価格の調整や免責・補償条項の追加等を交渉し、具体的な表明保証条項に織り込む。買主も含めた双方当事者のなす表明保証には、法人格の有効性、法令遵守、支払能力等がある。また、ライセンス契約では、使用許諾する知的財産権の存在や有効性等を表明保証してもらうべきだ。仮に知的財産権が無効だとか、第三者が知

的財産権の真の権利者であると判明した場合、当該第三者に対して知的財産権侵害による使用について賠償義務等を負うはずなのに、ライセンサーが何らの責任も負わないのは不都合だ。そこで、ライセンサーが有効に対象の知的財産権を保有し、第三者が真の権利者でないことを表明保証してもらうべきだろう。

〈国際ビジネス・ケーススタディ〉
（東京地裁判決平成18年1月17日、判時1920号136頁）
　某社の全株式を譲渡する株式譲渡契約で、某社の和解債権の処理にあたり、貸借対照表に元本の入金があったのに利息の入金を計上し、元本の貸倒引当金の計上をしなかったにもかかわらず、某社の財務諸表が正確であることを表明保証する旨の条項があった。Xは、これが株式譲渡契約の表明保証に反するとして、Yらに対し表明保証責任の履行を求めた。

【裁判所の判断】
　裁判所は、Yらは、Xに対し、本件株式譲渡契約締結前に、本件和解債権処理を開示していないことは、契約違反にあたると判断し、他方、Xがその株式譲渡契約締結時で、本件表明保証を行った事項に関して違法があることについて悪意であったということもできない等として、その請求の一部を認容して3億円余りの支払を命じた（控訴審で和解成立）。

図表41　表明保証条項の例

　Xは、Yに対し、以下の事項が、本契約締結日及びクロージング日において真実に相違ないことを表明及び保証するものとする。

〈一般的な当事者に関する表明保証例〉
(a) Xは、○○法に基づいて適式に設立された株式会社であり、同法の下で有効に存続しており、かつ、自己の財産を適法に所有し、現在において本件事業を行っており、本契約を締結し、本契約上の義務を適法に履行する権限及び権利を有していること。
(b) Xは、自己について破産、会社更生、民事再生、特別清算、その他の法的倒産手続の申立をしておらず、Xの知る限り、第三者よりかかる手続

の申立がなされていないこと。
(c) Xは、本件事業を行うために必要な許認可をすべて取得しており、かかる許認可は完全に有効であること。Xによる本契約の締結及び履行は、Xの会社の事業目的の範囲内の行為であり、Xは本契約の締結及び履行について法令上及びXの内部規則上必要とされる一切の手続を履践していること。

〈物品に関する取引における表明保証例〉
(d) Xの知る限り、すべての本製品は、意図された目的に合致しており、新品で、商品性があり、かつYにとって申し分のない品質を有し、また、設計、材料、組立及び加工において瑕疵がないものであること。
(e) すべての本製品は、Yの指定した仕様、Yの承認を受けたサンプル及び本契約上において定められた一切の要求に完全に合致していること。
(f) すべての本製品の所有権は、先取特権、質権及びその他の担保物権の負担に服するものでないこと。
(g) Xの知る限り、該当する法令(労働法及び環境法を含む。)、規則、製品の安全性一般に関するEC指令及び現行のYの基本ポリシーに従ってすべての本製品が設計、製造及び納入され、またサービスが提供されていること。
(h) 本製品は、適切かつ安全な使用のために必要なすべての情報及び指示を添付して提供されていること。
(i) 本製品に関連して必要なすべての本件知的財産権のライセンスが有効に取得されており、かつ本契約の有効期間において有効であること。それらのライセンスは、製品の通常考えられる使い方を合理的かつ適切にカバーしていること。それらのライセンスは譲渡することができるものであり、また本件知的財産権のサブライセンスを行うことが法的に可能であること。
(j) 本製品が化学物質または危険物質を含有している場合には、Yがそれらの本製品を適切かつ安全な方法で輸送、貯蔵、加工、使用及び廃棄することができるように、Xの知る限り、その物質の構成及び特徴、並びにその物質に関連する法令、規則及びその他の必要な事項を詳細に記載した書面とともに製品が納入されること。
(k) すべての本製品が国内外における第三者の特許権、意匠権、商標権、

著作権（肖像権及び著作者人格権を含む。）、営業秘密、ノウハウまたは他の知的財産権を侵害していないこと。また、Ｘの知る限り、本件知的財産権は、第三者から侵害されておらず、本件知的財産権を使用した本製品の販売、譲渡、またはその他の使用に悪影響を与える重要な事実もしくは状況は存在しないこと。

〈M&A契約等における会社に関する表明保証例（Ｘが売主となる株主で、Ｚ社が対象会社）〉
(1) Ｚは、Ｚの保有するすべての本件知的財産権のうち、本事業の遂行にとって重要なものにつき何らの負担のない所有権または使用権を有していること。本件知的財産権は有効に成立し存続しており、Ｚの知る限り、かかる知的財産権のうち登録済みのものにつき、無効事由や取消事由は存在しないこと。本件知的財産権に関連して、異議は申し立てられておらず、審判手続、訴訟手続その他の法的手続、紛争解決手続または行政手続は、裁判所その他の紛争解決機関または政府機関に係属していないこと。
(m) 別紙〇に記載されたものを除き、Ｚが当事者となっている重要契約は、すべてＹに開示されており、Ｚは、それぞれが当事者である重要契約に基づき、契約締結日及びクロージング日現在において履行期が到来しているすべての重要な義務を完全に履行しており、重要契約のいずれについても重要な点において債務不履行はなく、重要契約に関して、重要契約におけるＺの債務不履行を構成する状況はないこと。また、Ｚの知る限り、重要契約の他の当事者は、重要契約において債務不履行に陥っていないこと。
(n) 別紙〇に記載されているものを除き、Ｘによる本契約の締結及び履行に重大な悪影響を及ぼすようなＺに対するまたはそれらが関与する、裁判所、政府、規制当局または仲裁機関の判決、命令、決定、裁決その他の処分は存在せず、Ｚに対する、訴訟その他の法的手続、請求または行政上もしくは仲裁判断のための手続もしくは調査は裁判所もしくは政府機関に係属しまたは政府機関により開始されておらず、かつ、Ｚの知る限り、その提起または開始の準備がなされておらず、かかる訴訟その他の法的手続、請求、手続または調査の根拠となるような事実は存在しないこと。
(o) 別紙〇に記載されているものを除き、Ｚは、本対象事業の遂行に重大な悪影響を及ぼすような法令、その他政府当局、規制当局、裁判所または仲裁機関による判決、決定、命令、裁決、審決、処分その他の要求に違反

していないこと。
（p）本件財務諸表は、日本で一般に公正妥当と認められ適用されている会計原則に従って作成されており、また基準日におけるZの財務状態と業績を適正に示していること。Zの資産、債務、事業及び営業並びに事業の展望について、公表済のものを除き、財務諸表の日以降に重大な悪化は生じていないこと。また、Xの知る限り、重大な悪化を引き起こす恐れがあると合理的に判断される事由、事実または状況は発生していないこと。
（q）財務諸表において開示または留保されているもの以外に、一件につき２千万円を超える債務、義務または不開示債務（直接的もしくは間接的、偶発的もしくは絶対的、または既発生もしくは未発生の別及び性質を問わず、また契約、不当利得、不法行為もしくは法令等により発生したものであるかを問わず、日本の会計基準上認識ないし注記を要請されるか否かを問わず、国税、地方税または外国税の債務等を含む。）を負担していないこと。
（r）Zは、Zの知る限り、一切の環境法を継続して遵守していること。別紙○に記載されているものを除き、Zが所有もしくは使用している資産に環境問題が存在している旨の警告、クレームまたは指導を政府機関から受けておらず、また、Zは、汚染物質、危険物質等の排出または汚染、その他環境問題を引き起こす行為を行ったことはないこと。またZの知る限り、かかる環境問題を引き起こす恐れはないこと。

COLUMN-6

誠実協議条項

　誠実協議条項とは、「本契約に定めのない事項について疑義が生じた場合は、当事者が信義誠実の原則に従って協議の上決定する。」といった条項のことだ。日本ではそのような条項を入れている契約書が多いが、広くアジア圏の取引にもこの種の条項が見られるという。
　誠実協議条項は、何の利益の確保もリスクの回避も具体的にしたものではな

いから、紛争が起きたときにあまり効果を発揮できないかもしれない。また、こうした条項がなくとも誠実たるべきことに変わりはない。さらに、何をもって誠実とされるのかが明らかではない。

　ただ、完全合意条項（→144頁）とは矛盾する関係にあって、一つの契約書に完全合意条項と協議条項があるのはおかしいのではないかという疑問があるかもしれない。確かに、完全合意条項は、「当事者間の関係は契約書に書いてあることがすべてだ」という趣旨であるのに対して、協議条項とは、「契約書に書いてあることだけにこだわらず、とにかく誠実に協議しましょう」という趣旨である。完全合意条項がドライに割り切る欧米的なものであるのに、協議条項は両者の関係や状況に応じて対応しようとしているように見える。

　しかし、完全合意条項は、あくまでも契約内容をどの時点で区切って固定させるかという次元の問題だが、協議条項は完全合意条項を含んだ契約について何か問題が起きた後の時点においてどのように解釈、解決するかという次元の問題だ。現に日本で作成される多くの契約書には両方が入っている。従って、必ずしも両者は矛盾するものではなく、両方とも一つの契約書の中に収まっていても差し支えないだろう。

　完全合意条項があれば、当事者間における事前もしくは同時の合意は、書面でも口頭でも、本契約以外は効力を否定されることになる。ただ、事後の合意については口頭の合意だけが否定されるわけで、基本的には変更が可能だから、協議条項による変更の合意（→146頁）も可能であるはずだ。

　完全合意条項で、細かい話などは水に流して、潔く契約書に書かれていることだけが合意内容だと割り切るというのは、それもまた日本的であるとも言える。欧米流にしても、日本法以上に形式にこだわらないで両当事者の関係だとか周囲の環境等を斟酌するような柔軟な解釈論が展開される面もある。どうやら、必ずしも欧米流は形式的にドライに割り切るというわけでもなさそうだ。そう考えると、完全合意条項も協議条項も決して日本の企業文化になじまないとも言い切れないし、欧米はその逆であるともまた言い切れないのだ。

42 補償条項

▶▶▶ 不完全な情報開示等によって負担した損失をカバー

● 表明保証違反への対応

基本的には当事者双方が、それぞれ必要事項について表明保証を行い、いずれかの当事者に何か表明保証条項の違反があった場合には、**補償条項**（Indemnification Clause）が発動して、それぞれ相手方に対して、補償するという構造になっていることが多い。所定の事項について、免責（hold harmless）して補償をするとも表現されるが、これは一定の保護を与えて損失を肩代わりするというニュアンスでもある。これが一方当事者のみしか行使できず、他方当事者に同等の条項が欠けているとしたら、基本的には不公平な条項として改善を求めるべきだろう。

● 売主による補償

補償条項は、その定め方によるが、一般的には表明保証の内容が問題になって、損害が発生した場合に機能することが多い。例えば、買主がデューデリジェンスで何らかの潜在的な債務等を発見した場合、その内容については、売主が表明保証の範囲から除外していることがある。その場合には、表明保証違反はないので、補償の対象にはならない。このため、売主が補償の責任をできるだけ抑制したいのであれば、不確定な事情についても、できるだけ開示することで表明保証の対象から除外すべきだろう。また、保証の期間を限定し、補償金額の上限や下限を設けることで、そのリスクを低減することも試みられる。

補償金額の下限の金額を絞るのは、費用倒れの紛争をできるだけ回避する目的である。また、一般に、その取引価額が上限となることが多い。これは、補償責任を履行した結果、売主が余剰の債務を負ったまま取引対象をも買主に移転させるのが不公平だからだ。例えば、5億円で会社を買収され、表明保証違反で8億円の債務が顕在化した場合、その全額を売主に支払わせると、買主は5億円を支払って余分な債務を負わない取引対象を取得できてしまう。上限の

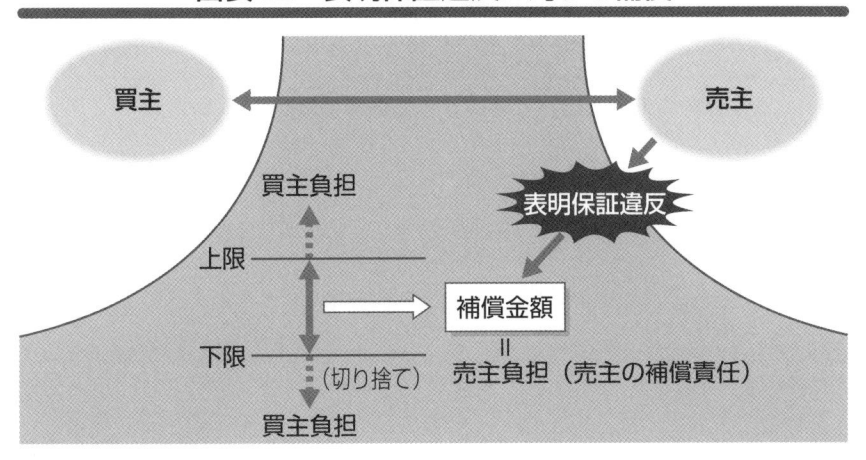

図表42 表明保証違反に対する補償

```
          買主 ←――――――――――→ 売主
                                    ↘
                       買主負担      表明保証違反
                                    ↙
              上限 ――――→  補償金額
                                =
              下限         売主負担（売主の補償責任）
                  (切り捨て)
                       買主負担
```

制限がないと、売主は取引対象を失って、3億円の余計な債務も残る。このような場合には、取引対象を保有する当事者が、想定外の3億円の債務をも負担するのが公平だろうと考えられる。

他方、売主から自発的に開示された事項は補償の対象から外れるから、買主は、その内容、関連する債務額や実際に発生する可能性や確率等を評価して、取引価格に織り込んだり、保険をかけたりする等の対応が必要である。

例えば、127頁引用の事件では、「前条により規定された表明保証を行った事項に関し、万一違反したこと又は売主が本契約に定めるその他義務若しくは法令若しくは行政規則に違反したことに起因又は関連して買主が現実に被った損害・損失を補償するものとし、合理的な範囲内の原告の費用（弁護士費用を含む）を負担する」といった趣旨の補償条項があった。表明保証違反があった場合には、「虚偽、不正確または不完全な情報開示によって買主が負担した一切の費用、負債、損害、損失、当該罰金または違約金等」について補償を行い、免責し、弁償する責任を負うといった定めが設けられることもある。

もっとも、買主の側も、表明保証に合致していない事実について知っていた（悪意）とか、重大な過失によってこれを知らずに契約を締結した場合には、売主も表明保証責任を負わないという抗弁が成立する可能性がある。

㊸ 取引の条件設定

▶▶▶ 誓約事項等が履行できなかった場合には……

● 停止条件や解除条件との違い

　国際取引契約書には、Conditions Precedent という表題でクロージングの条件が定められることがある。Conditions Precedent を「停止条件」と訳すものもある。しかし、これは日本の民法で定める停止条件とは異なるので、「前提条件」または「先行条件」とでも訳すべきものだろう。

　日本の民法では、条件が成就した場合の効果として、停止条件付法律行為は、停止条件が成就した時から効力を生じる（127条1項）。これに対して、解除条件付法律行為は、解除条件が成就した時から効力を失う（同条2項）。ただし、当事者が条件成就の効果をその成就した時以前にさかのぼらせる意思表示をしたときは、その意思に従うものと定めている（同条3項）。

　これに対して、国際取引契約で一般的に見られる Conditions Precedent は、契約の効力に影響を及ぼすものではない。その典型的な内容としては、クロージング前に履行すべき事項を遵守していること、クロージング日における表明保証事項に誤りがないこと、必要な許認可を取得していること等が定められ、それらを履行（クロージング）の条件とすることが考えられる。従って、クロージングの前提条件とは、所定の条件がすべてクリアーされた場合に限ってクロージングを行う旨を定める履行の条件なのである。このため、一方当事者の表明保証が真実でないとか、誓約事項等が履行できなかった場合にはクロージングをしないことになりうるが、その場合には契約を有効とした上で、表明保証違反の補償や損害賠償または解除の可否等が検討されることになる。

　ただ、前提条件が満たされないために所定の期日にクロージングが完了しない場合でも、当事者は何ら責めを負わないものと定めておくことがある。例えば、クロージングの実行に関して必要な許認可の取得や届出が完了し、所定の待機期間が満了していることが前提条件となる場合に、両当事者に何らの過失

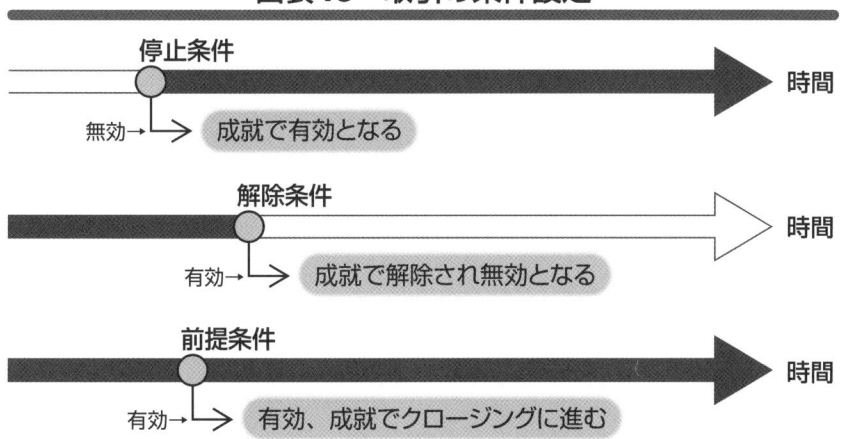

図表43　取引の条件設定

停止条件
無効→ 成就で有効となる

解除条件
有効→ 成就で解除され無効となる

前提条件
有効→ 有効、成就でクロージングに進む

もなくクリアーできないこともあり、契約を履行しないまま白紙に戻すことがやむを得ないケースもあるだろう。

●実務上の問題点

　一般的には、契約条件として何を定めるのかは自由であるから、デューデリジェンス（→108頁）で発見された事実から前提条件として契約書に記載すべき事項が追加されることもある。

　クロージング以前の履行または遵守が必要な前提条件には、その期限が定められることもあり、不履行のままその期限を徒過した場合の効果については別途明確に定めておくべきだろう。前提条件は、あくまでもクロージングをするか否かしか定めていないので、他の取扱いがどうなるかが必然的に導かれるわけではない。また、表明保証がクロージング日において「重要な点で真実かつ正確であること」が前提条件となっている場合には、それが重要か否かが問題となることもありうる。

　ただ、相手方が前提条件を満たさない場合でも、その条項の存在を放棄して自らの履行をすることを選択できるようになっていることもあり、その場合には重要な法的リスクがあるのか、ビジネスの必要性を優先するのかに応じて対応を検討すべきだろう。

44 解除条項と終了事由

▶▶▶契約締結当初の段階から十分な工夫と対策が必要

● 解除・終了条項の重要性

　国内取引契約と同様に、国際的な取引契約の終了についての条項も、期間満了等によって自動的に終了する場合と解除等の一方当事者の行為によって終了する場合とが考えられる。契約に定める終了・解除事由に該当しなくても、法律の定めに従って、解除・取消ができる場合や無効を主張できる場合等に、契約を終了させることができることもある。

　一般に、契約の解除には当事者の合意による以外に、約定解除権によるものと法定解除権によるものが考えられる。しかし、片方の当事者が契約法の一般ルールによって解除したくても、他方当事者は解除に反対することもある。こうした場合に紛争が起きやすい。解除・終了に関する契約条項が明確であれば、それに従ってトラブルも比較的解決しやすいが、どうにでも解釈できるような文言しか書かれていないと問題が複雑になりがちだ。特に国際取引紛争では、文化的な相違もあり、相手方が思わぬ主張をしてくることもある。

　そこで、解除に関する契約条項は、法定解除権を確認し、約定解除権を明らかにする意味があるだろう。契約の終了・解除に関する条項には、終了・解除事由を定める条項、解除の手続、終了・解除の効果ないし後始末に関する条項等が考えられ、それらをできるだけ明確に定めておくことが重要だ。

● 契約期間・更新条項との関係

　継続的取引の終了は、期間（term = period = duration）の満了等によって自動的に終了する場合（expiration）と解除等の一方当事者の行為によって終了する場合（termination）とがある。多くの場合、期間の途中でも、一定の解除事由がある場合には解除できると定められる。従って、契約期間、更新、そして終了に関する条項は、併せて検討しておく必要がある。契約期間の長さは、ビジネスの性質、見通し等によって異なる。期間の満了によって契約が終

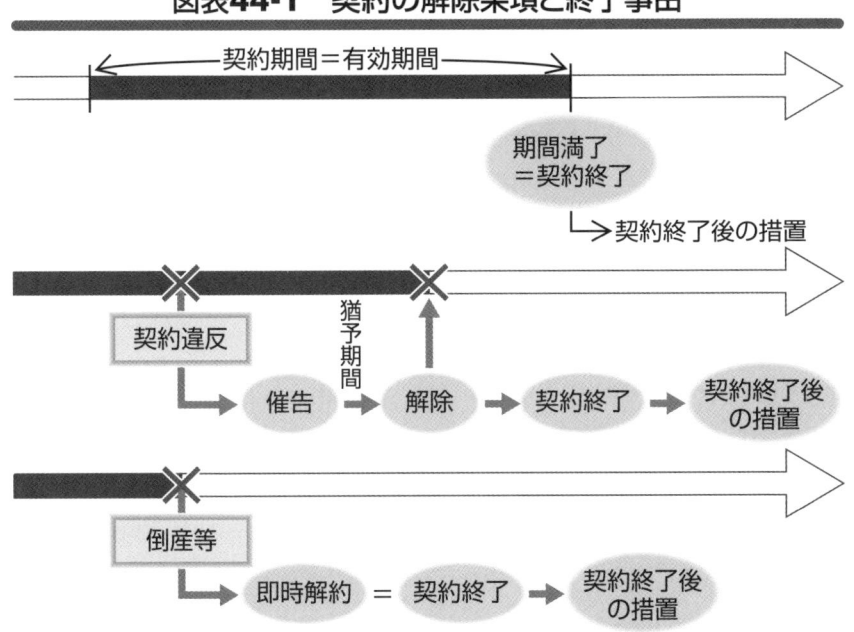

図表44-1　契約の解除条項と終了事由

```
契約期間＝有効期間
                         期間満了
                         ＝契約終了
                            └→ 契約終了後の措置

契約違反 ──→ 催告 → 解除 → 契約終了 → 契約終了後
         猶予期間                       の措置

倒産等 ──→ 即時解約 ＝ 契約終了 → 契約終了後
                                    の措置
```

了するかどうかは、その期間が終了した場合に、原則として当然に更新されるのか、更新されないのか、どういう条件で更新されるのかによっても異なる。従って、これらを契約条項で明らかにしておくべきだ。

●一般的解除条項の利用

契約終了条項は、一般的に広く使われている条項をそのまま用いることも多いが、契約の規模や重大性等によって、慎重な考慮も必要である。通常の条項でも、よく検討すると修正したほうがよいこともあるかもしれない。例えば、139頁の具体的終了事由のサンプル条項(e)の「仮差押、仮処分」を受けた場合については、その単なる「申立」があったことを解除事由として定められることもある。しかし、仮差押や仮処分は、相手方の反論を待たずに簡単に出されることがあるので、契約の解除事由とするのは必ずしも妥当ではない場合もある。

これに対して、(d)の倒産手続開始については、申立があっただけで、既に

信用状態は破綻しているのが通常であるから、「申立」があったことを解除事由とすることも合理的である。(f)についても、どういう場合が「信用状態に不安を生じたと判断されたとき」といえるのかは微妙であるが、上記の事情に準ずるような深刻な事態が生じていることを要するものと解される可能性があるだろう。

どの場合にも、解除の理由となった事実があるか否かについて争いは起きうるので、完全に争いを防止することはできない。できるだけ具体的に、判断しやすい程度に明確に定めるべきであるということはいえるが、現実には程度問題である上に、交渉によっても左右される面がある。

● 契約違反による解除

国際取引契約の解除事由でも、「契約違反があった場合」といった事項が挙げられるのが通常だ。こうした解除事由の定めは、私法の一般原則に基づいて解除事由とすることを確認したにすぎない条項のように見える。確かに、確認的に解除事由として定めておくだけのこともある。しかし、契約を解除できる場合に、条件をつけたり、制限したりすることもできる。そうした条件・制限のために解除の定めが置かれる場合には、単なる確認の意味しかないわけではない。何らかの契約違反があっても、当然に解除ができるとは限らず、どういう場合に解除ができ、どういう場合に解除できないかをできる限り明確に定める必要がある。

解除は両当事者に重大な帰結をもたらすので、重要な契約違反に限る場合や、信頼関係が破壊されたような場合に限る場合（解除しにくくなる）もあれば、いつでも一定の期間をおいて通知すれば解除できるとする場合（解除しやすくなる）もある。ただし、これを契約条項に盛り込むと、何が「重要」であるか、信頼関係が破壊されたのか否か等が容易に判断できないため、紛争になりやすく、必ずしも好ましい契約条項ではない。「やむをえない事由がある場合」に解除ができるといった定めをする例もあるが、これも判断が容易ではなく、やはり紛争になりやすい。そうした抽象的な表現で書き分けるのはリスクもある。

契約違反に関しては、material breach（重大な違反）、substantial breach（重要な違反）、any breach（いかなる違反）等の様々な表現がある。米国で

図表44-2　具体的終了事由

一般に、契約を解除する理由となるものとしては、次のようなものがある。
- (a) 本契約の規定のいずれかに違反したとき。
- (b) 支払うべき金銭の支払いを遅延したとき、その他重要な契約条項に違反する行為があった場合。
- (c) 支払停止状態となったとき、または手形交換所による取引停止処分を受けたとき。
- (d) 破産手続開始、民事再生手続開始、会社更生手続開始、または特別清算開始の申立があったとき。
- (e) 仮差押、仮処分、差押または租税滞納処分その他公権力の行使を受けたとき。顧客からのクレームが契約の当事者並びに、その他の機関に通報され、そのクレームに対して30日間経過しても改善がなされないとき。
- (f) 上記のほか、相手方当事者の信用状態に不安が生じたと判断されたとき。

はmaterial breachはminor breach（些細な違反）と区別され、一般的には前者が契約解除もできるが、後者では損害賠償しか認められないといった違いがあるといわれる。それに対して、substantial breachは契約の目的を無に帰するような大きな違反で、material breachは無視できない程度のものが含まれるといった説明もある。しかし、material injury（実質的損害）になると少し広い範囲の損害を含み、会計でのmaterial differenceでは、概ね10％の差が出たら認められる程度のものであるといった解釈もある。また、英国には、any breachとあっても、あまり些細な違反では解約を認められないという裁判例がある。もとより、英国では厳格な解釈をする伝統があったが、妥当な結論を導くために、一定の修正が加えられるような場合もあるのだろう。

このように、契約違反に関する解釈は法域によってかなり異なった考え方をするものであり、具体的にどうなるかは微妙である。従って、相手方の行為が契約違反になるかどうかは、できるだけ明確にしておく必要がある。

㊺ 一般条項の重要性

▶▶▶一般原則として適用される条項は応用範囲が広い

●一般条項の範囲

　一般条項（General Provisions）とは、その契約全体について、すべての場合に一般原則として適用される条項のことだ。具体的には、完全合意、不可抗力、変更、救済、協議条項等が挙げられる。このほか、言語、見出しに関する条項等、契約書の解釈に関する条項も一般条項として取り扱われることがある。

　もっとも、一般条項と呼ばれるものの範囲については定説があるわけではない。定義条項や秘密保持条項、譲渡禁止特約、当事者の関係、契約期間、解除・終了に関する条項等まで広く一般条項に含める考え方もある。また、準拠法、管轄、仲裁合意等も一般条項として論じられることがある。しかし、それらは国際取引契約の具体的な条件または付随的な事項を定めるものとして、一般条項という表題の下で定めることは少ない。

　代表的な一般条項には、完全合意条項、可分条項、救済条項、権利不放棄条項等がある。これらの条項は、いずれも契約書で定めている内容の強制力をできるだけ維持するための一般条項でもある。可分条項は、分離条項、分離可能性条項、可分性等とされることもある。これは、有効性で疑義があるような条項がある場合に、一部の条項が無効とされても、その影響を最小限度にとどめるための条項である。この場合、契約の本旨が損なわれる場合を除いては、かかる条項を除く契約の他の条項に影響を及ぼすものでなく、それぞれ従前通りその効力を保持するといった趣旨が定められることもある。

　なお、通知条項で定める形としては、通知条項に所定の住所を書き込む方法や契約書の冒頭に住所を記載し、その住所に通知するように定める方法があるほか、当事者が多い場合等には、別紙に一覧表とすることもある。

●国際商取引における一般的傾向

　一般的な傾向としては、国内取引契約よりも国際的取引契約で一般条項は詳

図表45　個別の一般条項の目的

完全合意条項	契約書以外の一切の事項には効力を認めず、契約書のみが完全な合意を表示するものであることを確認する（→144頁）。
不可抗力条項	不可抗力による不履行について免責を認める（→142頁）。
変更・修正条項	契約の変更の条件・手続きを定める（→146頁）。
救済条項	契約またはその他の書面によって認められている権利及び救済手段は、累積的なものであり、単独または同時に行使できるといった、救済手続を確認する。
権利不放棄条項	権利行使がなされない場合、または遅れた場合であっても、その猶予とか、契約の変更をもたらさず、契約に基づく権利の行使を妨げないことを確認する。
可分条項・分離条項	契約書に定めるいずれかの条項が法令または裁判所の判断等によって無効、執行不能とされた場合等でも、その無効性等は本契約の他のいずれの条項の強制力にも影響を与えないものと定める。
通知条項	どこに対してすべきか、通知をどのような方法でなすべきか、通知がどの時点で有効になしたものと扱われるか等を定める。通知の言語を定める例もある。
言語条項	どの言語を使用すべきかを定める。
解釈条項	見出しに関する条項等、契約書の解釈に関する条項。

細になりがちである。これは、国際取引契約の方がどこの国の法律によるのか、どこで法律判断がなされるのか等が予測しにくく、その解釈の可能性が多岐にわたる上、紛争に伴う法的なリスクが高いことから、できる限りルールを定めようとするからだろう。

　日本では、救済条項や権利不放棄条項といった条項はあまり必要性が見出しにくいと考えられがちだ。しかし、諸外国では過去の裁判で一方当事者の何らかの行為によって、思いもよらない形で契約上の権利を放棄したとみなされた経験等を踏まえて、現在のような一般条項が設けられているといったことがある。そのような意味で、国際契約における一般条項の厚みは、長年にわたる契約紛争の蓄積から生み出されたものだ。

　こうした一般条項の重要性は軽視されがちだが、各場面における一般条項の働き方は、各契約の状況によって異なる。従って、一般条項の雛形等に頼ることなく、できる限りそれぞれの事案に即してどういう意味を有するのかを検討しながら採用することが重要だ。

46 不可抗力条項・ハードシップ条項

▶▶▶ 想定外の事態において契約の履行強制が不適切な場合

● Force Majeureはフランス語

　日本には、**不可抗力事由**で契約上の義務を履行できなくても、責任を負わないという法理がある。すなわち、**過失責任主義の原則**により、帰責事由がなければ債務が履行できなくても債務不履行とされない（民法415条）。CISG79条も不可抗力による免責を定める。これらの場合、契約による不可抗力条項は基本的に確認的なものだ。

　しかし、英米法では状況が変化しても厳格に契約を履行することが求められる**厳格責任主義**（strict liability）が原則である。そこで、不可抗力による免責の特約により、「契約は守られなければならない」という原則の例外を契約書に明記する必要がある。その場合、フランス語に由来する **Force Majeure** が不可抗力を意味する用語として使われる。

　本来、不可抗力条項は、物の引渡し等、物理的な履行行為が不可抗力で妨げられるリスクを軽減するための条項だ。それに対して、金銭債務の履行は物理的な履行行為ではなく、日本の民法419条2項のように、支払債務には不可抗力による免責を認めないというルールもある。このため、不可抗力条項に関するスタンスは立場によって異なり、一般的には物理的履行をする当事者は不可抗力事由を広く、その相手方は不可抗力事由を狭くするのが有利だと考えられよう。

　不可抗力事由は、①自然災害等の天災、②戦争やストライキ等の人災、③法令の改廃等権力機関による行為等に分類できる。「**同種文言の原則**」（rule of ejusdem generis）により、①から③における例示的項目のいずれも不可抗力事由に含んでいないと、その種の事由は不可抗力として認められないという解釈がありうる。

　しかし、不可抗力事由が生じても、履行すべき努力の必要性に変わりはない。

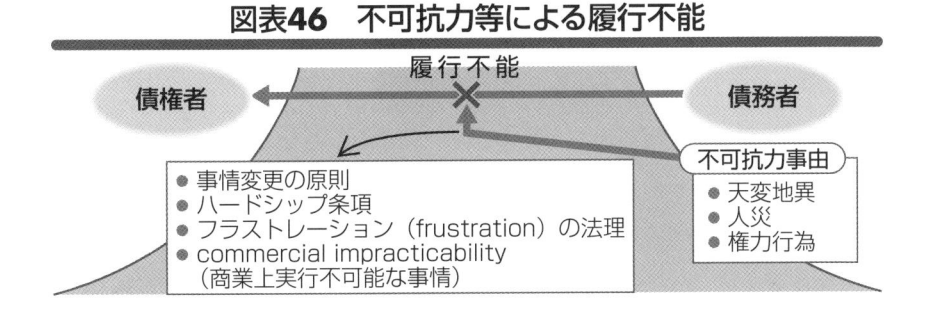

図表46　不可抗力等による履行不能

履行不能
債権者　×　債務者

- 事情変更の原則
- ハードシップ条項
- フラストレーション（frustration）の法理
- commercial impracticability（商業上実行不可能な事情）

不可抗力事由
- 天変地異
- 人災
- 権力行為

日本の裁判例を見ると、不可抗力による免責がそれほど容易に認めてもらえるわけではない。そこで、不可抗力条項の適用条件を設け、そのハードルを高くする等、不可抗力事由が適用される場合の処理を具体的に定めることが重要だ。

関連類似の理論

不可抗力とまではいえない程度でも、困難な状況に直面した場合に関する定めを置くこともある。法域によって、状況の変化等に応じてどのような修正が認められるかは異なる。

第一に、日本等には不可抗力を理由に契約上の債務を免除するのではなく、「**事情変更の原則**」で、契約の効力を維持しつつ債務の内容を変更するといった考え方がある。

第二に、**ハードシップ条項**その他の公正さを確保するための条項がある。これは履行不能というわけではないが、著しく契約の履行が困難であるとか不公正で過酷であるという場合に免責を認めようというものだ。例えば、UPICC第6.2.2条によれば、ある出来事が生じたために、所定の条件の下に、当事者の履行に要する費用が増加し、または受領する履行の価値が減少し、それによって契約の均衡に重大な変更がもたらされる場合に、ハードシップの存在が認められるとしており、これに基づいた条項を定めることもある。

第三に、英米法では、不可抗力の抗弁が困難でも、不合理な債務から免れるため、「フラストレーション（frustration）の法理」やcommercial impracticability（商業上実行不可能な事情）による免責が論じられている。

47 完全合意条項

▶▶▶ 契約書が従前のすべての合意に代わることを明示

● 契約書の記載を全部とみなす

　完全合意条項（entire agreement clause = integration clause）とは、その契約書が当事者間の当該契約に関する事項等についての完全な合意を含むものであることを明示し、当該契約書がすべての従前の合意に代わるものであることを明示する条項のことである。「**完結条項**」（merger clause）と呼ばれることもある。これがあると、以前になした重要な合意も、それが契約書に盛り込まれていなければ原則として効力を失うことになる。

　完全合意条項は、日本の契約書では、必ずしも一般的ではない。日本の伝統的な取引慣行からすると、契約書にすべての当事者間の合意事項を盛り込むとは限らず、むしろ曖昧なところを残しておき、あるいは合意できない事項は解決を先送りして、何か問題が起きてから考えるといったやり方が少なからず見受けられる。

　しかし、英米法では、当事者が契約について書面を作成した場合には、契約締結時における当事者の意思の内容を決定するに際して、後日における口頭の証拠で追加、変更、あるいは否認を許さないという、いわゆる「**口頭証拠排除の原則**」がある（→89頁）。また、口頭のやりとりだけでなく、ファックスや電子メール等、数多くの通信についても、時が経過するとどういうやりとりをしたかの記憶が薄れてしまい、最終的な契約を締結する際には、すっかり忘れているということもある。そこで、そうした一切のやりとりについては、契約の内容や解釈に影響を与えることのないように完全合意条項が合理的だと考えられる。

　完全合意条項があれば、従前のコミュニケーションの効力を遮断でき、最終的な契約書を読んだだけで当事者間の契約内容を確定できよう。これが他の文書や口頭での約束が影響を与えるなどということになると、その意味を確定す

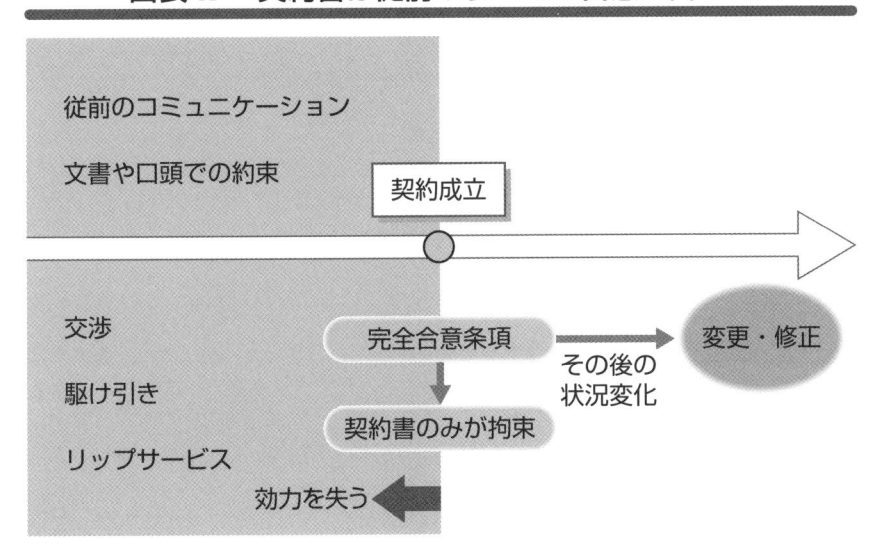

図表47　契約書は従前のすべての合意に代わる

従前のコミュニケーション
文書や口頭での約束

契約成立

交渉
駆け引き
リップサービス

完全合意条項

契約書のみが拘束

効力を失う

その後の状況変化

変更・修正

るために、議論が紛糾し、その解決にも多大な時間と労力がかかることにもなりかねないので、そうしたことを防止できる。従って、契約内容を契約書に記載されていることだけで確定し、無用な紛争を防止するための完全合意条項の趣旨を理解して、これを効果的に利用すべきだろう。

　もっとも、完全合意条項を置いたからといって、契約書が完全になるわけではない。あくまでも契約書が完全であることが前提だ。もし何らかの不備があったら、それを変更条項に基づく契約の変更・修正でカバーしなければならない。complete等の言葉が入っていなくとも、契約書に記載されていることが全部であるということを確認するのが、完全合意条項の趣旨である。

　なお、UPICC（→48頁）第2.1.17条は、契約書に完結条項があった場合に、先行する言明または合意についての証拠により、その契約内容が否認されまたは補充されてはならないと定めるものの、それらの言明または合意は当該書面を解釈するために用いることができるとしている。こうした考え方が一般的に適切か、またどのように解釈に用いうるかは議論の余地がある。

48 変更修正条項

▶▶▶ 変更のための手続・要件を定める狙いは

● 契約書の修正・変更は本来的に自由

契約における変更条項とは、変更のための手続・要件を定めるものだ。「本契約の変更もしくは修正、または本契約に基づく条件の放棄は、全当事者により署名された書面によらなければ有効とはならないものとする」といった条項が、その典型的なものだ。この条項を設けないと、その後のコミュニケーションによって、後で契約内容が変更されたはずだといった主張をする当事者が現れる懸念がある。

例えば、実務的にも、誰が契約の変更権限を有しているかが問題となることがある。すなわち、現場の担当者や窓口で勝手に契約内容が変更されていたということになると、後で責任問題にもなる。そこで、契約変更には、両当事者の権限のある法人の代表者によって署名された書面が必要であると定めれば、両代表者の署名がなければ契約変更できないことになろう。現場の担当者や窓口で一時的におかしなことがあっても、それで契約そのものが変わってしまったなどということを防げる。さらに、実際に、変更をするにしても、変更の要件と手続を定めておけば、契約を明確に変更することができよう。書面作成といった契約変更の要件と手続を経ていれば、変更契約は一応、有効だと考えられる。

日本法等の法域では、契約書の修正・変更は口頭でも自由になしうる。しかし、変更条項を設けておけば、仮に契約締結後に双方でいろいろなやりとりがあっても、それだけでいつのまにか契約内容が変更されたりすることは防げるだろう。少なくとも、そういうコミュニケーションで契約が変更されたという主張を封じることができる。UPICC（→48頁）第2.1.18条もCISG（→156頁）29条2項も、合意による変更または終了を書面によって行うことを必要とする旨の条項を定めた書面による契約は、他の方法で変更または終了できない旨

図表48　変更契約のサンプル

AMENDMENT TO COLLABORATION AGREEMENT

This Amendment to Collaboration Agreement (the "Amendment") is made and entered into this XX day of July, 20XX (the "Amendment Execution Date") by and between XXX, Inc. ("XXX"), a Delaware corporation ("XXX"), and YYY, Inc., a California corporation ("YYY").

<u>RECITALS</u>

A. XXX, and YYY are parties to that certain Collaboration Agreement dated June 00, 20XX (the "Agreement"), which shall be effective as of the Effective Date, as that term is defined in the Agreement.

B. The parties wish to amend the Agreement in order to correct the references in the Agreement to XXX as further described below.

NOW, THEREFORE, in consideration of the foregoing and the terms of this Amendment and for other good and valuable consideration, the receipt and sufficiency of which are hereby acknowledged, the parties hereby agree as follows:

1. <u>Amendment of Agreement</u>. This Amendment hereby amends and revises the Agreement to incorporate the correction to XXX as described in this Amendment. Except as expressly provided for in this Amendment, the Agreement will remain unchanged and in full force and effect. The term "Agreement," as used in the Agreement and all other instruments and agreements executed thereunder, shall refer to the Agreement for all purposes as amended by this Amendment.

2. <u>Correction of Reference in the Agreement</u>. All references in the Agreement to "YYY Overseas Limited" shall mean and refer to "XXX Overseas Limited."

3. <u>General</u>. This Amendment has been executed by the parties as of the Amendment Execution Date, with such execution being effective as of the Effective Date of the Agreement, as that term is defined in the Agreement. This Amendment may be executed in any number of counterparts, each of which shall be deemed to an original, and such counterparts together shall constitute one instrument.

IN WITNESS WHEREOF, the duly authorized representatives of the parties hereto have executed this Amendment as of the Amendment Execution Date.

を定める。ただし、いずれも、自己の行動を相手方が信頼して合理的に行動した限度においては、その条項の援用ができないという留保をつけている点には注意する必要がある。

このように、変更条項を設けておくことによって、後日の不毛な紛争を防止することができるので、多くの契約に変更条項が設けられている。この点では、変更条項は、紛争の余地をできるだけ抑制する完全合意条項（→144頁）と類似の機能がある。そのため、完全合意条項と変更条項が一つの条項にまとめられることもある。ただ、完全合意条項があっても、契約書に不備があれば修正・変更する必要が生じる。

●英米法における契約変更の論点

英米法では、契約の変更に関しては、約因の理論（→52頁）との関係でも問題となりうる。しかし、近時はこの理論の適用がかなり緩和されてきている。例えば、米国のいくつかの州では署名された書面が約因に代わるとする成文法があり、また米国の契約法第2次リステイトメント第89条では(a)契約変更が公正かつ公平である場合、(b)成文法に定めがある場合、または(c)正義の観点から強制が求められる場合には、約因理論から離れて変更契約の有効性を認める。

このほか、米国UCC（→158頁）§2-209も物品売買契約の変更に約因は不要として、契約の修正や取消しの試みが書面性等の要件を満たさなくても権利の放棄として機能しうるとしている。しかし、契約の修正や取消し等を申し入れたら、その権利を放棄したとの主張を招く恐れがあるので、権利不放棄条項でその適用を排除するなど、注意する必要があろう。

第 **6** 章

国際売買契約

49 国際物品売買

▶▶▶ 貿易管理・為替管理等の対象となる国際取引の基本型

● 国際売買の定義

　国際売買とは、売買の目的物を、ある国から他の国に移動させる取引のことで、売主の営業所が売買の目的物とは異なる国にある場合もある。ただ、例外的に売買契約が国際的になされて目的物が移動しないケースや買主と売主の営業所が同じ国にあっても国際売買となることもある。このため、国際売買の定義について国際的な定説はないが、**CISG**（→156頁）では、営業所が異なる国に所在する当事者間の物品売買契約を基本的な適用対象としており、当事者の国籍及び当事者または契約の民事的または商事的な性質は、CISGの適用を決定するに当たって考慮されない（CISG 1条）。

　国際売買においては、目的物の**運送に伴うリスク**が大きく（→170頁）、**国際的な支払**（→162頁）の決済が必要となり、内国及び外国における貿易管理・為替管理等の対象となるうえに、紛争解決も容易ではないといった特色がある。こうしたリスクをカバーするための**海上運送保険**や**貿易保険**等、各種の保険が不可欠だろう（→176頁）し、売買契約においても特別の配慮が求められる。

　国際売買契約においては、準拠法の指定に加えて、貿易条件についてはインコタームズ（→152頁）によるものと定めておくことにより、その貿易条件を契約内容に取り込むことができる。

〈国際ビジネス・ケーススタディ〉
（最高裁判所第三小法廷判決平成14年10月29日）
　ドイツ連邦共和国で登録・使用されていた自動車が、イタリア共和国で盗難の被害に遭い、日本に輸入された後、道路運送車両法に基づく登録を経て、最終的にYが販売業者から買い受けた自動車の所有権に基づき、Xが本件自動車を占有するYに対して、その引渡しを求めた。この自動車につき保険契約に従って所有権を代位取得したと主張するドイツの保険会社が、当該自動車が日

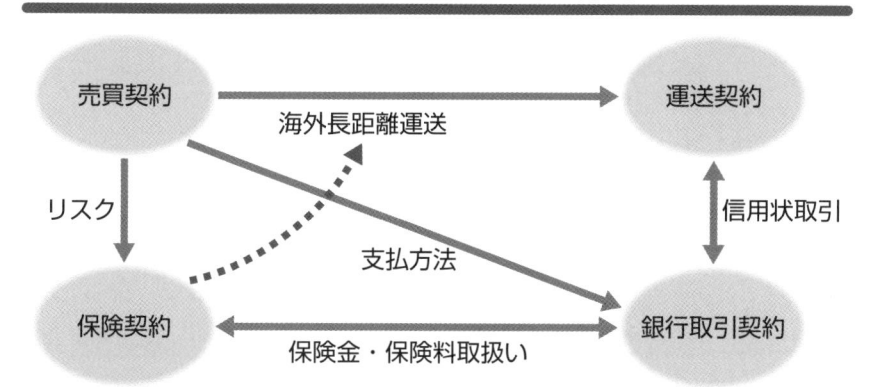

図表49　国際物品売買の特質

```
売買契約 ─────────────→ 運送契約
   │  海外長距離運送         ↑
   │                        │
リスク                    信用状取引
   │        支払方法         │
   ↓                        ↓
保険契約 ←─────────────→ 銀行取引契約
       保険金・保険料取扱い
```

本に輸入され転々譲渡された後に、占有使用している者に対して、引渡請求を行った。原審は、中間取得者の即時取得を否定してXの請求を認めた。

【最高裁判所の判断】

　自動車の所有権取得についての「所在地法」とは、その原因事実が完成した当時、当該自動車が運行の用に供しうる状態にある場合はその利用の本拠地法、運行の用に供しうる状態にない場合は、原則として物理的な所在地法である。即時取得の原因事実の完成時は、買主が自動車の占有を取得した時点で、本件自動車の所有権の準拠法は、占有取得時の利用本拠地である日本法になる。その民法192条の善意無過失とは、動産の占有を始めた者で、取引の相手方がその動産につき無権利者でないと誤信し、かつそう信ずるについて過失のないことを意味し、その動産が盗品である場合でも、それ以上の要件を必要としない。未登録の輸入外国車の取引につき、車両証書等外国製造者又は真正な前所有者による権利確認書の提示または写しの交付を伴う譲渡証明書等やそれを確認した旨の国内業者の信用しうる証明書等の書面を譲受人が取引時に確認しなくても過失があるとはいえず、即時取得による自動車の所有権取得が認められるとして原審を破棄し、Xの請求を否定した。

　（参考文献）判時1806号41頁、判タ1110号118頁。神前禎「自動車の所有権」国際私法百選（補正版）50頁。

㊿ インコタームズ

▶▶▶ 世界的に通用する貿易条件の集大成

●ICCの策定したデファクト・スタンダード

　国際売買には多くの国が参加するので、各国が勝手に貿易に関するルールを作ったのでは不都合だ。実際にも法律によって貿易条件を定めている国は少ない。そこで、国際売買の行動準則を統一することが必要とされ、**国際商業会議所**（International Chamber of Commerce＝ICC）（→30頁）が「**インコタームズ**」（Incoterms＝貿易取引条件解釈の国際規則）を策定した。ICCは、民間企業の世界ビジネス機構として活動している団体である。

　インコタームズは、世界的に最も有名な貿易条件に関するルールとして、ほとんど世界標準となっているが、法ではないから、当事者が契約において援用することを明示することが必要だ。また、売買契約のすべての権利・義務を網羅的にカバーするものではないから、別途導かれる準拠法によって契約を規律しなければならない点に変わりはない。

●伝統的条件からコンテナ条件へ

　インコタームズは1936年版が公表されてから、1953年に大改正があったが、近時は10年ごとに改正されてきた。現在、13種類の貿易条件を定める**インコタームズ2000**が使われており、インコタームズ2010への改定に向けて作業中である。

　インコタームズの内容を見ると、売主の義務と買主の義務に分けて定められ、物品の提供と代金の支払から、許認可の手続、運送や保険契約、引渡し、危険負担、費用の分担、通知、引渡しの証拠、運送書類等の電子メッセージ等について言及されている。

　インコタームズ2000の特徴として、コンテナ取引の普及に対応してコンテナ条件が整備された点と、貿易条件の表示が電子取引に対応しやすいようにアルファベット3文字に統一された点が指摘できる。このアルファベットの頭文

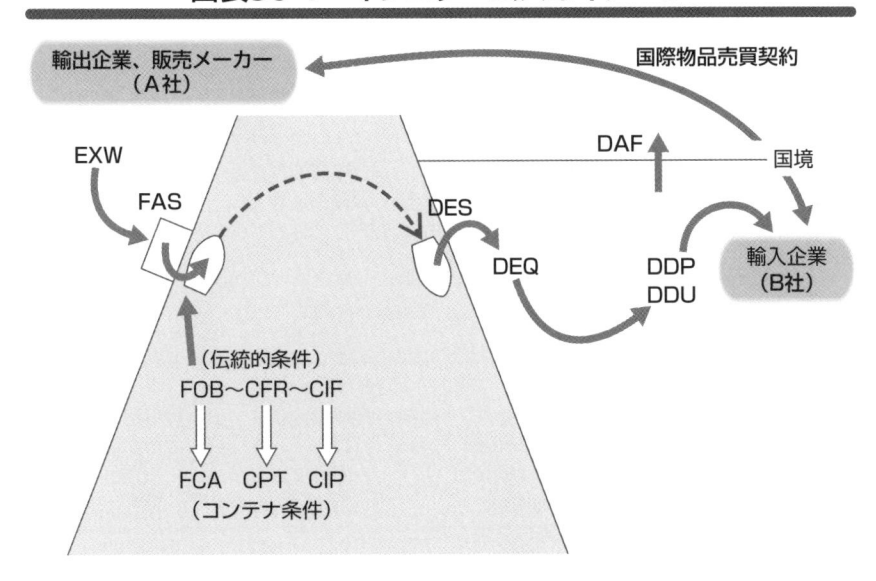

図表50-1　インコタームズのイメージ

字からE（出荷基準）、F（主要輸送費抜き）、C（主要輸送費込み）、D（到着基準）で、4つの類型に分類することが可能となっている。

このうち、伝統的条件として有名な**FOB**は、**Free On Board**の略だ。これによると、売主は船積期間内に買主の指定した積込本船に船積すれば足り、売主は自ら船主と運送契約を結ばず、また保険契約を結ぶ必要もなく、その代金は、目的物の価格に船積までの費用を加算したもので定められる。

これに対して、**Cost, Insurance and Freight**の略が**CIF**となる。これによると、売主が目的物を契約所定の到着港まで運送するための運送契約を結び、所定期間内に船積し、かつ、買主のために目的物の運送上の危険について保険契約を結び、その運送契約、保険契約に基づいて得た船荷証券、保険証券を買主に交付し、買主は、これと引換にその代金を支払うもので、その代金は、目的物の価格に運賃、保険料を加算して定められる。

ただ、FOBやCIFにおける売主の危険移転は「**本船舷側欄干（ship's rail）を通過する時まで**」と定められている。しかし、コンテナや航空機にはrail（手すり）はない。このため、コンテナ船や航空貨物の場合には、FOBをFCA

図表50-2　13種類の貿易条件

頭文字	略語	意味	和訳	引渡場所
E	EXW	Ex Works	工場渡	指定地
F	FOB	Free On Board	本船渡	指定船積港
	FAS	Free Alongside Ship	船側渡	指定船積港
	FCA	Free Carrier	運送人渡	指定地
C	CIF	Cost, Insurance and Freight	運賃保険料込	指定仕向港
	CIP	Carriage and Insurance Paid To	輸送費保険料込	指定仕向地
	CFR	Cost and Freight	運賃込	指定仕向港
	CPT	Carriage Paid To	輸送費込	指定仕向地
D	DES	Delivered Ex Ship	本船持込渡	指定仕向港
	DEQ	Delivered Ex Quay	埠頭持込渡	指定仕向港
	DAF	Delivered At Frontier	国境持込渡	指定地
	DDU	Delivered Duty Unpaid	関税抜持込渡	指定仕向地
	DDP	Delivered Duty Paid	関税込持込渡	指定仕向地

に、CIFをCIPに、CPTをCFRにすることが望ましい。これは一部保険漏れリスクの回避・防止にもなると指摘されている。ただ、実務的にはまだまだそうした変更がなされていない部分も残っているのが現実だ。

なお、かつてはUCCにもFOBやCIF等に関する定義があったが、これがインコタームズの定義と異なり、混乱が生じることがあった。しかし、国際取引ではインコタームズによる国際基準に従うのが合理的である。近時のUCCの改定でFOBやCIF等の定義はほぼ削除されたが、インコタームズを優先させるのかどうかについて明らかにしておく必要があろう。

〈国際ビジネス・ケーススタディ〉
(東京地裁判決昭和32年7月31日（丸紅飯田対味の素事件）判時123号19頁)
　日本の商事会社と日本の実需者間の大豆を日本に輸入するCIF約款による売買が日本で締結されたが、その代金の支払条件は「買主は陸揚港における通関終了後、直ちに日本円表示の約束手形を売主あてに東京で振り出すこと。約束手形は、積出人により振り出された輸入為替手形に対し売主のため与えられたユーザンス支払期日の5日前に決済されるべきこと」とされていた(→164

頁)。ところが、着船前に買主は契約の成立を争い、貨物の引取を拒絶した。

【裁判所の判断】

　米国から日本への輸入を目的とするCIF売買契約の解除は、日本法によって判断される。輸入貨物の売買でも、契約は当事者の意思の合致があったときに成立し、契約書は既存契約の確認のために作成されるものにすぎない。貿易業界で買手からの申込みに書面作成が要求されるのは、その書面の余白に売主の署名を得て将来の紛争に備えるものに尽きる。実需者側の買付担当者は、通常、会社の職制上部長係長に属し、買付に関する権限を委譲されているものと認められ、会社内部で取締役らの許容を受けるべき旨が定められていても、それで善意の第三者に対抗することはできない。

　CIF売買での目的物の引渡しは、船積書類すなわち船荷証券、保険証券の提供によりなされるものであり、売主はその目的物を現実に引き渡すべき義務を負わないから、船積案内、入港予定の通知は、売主の履行すべき義務に属さない。売主は、着船後陸揚港もしくは最寄りの港に陸揚した上、付近の倉庫に保管し、目的物の引取を求めることができる。

　しかし、双務契約の一方当事者がその債務の履行を拒絶し、他方の債務者がその債務の履行の提供をしても無益に帰することが明らかである場合、当該債務者は、自己の債務につき履行の提供を要しない。従って、買主が着船前から貨物の引取りを拒絶し、売買契約が存在しない旨を表示している場合、信義則上、売主は、着船後目的物を陸揚港または付近の港に陸揚げの上付近の倉庫に保管し、目的物の引取りを求めることができ、船積書類の提供をしなくとも、代金支払の催告をして契約を解除することができ、その支払期日の徒過とともに履行遅滞があったとされた。

（参考文献）澤木敬郎・別冊ジュリスト42号198頁「CIF約款による輸入貨物の売買契約と準拠法」。

51 ウィーン統一売買条約（CISG）

▶▶▶統一的な国際物品売買契約に関するルールの実現へ

●日本でも2009年8月から直接適用に

国連国際商取引法委員会（UNCITRAL）が国連主導で国際物品売買に関する統一法を目指して、「国際物品売買契約に関する国連条約」（UN Convention on Contracts for the International Sale of Goods ＝ CISG）を起草した。これが1980年4月のウィーン外交会議で採択されたので、**ウィーン統一売買条約**とも呼ばれ、1988年1月1日に発効した。英国と日本が未加入であったが、2008年に日本も加入し、加盟国数は70を超えた。日本では、CISGが2009年8月から施行されることに伴い、日本法を準拠法とする場合には、特にCISGを排除していない限り、国際物品売買契約にCISGが直接に適用されることになる。

CISGの内容としては、①契約の成立及び②当事者（売主・買主）の権利義務を定めている。日本がCISGに加入した背景として、次のようなメリットが説明されている。

第一に、日本企業と外国企業との国際物品売買契約で、CISGが適用されれば、いずれの国の法令を準拠法とすべきかにあまりこだわる必要がなくなり、国際的なルールを基準に売買取引を進めればよいことになる。

第二に、日本の企業が当事者となる国際物品売買契約のルールが明確となる。このため、海外企業からしても、日本企業と物品売買取引をする上での不確実性が減り、法的安定性が高まることも期待できる。特に日本企業が買主である場合には、全体として日本法よりも有利である[1]から、日本法にこだわるよりも積極的にCISGを取り込んでいくことが考えられよう。

第三に、CISGをめぐる裁判例は、既に各国で数多く出ている。それらをチェックすることにより、紛争解決ルールとしての予測可能性が高まることも期待される。ただ、この点については、各国の裁判例を搭載しているCLOUT[2]

図表51　CISG締約国（2008年12月現在71か国）

〔アジア〕中華人民共和国、大韓民国、モンゴル、シンガポール、日本
〔アフリカ〕ブルンジ、ガボン、ギニア、レソト、リベリア、モーリタニア、ウガンダ、ザンビア
〔中東〕エジプト、イラク、イスラエル、シリア
〔欧州〕ベルギー、キプロス、デンマーク、フィンランド、フランス、ドイツ、ギリシャ、アイスランド、イタリア、ルクセンブルク、オランダ、ノルウェー、スペイン、スウェーデン、スイス
〔中東欧〕オーストリア、ベラルーシ、ボスニア・ヘルツェゴビナ、ブルガリア、クロアチア、チェコ、エストニア、グルジア、ハンガリー、キルギス、ラトビア、リトアニア、マケドニア旧ユーゴスラビア共和国、モルドバ、モンテネグロ、ポーランド、ルーマニア、ロシア、セルビア、スロバキア、スロベニア、ウクライナ、ウズベキスタン
〔北米〕カナダ、アメリカ合衆国
〔中南米〕アルゼンチン、チリ、コロンビア、キューバ、エクアドル、エルサルバドル、ホンジュラス、メキシコ、パラグアイ、ペルー、セントビンセント、ウルグアイ
〔大洋州〕オーストラリア、ニュージーランド

を見ると、必ずしも足並みが揃っておらず、バラバラの解釈がされているとの批判もある。

　また、CISGには限界も多く、異なる締約国に営業所を有する企業間の物品売買契約に適用されるが、消費者取引等には適用されない。さらに、CISGは、契約の有効性や錯誤、利息等の問題について、明確なルールが設けられていない。その解釈も、加盟国によって異なりうる。

　そこで、CISGが好ましくないと思えば、CISGの適用を排除すること（＝**オプトアウト**）も可能だ。ただ、買主の立場である場合には日本法よりもCISGが有利であるから、オプトアウトが常に適切であるとは限らない。安易なオプトアウトは、準拠法をめぐる交渉における妥協のチャンスを失うことにもなりかねない。

（注1）北川・柏木『国際取引法（第2版）』141頁（有斐閣、2005年）も、国際売買契約の準拠法の選択では、買主にとって、英国法、米国法、次いでウィーン統一売買法の順に有利で、日本法がそれに比べて不利であるという。売主、供給者の側にとって日本法が米国法等よりも有利となるという結論は、私見と同じである。
（注2）UNCITRAL公式サイト中のhttp://www.uncitral.org/uncitral/en/case_law.html参照。

52 米国統一商事法典

▶▶▶世界的に影響を与える米国のモデル法

●各州が州法として採用

　米国連邦制度の下において、契約法は、連邦法ではなく、基本的に州法レベルで規律されるものである。こうした中で、**米国統一商事法典**（Uniform Commercial Code＝UCC）は、主として動産の取引について規定するモデル法で、それ自体が法令としての効力を有するものではない。しかし、米国の大半の州が若干の修正を加えつつ州法として採択しているので、各州が州法として採用した各UCCが、法律としての効力を有し、現実の事件に適用される。

　UCCは日常的に行われる商取引のほとんど全部の局面について、取引の流れに沿って、広く定めている点に特徴があり、日本の民法と商法にまたがる領域を含む。UCCは、米国内の商取引の中心的なルールであるとともに、量的にも質的にも最大級の統一法である。また、貿易の基本条件等に関する公正で、ビジネスライクな法的基準をも提供しているため、米国州法が準拠法とされる場合をはじめとして国際ビジネスにおいても広く参照され、国際売買契約に大きな影響を及ぼしている。

●ALIとNCCUSLの共同プロジェクト

　UCCは、**米国法律協会**（American Law Institute＝ALI）と**統一州法委員会全国会議**（National Conference of Commissioners on Uniform State Laws＝NCCUSL）という民間団体の長期間にわたる共同プロジェクトの成果であり、そのオフィシャル・コメントや常設編集委員会による報告書（Permanent Editorial Board Report）がその解釈において大きな影響力を有している。

　また、UCCは頻繁に改正があり、近時も第9編における担保法、債権流動化、証券化等への対応があり、各州でも頻繁に改正が検討・実行され、今日に至っている。

　UCCには**コモンロー**（→52頁）に由来するルールが現代的に修正されて含

図表52　UCCの構成概要

1. General Provisions	第1編　：総則、定義、解釈の原則
2. Sales	第2編　：売買、物品の売買
2A. Leases	第2編A：リース、物品のリース
3. Negotiable Instruments	第3編　：流通証券、貨幣、手形及び小切手等
4. Bank Deposits and Collections	第4編　：銀行預金及び銀行取立て、銀行、預金及び取立手続
4A. Funds Transfers	第4編A：資金移動、銀行間の資金移動方法
5. Letters of Credit	第5編　：信用状、信用状を使用する取引
6. Repealer of Article 6—Bulk Transfers and [Revised] Article 6—Bulk Sales	第6編　：詐害的大量売却、一括売買、資産競売及び処分あるいは売却
7. Documents of Title	第7編　：倉庫証券・運送証券及びその他の権原証券、物品の保管
8. Investment Securities	第8編　：投資証券、株式、社債などの有価証券
9. Secured Transactions	第9編　：担保取引---売掛債権及び動産抵当証券の売買、動産や債権に関する担保権の設定等、動産担保取引の登記、法人の登記等
10. Effective Date and Repealer	第10編：施行期日及び廃止規定
11. Effective Date and Transition Provisions	第11編：経過規定

まれている。例えば、UCC第2編201条には、500ドル以上の物品売買契約については書面がなければ契約の成立を証明できないという**詐欺防止法**（statute of fraud）の内容が定められている。

●UCITAの分離

ネット取引等の新しい商取引の発展を受け、情報取引に対する契約法理を確立しようとして、統一商事法典第2B編（以下、UCC2B）の起草がなされたこともあった。しかし、UCC第2編の動産売買契約法の体系に、新しい取引対象であるコンピューター情報取引を入れることは困難であったことから、1999年にNCCUSLとALIは、UCC2B（Licenses）として起草してきた統一州法案を、UCCから切り離し、**統一電子情報取引法**（Uniform Computer Information Transactions Act＝UCITA）として州に提案することになった。ただ、これについては、反対意見も強く、必ずしも多くの州で採択されていない状況にある。

53 基本契約と個別売買契約

▶▶▶ 継続的に取引する場合の契約コストの省力化

● 基本契約の意義

　何度も同種の売買を繰り返す関係においては、基本的な事項について予め取り決めておくと個別取引のたびに同じ事柄を繰り返して合意する手間が省ける。そこで締結されるのが売買基本契約書だ。基本契約書があっても、個別の取引において通常と異なった特別の合意をなしえなくなるわけではない。ただ、日常的な取引の基本となる契約書なのであり、時にはそれに縛られるわけだから、基本契約は極めて重要な意味を持つ。

　基本契約は、同じパターンの取引を効率的にすることが目的だが、どこまでが適用範囲なのかは注意すべきだ。ある程度は適用範囲を限定した契約にしても、契約書の適用範囲から外れるような取引についても「当事者間の売買基本契約によるものとする」と定めておけば、基本契約の適用範囲に入れることができる。契約期間は1年程度にして取引の実績を見るのが適切かもしれない。

　対象物品は自国の製品に限らず、第三国での製造品を輸出する国際売買もある。海外販売においては、予想外の問題が発生し、時には深刻な法律問題を伴うこともある。輸入国において、日本からの製品輸入で打撃を受ける競争会社との間で貿易摩擦が生じることもある。そうした状況に臨機応変に対応するためにも、あまり長期に契約関係を固定するような基本契約を結ぶべきではないだろう。

　ただ、継続的取引では、いずれかの当事者がその取引関係に依存することがあり、そうなると取引の中止に支障が生じ、深刻なトラブルとなることもある。市場の変化や競争業者との関係等によるトラブルに巻き込まれないようにするには、継続的な取引の終了についてどういう約束とするのかを契約書上において明確にしておくことが重要である（→136頁）。

　その場合、片方はなるべく契約存続を希望し、他方はなるべく契約を解消し

図表53　個別売買契約の注文書例

```
Date_____      Terms/Conditions_____
Purchase Order#_____     Ship_____  Via_____
Requested By_____      Ship To_____
Date Needed By_____      _____
Account Debited_____      _____
                           _____

| Stock Control # | Description | Quantity | Price | Total |
|                 |             |          |       |       |
|                 |             |          |       |       |
                                           Total
        Authorized Signature
```

やすいように希望する場合があろう。ただ、契約交渉過程で話し合っておけば、相手方が契約存続についてどういう考え方をしているかがある程度わかる。それだけでも、将来の事業の計画を立てる上で参考になるだろう。「ある時に突然に裏切られた」という主張は、裁判では有利な事情になるかもしれないが、事業が行き詰まったり、対応が困難になったりしては何もならない。こうした事業のリスクを充分に踏まえて契約交渉や取引活動をすべきだ。

● **個別契約の申込みと承諾**

　基本契約を締結しただけでは、まだ売買契約は成立しておらず、具体的な売買契約は、目的物を特定した**注文**（order＝売買の申込）と**承諾**（acceptance）が合致することで成立する。ただ、申込書の裏面に買主の標準契約条件が記載され、承諾書の裏面に売主の標準契約条件が記載されていることがある。通常、自社の標準契約条件は自社に有利なように作成されており、その内容で契約を成立させようとするため、問題が生じた場合に、どちらの書式による規律に服するのかが問題となる（**書式の戦い**→168頁）。

54 代金の支払方法

▶▶▶ 代金決済リスクを抑制する荷為替手形と荷為替信用状

● 国際的な資金決済手段

国際的な資金の決済方法としては、次のようなものが代表的である。

第一に、銀行経由の**国際送金**がある。この法律関係は、基本的に内国送金とパラレルに考えられる。親子会社間、関連会社間等、リスクの低い代金の国際的な決済は、最も簡便でコストの低い銀行経由の送金でも何ら問題がない。近時はこれが増えている。しかし、そうした親密な関係がない場合にはそうはいかない。

第二に、**荷為替手形**（Bill of Exchange）を用いる方法がある。荷為替手形は、売主が買主等を支払人とする為替手形を振り出すものだ。この為替手形に**船荷証券**等の運送品を受領するために必要な船積書類を添付して、売主が自己の取引銀行に手形の取立てや買取・割引を依頼して代金の回収を図る。買主は、手形金を支払わない限り、船積書類等を入手できず、船積書類を伴った取立てや割引等が行われる為替手形なので、荷為替手形と呼ばれる。ただ、この場合には、買主が手形金の支払をしないと、うまく機能しない。

そこで、第三に、**信用状**（Documentary Letter of Credit＝L/C）を用いる方法がある。貿易取引では、商品の授受と代金の支払が同時に行えず、時間差が生じやすい。代金を後払いにすれば、輸出者が代金回収前に商品を出荷するため、代金を回収できないリスクを負う。前払いにすれば、輸入者が代金を支払って、商品を入手できないリスクを負う。こうした双方のリスクは、信用状を利用して銀行が代金の支払を保証することで回避することが考えられる（→164頁参照）。

さらに、資金決済を確保するには、**銀行保証状**、**貿易保険**（→176頁）、回収期限の早期設定、エスクローの利用（→174頁）、相殺（set off）の許容、信用を補完するための保証（guarantee）、担保（security）や動産質（pledge）

図表54　荷為替手形のサンプル

```
                    BILL OF EXCHANGE
                                            PLACE   DATE
NO .....................
FOR.....................

AT............. SIGHT OF THIS SECOND BILL OF EXCHANGE (FIRST OF THE
SAME TENOR AND DATE BEING UNPAID) PAY TO THE GIANTS BANKOR ORDER
THE SUM OF..................................................................
................................................................................
VALUE RECEIVED AND CHANGE THE SAME TO ACCOUNT OF .............
................................................................................
DRAWN UNDER...................................................................
................................................................................
L/C NO.....................DATED ...............................
TO
........................Revenue Stamp.........................
```

に関する条項を設けることも考えられる。それらの支払担保の方法は、いずれか一つよりも、複数の組み合わせがより望ましい。

● **外国通貨による決済**

　国際取引では、外国通貨で決済されることもある。自国の通貨に交換する為替レートは日々変動するため、場合によっては売買の利益がなくなってしまうこともある。そこで、契約書にそのリスクを織り込んで、どの通貨で、どこで弁済するかを明記するとか、為替予約等の方策（→227頁）を講じておくべきだろう。

　日本では、債権の目的物が金銭である場合、債務者は、その選択に従い、各種の通貨で弁済をすることができる（民法402条1項）。ただし、特定の種類の通貨の給付を債権の目的としたときは、その合意に拘束される。また、債権の目的物である特定の種類の通貨が弁済期に強制通用力を失っている場合、債務者は、他の通貨で弁済をしなければならない（同条2項）。こうしたルールは、外国の通貨の給付を債権の目的とした場合についても同様に適用される（同条3項）。また、外国の通貨で債権額を指定したときは、債務者は、履行地における為替相場により日本の通貨で弁済することもできる（民法403条）。

55 信用状の仕組み

▶▶▶独立抽象性の原則や書類取引の原則等によって支払確保

●信用状統一規則

信用状（L/C）に関しては、ICCが国際ルールとして「信用状統一規則」を制定している。これまでは「荷為替信用状に関する統一規則及び慣例1993年改訂版」（Uniform Customs and Practice for Documentary Credits, 1993 Revision, ICC Publication No.500＝UCP500）が1994年に全国銀行協会理事会において採択され、1994年1月から施行されてきた。そして、2007年改訂版（Uniform Customs And Practice For Documentary Credits, 2007 Revision, ICC Publication No.600＝UCP600）が2007年7月から施行されたが、UCP600は全国銀行協会（全銀協）による一括採択がされていない。このため、UCP500によるL/Cも有効となっている。UCPは法律ではないが、通常、信用状においてUCPに基づく発行であることが明示されることで、そのUCPが信用状の一部を構成すると考えられ、これに準拠していない信用状は銀行が買い取ってくれない。

信用状には、UCP500では**取消不能信用状**（Irrevocable L/C）と**取消可能信用状**（Revocable L/C）があったが、**UCP600**では、信用状がすべて**IRREVOCABLE**（取消不能）と規定されている。

確認信用状（Confirmed L/C）とは、発行銀行の信用度が低い場合に、信用度の高い銀行に確認をもらう信用状のことである。信用状に基づく支払が**一覧払いの手形によるもの**（サイトL/C）か**ユーザンス手形**による支払によるもの（Usance L/C）かによって、支払時期が異なる。一覧払いの手形によるものであれば、すぐ支払ってもらえる。ユーザンスとは、支払を一定期間猶予することで、ユーザンス手形の場合には、所定の期間経過後に支払ってもらえる。

●信用状の仕組み

商品を輸入する買主が、信用状の発行依頼人（Applicant）となって、取引

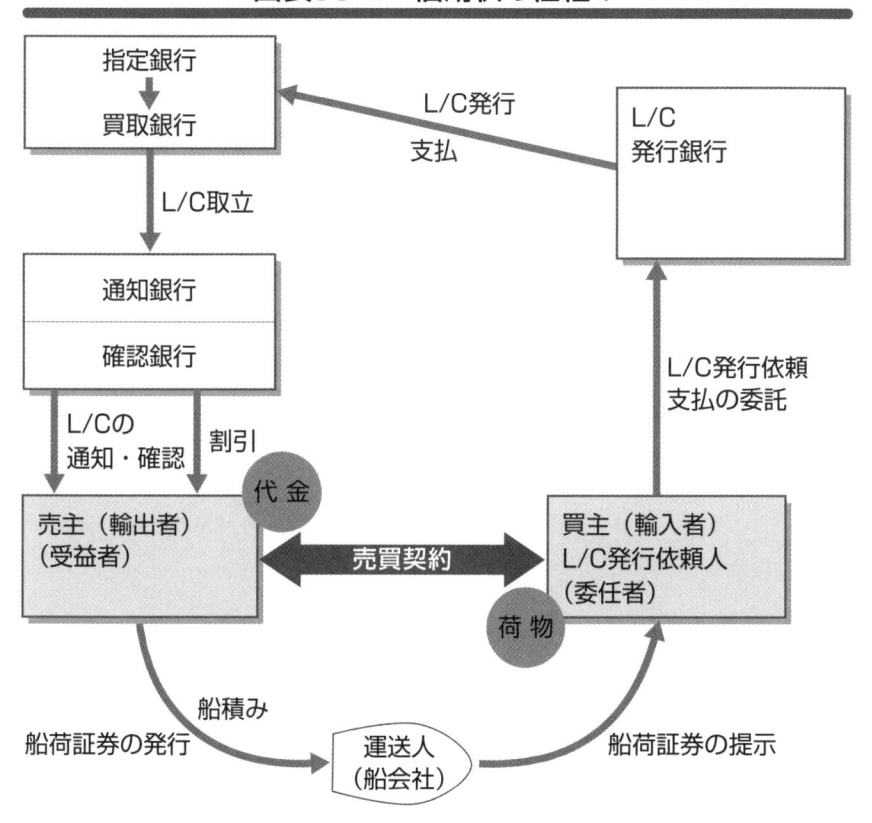

図表55-1 信用状の仕組み

```
指定銀行
　↓
買取銀行　　←────L/C発行───　L/C
　　　　　　　　　支払　　　　発行銀行
　│
　│L/C取立
　↓
通知銀行
確認銀行
　　　　　　　　　　　　　　　　　↑
　│　　　　　　　　　　　　　　　L/C発行依頼
　│L/Cの　　│割引　　　　　　　支払の委託
　│通知・確認│
　↓　　　　　↓　　　代金
売主（輸出者）　　　　　　　　買主（輸入者）
（受益者）　　←──売買契約──→　L/C発行依頼人
　　　　　　　　　　　　　　　（委任者）
　　　　　　　　　　荷物
　　　　　　船積み　　　　　　船荷証券の提示
船荷証券の発行　→　運送人　→
　　　　　　　　　（船会社）
```

銀行に信用状の発行を依頼して、その支払を委託する。これを受けて、その取引銀行は、**発行銀行**（Issuing Bank＝Opening Bank）として、信用状を発行する。

　一方、売主は、信用状受益者（Beneficiary）となり、信用状を受け取り、支払の確約を受ける。輸出者の国にある銀行で信用状を信用状受益者（売主）に通知するのが**通知銀行**（Advising Bank）である。通常、輸出者は、予め自分の取引銀行を通知銀行として指定しており、買主である信用状発行依頼人に連絡しておけば、スムーズに信用状を受け取ることができる。信用状に支払銀行が指定される場合、**指定銀行**（Nominated Bank）を利用しなければならな

いが、どこの銀行でも買い取り可能なL/C（Freely Negotiable L/C）であれば、どこの銀行でも指定銀行となれる。指定銀行が多くの場合は**買取銀行（Negotiating Bank）**になり、受益者から提示された船積書類を信用状の記載条項とつき合わせて信用状の買取りに応じる。

確認信用状の場合には、発行銀行に代わって支払を保証するのが**確認銀行（Confirming Bank）**で、通常は通知銀行がなる。売主はL/Cを受け取った場合には、直ちにL/Cの記載内容を厳格にチェックする必要がある。L/Cを受け取っただけで安心してチェックを怠り、いざ船積書類をそろえる時に、L/Cの記載内容に不都合な個所を発見したら買主に訂正を要求することになるが、手遅れになっては大変である。

発行銀行は、受益者に対して主たる債務者として義務を負担し、信用状に契約への何らかの言及が含まれている場合でも、信用状は売買契約等とは別個の取引として無関係であり、その売買契約等に銀行は何ら拘束されないという「**独立抽象性の原則**」に服する。その代わり、銀行は書類のみを取り扱い、信用状の条件を満たすかどうかを外見上形式的に点検すれば十分であって、その書類が関係する物品、サービスまたは履行を取り扱うことはないという「**書類取引の原則**」がある。

ただ、こうした事情から、信用状取引には、それなりの手数料がかかり、銀行が些細な不一致を理由に支払を拒むとか、発行銀行が倒産するリスクや書類の偽造や詐欺等のリスクもあるので、これが絶対的に安全というわけではない。

〈国際ビジネス・ケーススタディ①〉
（最高裁第一小法廷判決平成15年3月27日、金融法務事情1677号54頁、金融・商事判例1169号39頁）
　国際売買の売主が、信用状の通知銀行である上告人が船積期限を変更する旨の条件変更の通知を遅滞したことにより買主への商品発送が遅れ、売主は値引き請求に応じて損害を被ったとして、信用状改訂版の通知を遅滞した通知銀行に対して損害賠償を請求した。
【裁判所の判断】
　裁判所は日本法に基づいて判断した。売主と買主との間で売買代金の決済方

法として信用状を用いることが合意された場合には、売主は、特約がない限り、信用状の通知を受けるまでは自己の債務の履行を拒むことができ、信用状の条件変更がされたときは、条件変更の通知を受け、これを承諾するまでは、条件変更に係る債務の履行を拒むことができるので、通知銀行には責任がない。従って、売買代金の決済方法として用いられた信用状の通知銀行が受益者である売主に対して信用状の条件変更を船積期限に間に合うように通知しなかったことと売主の損害の間に相当因果関係がなく、売主が買主に対して債務不履行責任を負うことはなく、売買代金の値引き等をしなければならない理由はない。

（参考文献）田澤元章・ジュリスト1315号200頁「通知銀行による信用状条件変更の通知遅延と不法行為責任」2006年。

〈国際ビジネス・ケーススタディ②〉

（大阪高裁判決平成18年2月1日確定、金融法務事情1798号45頁）

控訴人が、Y社から信用状付き輸出手形2通を買い取ったところ、その後に信用状が偽造されたものであることが判明したため、Y社に対し、信用金庫取引契約及び外国向為替取引契約に基づき、輸出手形の買戻代金等の支払を求めるとともに、当該信用状の真偽の確認ができない旨の注記をしなかった信用状通知銀行である都市銀行Y2に対し、架空の銀行名義のニセ信用状に係る不法行為に基づき、損害賠償を請求した。

【裁判所の判断】

本件輸出手形に付された本件信用状に価値の裏付けがまったくないものであった以上、控訴人の落ち度があるからといって、被控訴人が本件輸出手形の買取りによって得た利益をその一部でも保持しうると解すべき理由はなく、買戻しに応じる義務があるとして、控訴人の輸出者（受益者）Y社に対する請求を認容した。なお、控訴審係属中に都市銀行Y2との間では和解が成立していた。

図表55-2　国際ビジネス・ケーススタディ（②の参考図）

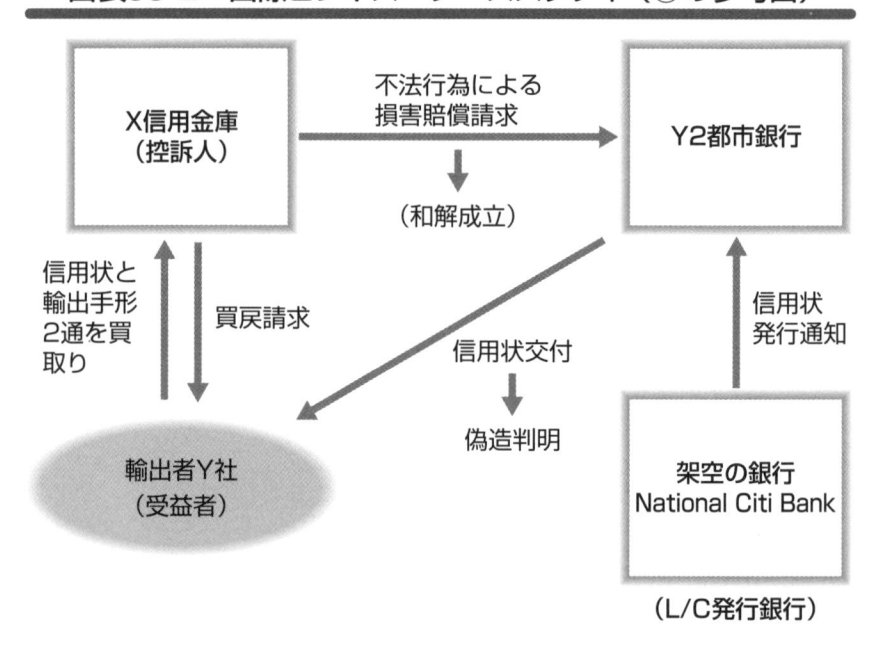

```
X信用金庫 ──不法行為による損害賠償請求──→ Y2都市銀行
（控訴人）                              　　　　　　　　
    ↑↓ 　　　　　　 （和解成立）　　　　　　　　　　　↑
信用状と　　買戻請求　　　　　　　　　　　　　　信用状
輸出手形　　　　　　　　　信用状交付　　　　　　発行通知
2通を買　　　　　　　　　　　　　　　　　　　　　
取り　　　　　　　　　　　　　偽造判明　　　　　
    ↓　　　　　　　　　　　　　　　　　　　　　架空の銀行
輸出者Y社　　　　　　　　　　　　　　　　　　 National Citi Bank
（受益者）　　　　　　　　　　　　　　　　　　 （L/C発行銀行）
```

COLUMN-7

書式の戦い

　一般的には、申込みと承諾の一致によって契約が成立するが、現実にはそれが正確に一致しているか否かが問題となることがある。「書式の戦い」（Battle of Forms）とは、注文主（買主）の申込みに対して、承諾した売主が異なった条件を付けているので、買主の条件が優先するのか、売主の条件が優先するのかの争いとなる。

　日本の民法に書式の戦いを規律する明文の定めはない。もっとも、一応の解釈とすれば、後で出した条件は、新たな反対申込みとなり、それが黙認されたということになれば、それで契約成立ということになるだろう。この点について、CISG 19条1項も、条件の変更を伴う承諾は、申込みの拒絶であるとと

もに、反対申込みとなる旨を定める。

　しかし、CISGの同条2項では、申込みに対する承諾を意図する応答が異なる条件を含んでいても、それが申込みの内容を実質的に変更しないときは、その承諾をもって契約を成立させるものとし、申込者が不当に遅滞することなく、その相違について口頭で異議を述べ、またはその旨の通知を発すると、承諾とはならず、契約は成立しないということになる。申込者がそのような異議を述べないと、契約内容は、申込みの内容に承諾に含まれた変更を加えたものとして契約が成立する（なお、同条3項は、特に、代金、支払、物品の品質もしくは数量、引渡しの場所もしくは時期、当事者の一方の相手方に対する責任の限度または紛争解決に関するものは、申込みの内容を実質的に変更するものと解釈するものとしている）。

　また、UPICC 2.1.22条は「当事者双方が定型条項を使用し、これらの定型条項以外について合意に達した場合、契約はその合意された内容及び定型条項のうち内容的に共通する条項に基づいて締結されたものとする」と定めている。これは、CISGと同じように実質的に変更のない部分に着眼して、契約を不成立とはせず、契約を認めようとするものだ。しかし、これだけでは不一致部分をどう取り扱うかは、必ずしも明らかではなく、現実に起きる微妙な見解の相違をどう解消するかは、困難な問題だ。

　ただ、この問題は、当初は契約の成立を争わなかった当事者が、自分に不利だとわかった契約上の義務を逃れようとして、申込みと承諾の些細な不一致を指摘して契約を不成立にしようとして争われる傾向にある。いずれにしても、実務的には、惰性に流されず、こまめに条件をチェックして、齟齬があったらすぐに指摘するといった姿勢が必要だということだろう。

56 国際運送契約

▶▶▶ 国境を越えて物品を運送する際に適用される

●ヘーグ・ヴィスビー・ルールとハンブルグ・ルール

国際運送には、海上運送、航空運送、陸上運送等のほか、これらを結びつけた複合運送もある。いずれも運送契約は請負契約であるが、国際売買において基本となるのは比較的安価で大量に運送できる海上運送である。

物品の運送を依頼する側を荷主といい、海上運送で請負人となるのは原則として船会社である。ただ自社の所有船を使用する場合のほか、傭船を使用する場合もあり、国際海上物品運送契約を分類すると図表56-1の通りとなる。

国際海上運送は、世界中の海を走っているので、そのルールは世界的に統一する必要性が高い。これを各国のバラバラの法令に委ねていたのでは不都合だ。国際海上運送に関しては長い歴史的経過を経て、現在いわゆる**ヘーグ・ヴィスビー・ルール**（Hague-Visvy Rules）があり、日本はこれを批准して、これに基づいた**国際海上物品運送法**が制定されている。

なお、航空運送に関しては**モントリオール条約**があり、日本は2000年に批准しているが、これには相当する国内法がなく、直接適用となっている。これに対して、国際海上物品運送法も本来ならば条約の直接適用にすべきだったかもしれない。しかし、日本の国際海上物品運送法は、条約と一部異なった内容も含んでいる。国内法を制定する場合と制定しない場合の違いは、偶然の帰結にすぎず、それを理論的に説明することは困難である。

ところで、国際海上運送に関するヘーグ・ヴィスビー・ルールに対しては、先進海運国を利する制度だとの批判があり、これに対抗する形で**1978年国際連合海上物品運送条約**（通称「ハンブルグ・ルール」）が採択され、1992年に発効している。このため、世界の海運はヘーグ・ヴィスビー・ルールとハンブルグ・ルールが並立する状況となっているが、日本は後者ではなく前者を採用しているわけだ。

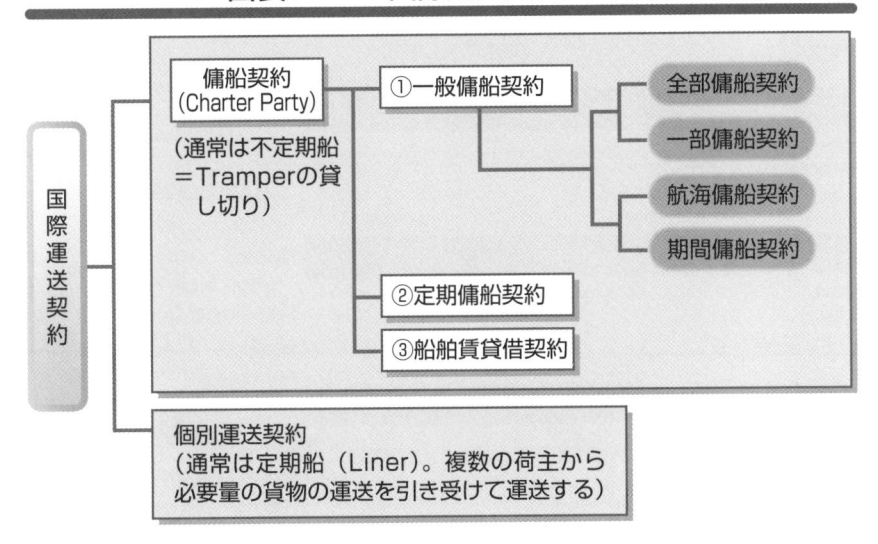

図表56-1　国際運送契約の種類

```
国際運送契約
├─ 傭船契約（Charter Party）
│　（通常は不定期船＝Tramperの貸し切り）
│　├─ ①一般傭船契約
│　│　├─ 全部傭船契約
│　│　├─ 一部傭船契約
│　│　├─ 航海傭船契約
│　│　└─ 期間傭船契約
│　├─ ②定期傭船契約
│　└─ ③船舶賃貸借契約
└─ 個別運送契約
　　（通常は定期船（Liner）。複数の荷主から必要量の貨物の運送を引き受けて運送する）
```

● **船荷証券の役割**

運送契約の証拠となるのが**船荷証券**（Bill of Lading＝B/L）であり、日本の国際海上物品運送法等は船荷証券の記載事項を定めている。ただ、それらは絶対的記載事項ではなく、一部の記載を欠いても船荷証券の本質を害しない限りは無効とされない。

B/Lは、海上運送人が運送品を受領・船積みした事実の**証拠証券**であるとともに、正当な所持人がそれと引き換えに指定港で貨物の引渡しを請求できる**権限証券**である（**B/Lの債権的効力**）。このため、B/Lは流通性を有し、荷揚地では運送品の引換証ともなり、その引渡が運送品自体の引渡しになるという**物権的効力**もある（日本の国際海上物品運送法10条、商法575条参照）。また、運送人が運送品を滅失・毀損させた場合等には、B/L所持人が運送契約の債務不履行に基づく損害賠償請求権を有することになる。

ところが、現実には、コンテナ船が早く到達してしまうのに、銀行等の処理が遅いために、B/Lが遅くしか到着しないため、一部では保証状で荷渡しをしてしまう実務が広がってしまった。こうしたB/Lによる荷渡しのメカニズム

図56-2　船荷証券のサンプル

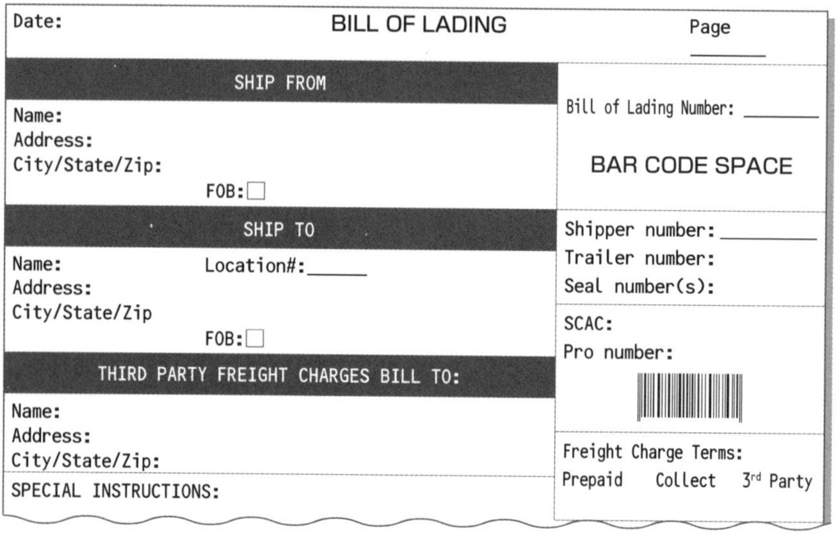

```
Date:                    BILL OF LADING              Page
                                                     ___

            SHIP FROM                     Bill of Lading Number: ___
Name:
Address:
City/State/Zip:                              BAR CODE SPACE
          FOB:☐
                                          Shipper number: ___
            SHIP TO                       Trailer number:
Name:         Location#:___               Seal number(s):
Address:
City/State/Zip                            SCAC:
          FOB:☐                           Pro number:

  THIRD PARTY FREIGHT CHARGES BILL TO:      [barcode]
Name:
Address:                                  Freight Charge Terms:
City/State/Zip:                           Prepaid   Collect   3rd Party
SPECIAL INSTRUCTIONS:
```

に破綻が生じた現象は、「**船荷証券の危機**」と呼ばれ、英国ではこうした取扱いは違法とも指摘される。そこで、こうした問題を回避するため、実務上、**海上運送状（Sea waybill）** を用いることで対応するようになっている。ただ、これを使用できるのは、買主が支店、現地法人、関係会社、永年の取引先等、支払に不安のない場合に限定されるのが実状だ。

個別の取扱いは、国際運送における契約条件にもよるが、一般的には、輸出者側が輸出通関、積込の手続を行い、国境輸送の後、輸入者側が輸入通関手続を行う。ただ、近時、通関にかかわる申請は、**オンライン化**が進みつつある。

航空運送の比重も高まっている。元来、Sea waybillは航空運送で発行される**航空運送状（Air waybill）** を模したもので、一部海上運送とパラレルに考えることのできる部分も多いが、異なるところもある。

複合運送では、運送方式ごとに異なった運送人の責任ルールがあるために、複雑な問題が生じうることも指摘されている。複合運送証券といったものもあるが、これは有価証券とは解されていない。

〈国際ビジネス・ケーススタディ〉
（東京地裁判決平成13年5月28日、控訴（後和解成立）。判タ1093号174頁、金融・商事判例1130号47頁）
　貨物運送業者Yに家電製品の運送を委託したXが、Yが船荷証券を所持していない訴外会社に対し前記家電製品を引き渡したため、代金の支払も家電製品の引渡しも受けられなくなったと主張し、Yに対して損害賠償を求めた。

【裁判所の判断】
　海上運送人と船荷証券所持人との間に傭船契約が存在しない場合、両者の関係は、原則として、船荷証券によって証明される運送契約による。この場合の準拠法は、船荷証券の発行人である海上運送人の指定意思で決まるので、船荷証券の記載により日本法が準拠法である。船荷証券の約款の記載内容が明確で、かつ荷送人または船荷証券所持人が不測の損害を被る恐れがないという特段の事情がない限り、一つの国際海上運送契約につき準拠法の分割指定は認めるべきでない。船荷証券の裏面約款上の条項は、履行地法を履行に関する準拠法と定めた規定ではなく、むしろ運送人が履行地の慣習・慣例に従って履行すれば、運送契約の準拠法である日本法でも免責されることを定めた規定と解される。
　船荷証券の効力発生時期は、運送人が船荷証券を発行し、荷送人に交付した時点である。運送品を受け取ることができる正当な船荷証券所持人には、裏書の連続した船荷証券の所持人のほか、裏書は連続していないが実質的権利を証明できる証券所持人も含まれる。運送人の現地代理店が、十分調査・確認を行うことなく船荷証券の正当な所持人以外の者に対し船荷証券喪失宣言書を発行したことにつき、運送人は船荷証券の正当な所持人に対する損害賠償責任を免れない。税関が荷揚港で貨物の引渡しに関与していたとしても、公権力による処分として運送人が免責されることはない。
　よって、Yは、自己の使用する者の注意義務違反により訴外会社に対し、船荷証券喪失宣言書等の発行、交付により、本件各貨物を滅失させ、その結果、本件各船荷証券の正当な所持人であるXらに損害を与えたということができ、その損害を賠償する義務がある（国際海上物品運送法4条参照）。

（参考文献）山手正史「分割指定」国際私法百選（補正版）62～63頁。

57 エスクロー

▶▶▶一定の条件付きで第三者に預けて履行を確保する

●債権確保の重要な手段

　エスクロー（escrow）とは、金銭等や取引の目的物等を一定の条件付きで第三者に預ける仕組みで、契約の履行を担保するために用いられる手法の一つである。エスクローは、国内取引でも用いるが、国際取引における重要性のほうがより高い。国際取引や電子商取引等の場合には、契約通りに債務が決済されないリスクを回避・軽減するためにエスクローを利用できる場面が多いからだろう。また、欧米ではリスク・マネジメントの観点から、エスクローの利用が普及していることも、これが国際取引でより多く登場する理由といえる。

　エスクローを利用する場合、いわゆる「エスクロー契約」が締結される。この契約には、主たる契約の当事者とエスクロー業者が登場するので、少なくとも三者以上の当事者の間で締結される。一般的な流れとしては、①エスクロー業者が買主から金銭等を預かり、②売主が買主へ売買の目的物を引き渡し、③買主が売買の目的物を受領したことをエスクロー業者に通知すると、④エスクロー業者が手数料を差し引く等して、預かっていた金銭等を売主に渡すといった形になる。

　エスクロー契約は、不動産売買契約や企業買収取引等をはじめとして、様々な局面で応用して利用される。例えば、株式等の売買契約等においては、株券等の引渡日以前に締結されるエスクロー契約に従って、買収金額からエスクロー資金を留保させ、その資金をエスクロー業者に預託する方法が取られることがある。また、一定の売買代金のうち、何らかの保証のためにエスクロー預託することもある。

　同様に、**プロジェクト・ファイナンスやアセット・ベース・ファイナンス**（→232頁）では、対象プロジェクトによる収益を修繕費用、元利金支払等の各種費用に確実に充当するため、エスクロー業者ないし銀行や信託銀行に信託

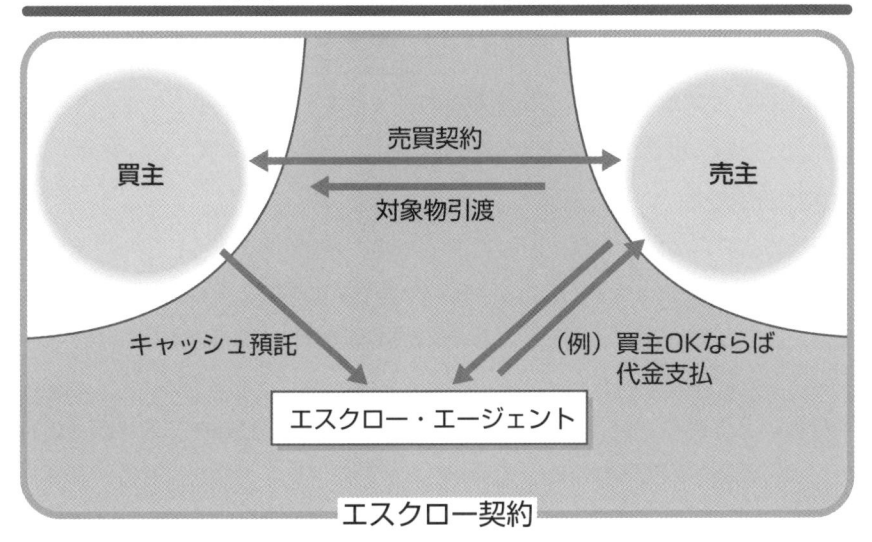

図表57　エスクロー契約の仕組み

```
買主 ←―― 売買契約 ――→ 売主
     ←―― 対象物引渡 ――
          ↓         ↑
   キャッシュ預託   （例）買主OKならば
                    代金支払
        エスクロー・エージェント
           エスクロー契約
```

勘定を開設し、支払目的に応じた各種口座を設定して口座管理を行うための勘定を「エスクロー勘定」と呼ぶことがある。

　米国には、様々な領域でエスクローに言及する法令があり、取引によってはエスクローの利用を必要とする規制もあり、不動産取引、会員制で資金を集めるような取引、公的資金の取扱いに関する取引等で、エスクローの利用に関して州法による規制があることがある。

　しかし、日本法ではエスクローについて明確な定めがなく、そうした制度は日本にはないとか、エスクロー勘定を日本で開設することは法制度上できないと言われることさえある。そのため、金融機関や一般事業会社での決済手法が多様化する中で、エスクローを含む既存の法令の適用があまり明確に整理されていない状況だ。ただ、民間企業が個別の業法に抵触しないか留意しながら行っている例もある。このように、その法的な位置付けが曖昧な法域もあるので、いずれの準拠法の場合にも、できるだけ具体的に、どういう場合にどうなるかを定めておくべきであり、明確な規律がある場合以外は、法令に基づく保護をあまり期待すべきではないだろう。

58 国際取引における保険

▶▶▶ 国際取引における貨物運送のリスク等を填補

● 国際貨物保険

　国際物品売買においては、国内売買と比べて運送距離が長く、運送にも時間がかかるし、運送上の事故による貨物の変質や損傷等の損害が発生するリスクも高い。そこで、貨物や商品の海上・陸上輸送中における様々な危険をカバーするための貨物保険が不可欠だ。

　貨物海上保険の分野では、**SGフォーム**（旧約款）や**MARフォーム**（新約款）が代表的な保険証券の標準書式となっており、日本の保険会社もこれをモデルとしている。ただ、その詳細な内容は保険会社によっても異なり、各種のものがありうる。

　保険によって担保されるリスクを**担保危険**といい、保険者が填補責任を負う範囲を**填補範囲**という。この填補範囲は定型化されている。例えば、SGフォームでは**オールリスク**（All Risks）、**分損担保**（With Average＝WA）、**分損不担保**（Free from Particular Average＝FPA）といった種類に分けられる。分損不担保は全損と共同海損を担保するだけだ。他方、オールリスクは分損・全損を問わないといっても、戦争危険とストライキ危険はオールリスク条件には含まれていないこともあり、別途、戦争約款、ストライキ約款を付帯してカバーすることもある。

　ただ、インコタームズ2000のCIFの売主による保険契約の義務は最少担保によるものとするとされている（A３）等、多くの場合は分損不担保でまかなわれているので、十分な保険を要する場合には注意する必要がある。

● 貿易保険

　貿易保険とは、貨物保険等、通常の保険ではカバーされない貿易取引や海外投資で生じる取引上の危険を填補するものだ。その填補範囲は、輸入規制、外貨送金規制、戦争、内乱等の**非常危険**や、相手企業の破産等、融資金や輸出代

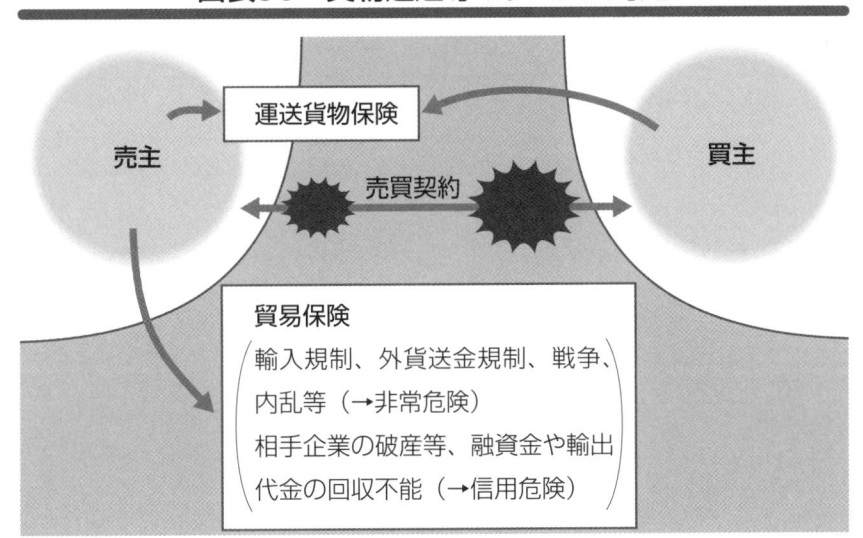

図表58　貨物運送等のリスクに対処

```
売主 → 運送貨物保険 ← 買主
  ← 売買契約 →

貿易保険
輸入規制、外貨送金規制、戦争、
内乱等（→非常危険）
相手企業の破産等、融資金や輸出
代金の回収不能（→信用危険）
```

金の回収が不能になった場合等の**信用危険**等による損失に及んでいる。これによって、国際売買契約後に何らかの理由で仕向国が輸入規制を始めたために、貨物の船積みができなくなった場合とか、貨物引渡後、取引先が資金繰りに困って代金を回収できなくなった場合に保険金が得られる。

そこで、対外取引を行う場合には、事前に市場調査を行い、国際情勢や政治・経済情勢、社会動向等を把握し、リスクが高い国との取引については貿易保険でカバーする等の対応が必要だ。これによって、非常危険や信用危険等によるリスクも軽減でき、安心して対外取引を行えるだろう。

世界各国は、貿易や投資を促進する政策の一環として、政府または政府機関が**貿易保険制度**を運営している。日本では、貿易保険法等に基づいて、独立行政法人日本貿易保険が日本企業の輸出入、海外投資・融資等の対外取引に伴うリスクをカバーする保険を取り扱うが、一部は民間も参入している。

このほか、**PL保険**等、国内ビジネスで用いられる各種保険や、**表明保証保険**、**税金債務補償保険**、**訴訟保険**等の特殊な保険も、必要に応じて活用することを検討すべきだろう。

59 物品の引渡し

▶▶▶ 危険負担はいつ移転する？

● インコタームズにおける規律

　国際物品売買における引渡しに関する一般的なルールは、インコタームズにも記載されている（→152頁）。**インコタームズ2000**では、FOBの場合であれば、売主は期日または合意された期間内に指定船積指定港において、その港での慣習的な方法で、買主によって指定された本船上で物品を引き渡さなければならないとされる。買主は、こうして引き渡されたら物品を受け取らなければならないと定められているだけだ。

　これに対して、CIFでは、売主は期日または合意された期間内に本船上で物品を引き渡さなければならないと定められているだけで、買主がこうして引き渡された時に、物品の引渡しを受理し、かつ指定仕向港において運送人から物品を受領する義務を負う。

　インコタームズで、その危険は売主が買主または運送人に対する物品の引渡しまたは**引渡しの提供**（tender of delivery）をした時点で買主に移転するものとされているので、上記いずれの場合も、危険負担の移転時期は**本船の手すり**（ship's rail）を通過した時ということになる（→153頁）。

　ただ、売主が引渡しの提供を適切に行ったといえるためには、契約に適合した物品を買主の処分に委ね、買主が引渡しを受けることを可能にする合理的に必要な通知を買主に対してしなければならない。さらに、物品を買主の処分に委ねたといえるには、物品を特定し、売主の行うべき梱包等の引渡し前準備を完了しておくことが必要だ。

● 商法とCISGの規律

　日本の商法526条では、商人間の売買において、買主は売買の目的物を受領したら遅滞なく、その物を検査しなければならず、買主は、検査により売買の目的物に瑕疵があることまたはその数量に不足があることを発見したときは、

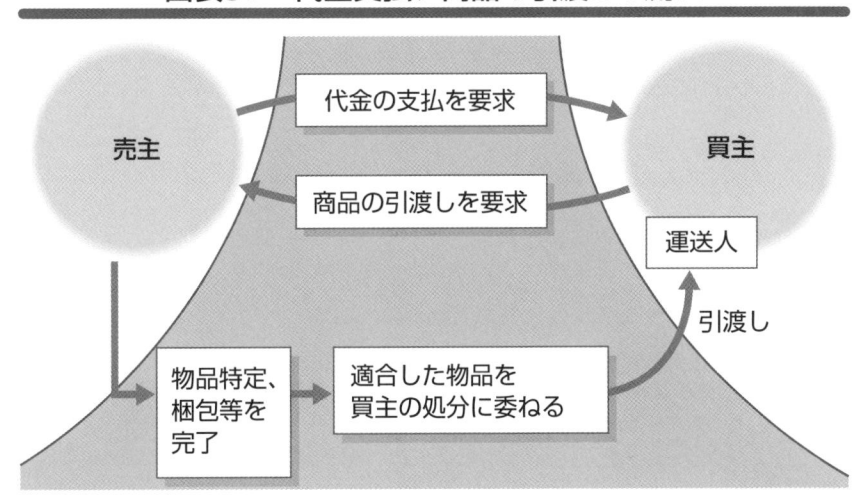

図表59　代金支払、商品の引渡しの流れ

売主 → 代金の支払を要求 → 買主
売主 ← 商品の引渡しを要求 ← 買主
買主 → 運送人
物品特定、梱包等を完了 → 適合した物品を買主の処分に委ねる → 引渡し

直ちに売主に対してその旨の通知を発しなければ、その瑕疵または数量の不足を理由として契約の解除または代金減額もしくは損害賠償の請求をすることができない。また、すぐに発見できない瑕疵も6か月以内に通知しないと原則として解除・損害賠償などができない（同条2項）。

　これに対して、国際物品売買ではCISGが適用される可能性がある。CISGの下で、売主は、契約に定める数量、品質及び種類に適合し、かつ、契約に定める方法で収納され、または包装された物品を引き渡さなければならず（35条）、買主は、状況に応じて実行可能な限り短い期間内に、物品を検査し、または検査させなければならない（38条1項）。物品の運送を伴う場合、検査は、物品が仕向地に到達した後まで延期することができる（同条2項）。しかし、買主は、物品の不適合を発見し、または発見すべきであった時から合理的な期間内に売主に対して不適合の性質を特定した通知を行わない場合には、物品の不適合を援用する権利を失う（39条1項）。また、買主は、いかなる場合にも、自己に物品が現実に交付された日から2年以内に売主に対してその通知を行わないと、この期間制限と契約上の保証期間とが一致しない場合を除き、物品の不適合を主張する権利を失う（同条2項）ので、注意を要する。

第7章 国際ビジネスの発展過程

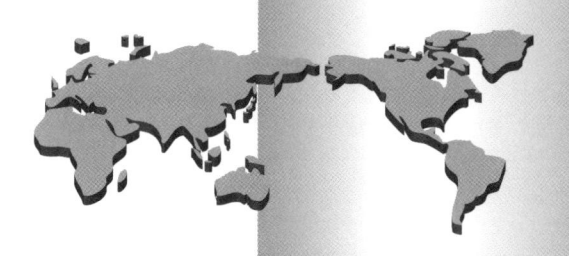

60 国際ビジネスの発展過程

▶▶▶ **各種のビジネススキームを駆使**

● 海外ビジネス戦略からスキームを選択する

　ある国内で外国会社の製品を流通させるためには、単発の貿易取引から、販売店契約等の継続的取引、かなり大掛かりな投資（合弁契約や現地法人の設立）に至るまで、様々な方策が考えられる。どれがよいかは各企業の状況やビジネスの性質等によって異なるし、徐々に発展していくことも少なくない。

　外国で日本の会社の製品を流通させるためには様々な形態がある。まず、最初に考えられる海外進出の形は、**駐在員事務所**の開設だ。ただ、駐在員事務所だけの段階では営業活動はできない。そこで事務所開設から始まり、試みに小売店等と直接に取引する。その個別の売買取引が継続的売買に発展していく。単発の売買契約のような一回的な取引でも相互の信頼関係は重要だが、継続的取引契約では相互の信頼関係がより重要である。

　取引が長期にわたるようになると、**販売店**や**代理店**等を指名し、市場の窓口を集中させることが行われる。販売店契約と代理店契約は、いずれも他国で自社の製品を流通させるための取引形態であるという点で共通する。他の形態もあるが、販売店契約と代理店契約は継続的に取引をしていくための基本的な契約類型であり、これらは区別する必要がある（→187頁）。商品やサービスの性質によっては、フランチャイズ形態（→192頁）による展開もありうる。

　もっとも、販売店か代理店なのか明らかではないものに、「特約店契約」がある。特約店は、special agent、specified agent という意味で、代理商として使われることもある。このほか、業務を特定して、本人の代行をさせるのは、代理とは区別して、あくまでも本人の法律行為の使者として使うので、「代行契約」と呼ぶことがある。さらに、「総販売店」「総代理店」「総販売代理店」等といった表現があり、「特約店」その他の呼称も含めて、統一的な見解があるわけではないため、その用法も様々な例が見られる。

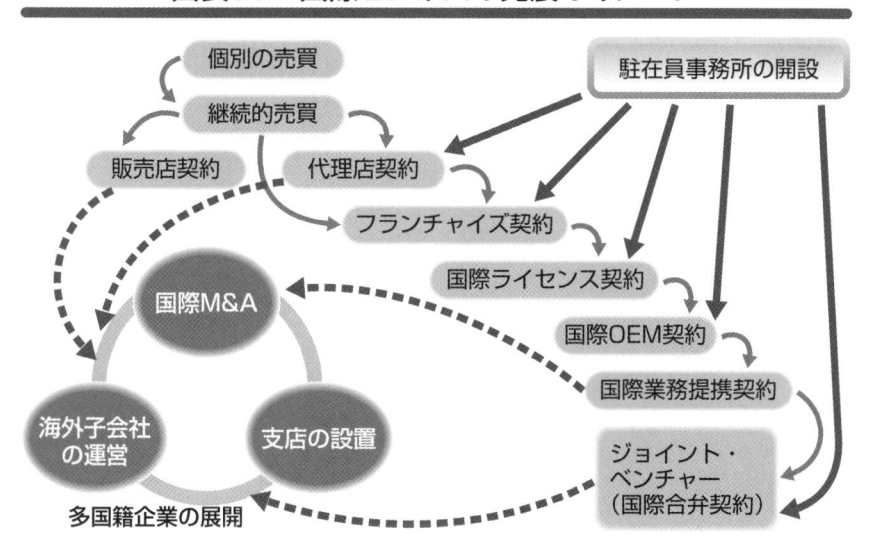

図表60　国際ビジネスの発展のイメージ

```
個別の売買
　↓↑
継続的売買　　　　　　　　　駐在員事務所の開設
　↓↑
販売店契約　代理店契約
　　　　　　　↓
　　　　　　フランチャイズ契約
　　　　　　　　　　　　　　国際ライセンス契約
　　　　国際M&A
　　　　　　　　　　　　　　国際OEM契約
　海外子会社　支店の設置
　　の運営　　　　　　　　　国際業務提携契約

　　　　　　　　　　　　　　ジョイント・
　　　　　　　　　　　　　　ベンチャー
　多国籍企業の展開　　　　　（国際合弁契約）
```

　一方、知的財産権を活用するのであれば**国際ライセンス契約**（→196頁）、製造をさせるのであれば**国際OEM**（→200頁）を導入して海外進出を強化することが考えられる。

　自社が直接に海外で事業活動をするのであれば、支店を設置するか、現地法人を設立するかしなければならない。取引量が増えると、自社が直接に外国市場でのビジネスを運営・管理したくなるだろう。その場合には、その外国市場における事業所が必要となる。

　また、自社だけで展開することに限界がある場合には、**国際業務提携契約**（→202頁）や**ジョイント・ベンチャー（国際合弁契約）**（→204頁）によって海外他社の力をも借りながら展開することがある。しかし、自立できるようになれば、国際M&A（→208頁）によって支配権を獲得し、海外子会社として運営することもあれば、自社が直接に支店を設置するなど、多国籍企業としての展開が図られていくことになるのだ。

61 駐在員事務所の開設

▶▶▶ 営業活動を行う前段階の準備的な活動の拠点

● 市場調査等の必要性

　駐在員事務所は、外国企業が本格的な営業活動を行う前の段階における準備的な活動の拠点となるものだ。駐在員事務所は、**代表事務所**（representative office）、**連絡事務所**（liaison office）等と呼ばれることもある。駐在員事務所であるだけの段階では、直接的に収益をあげる営業活動をすることができない点で、支店等とは異なる。

　最初の段階では、市場における自社の製品やサービスがどれだけ受け入れられるかを調査することが必要であり、十分な市場調査をしないで進出することは無謀というほかない。そこで、駐在員事務所は、本国の会社の営業活動のための広告宣伝、連絡業務、市場調査、情報収集、基礎研究、本国の会社のための資産購入と保管、本国の会社への情報提供等に携わる。

● 法人格が認められない

　一般的に、駐在員事務所の設置は、登記等を必要としないものと考えられている。しかし、駐在員事務所の名義で、銀行口座を開設したり、事務所を賃借したりすることが必要であることから、駐在員事務所も便宜上あえて支店として登記等を行う場合もある。登記等をしないのであれば、外国企業の本社または駐在員事務所の代表者等個人が実質的には本社の代理人または個人事業者として、これらの契約の当事者となる方法が用いられる。

　ただ、登記等がないと、事務所の存在を公的に証明することはできない。また、駐在員事務所は営業活動をしないため、資本金は不要であり、税金も発生しないはずである。もっとも、外国から派遣される駐在員や雇用される労働者の給与には税金が発生する可能性がある。一方、駐在員事務所は法人格があるわけではないから、従業員を雇う必要がある場合には、代表者が個人事業主として雇用するか、外国の本社によって直接に雇用するかの方法による必要があ

図表61　駐在員事務所、支店、現地法人の違い

	駐在員事務所	支店	現地法人（株式会社などの設立）
収益を伴う営業活動	不可	OK	OK
資本金	なし	なし	必要
代表者など	事実上の代表の設置可能	支配人（設立準拠法による）	社長、代表取締役等（設立準拠法による）
会計処理	本社で合算処理	本社で合算処理	独立会計が基本
従業員の雇用	代表者個人として可	支店として可	現地法人として可
商号	自由に設定	本社と同じ	自由に設定

るだろう。また、法人名義の銀行口座は開設できないので、代表者の個人名義であったり、事務所名を個人名に加えたりする方法で銀行口座を開設する。この場合、会社名は、「外国会社の名称＋日本代表事務所／駐在員事務所／連絡事務所」等とすることが考えられ、特に定めがあるわけではない。

しかし、日本で外国会社が法人登記しないで駐在員事務所があるだけである場合に、日本法人と紛らわしい株式会社等の名称は使用できない。駐在員事務所は、組織としては未成熟とならざるをえないので、その活動如何は、どうしても駐在員の力にかなり依存することが多い。

外国人の駐在員が滞在するためには、そのためのビザや在留資格が必要となる。しかし、自国から派遣しないで、現地で従業員を雇用して駐在員とするのであれば、ビザや在留資格等は不要だ。

62 販売店契約

▶▶▶ 対象製品を売却して販売店が再販売

● 双方のメリット

「販売店契約」（Distributorship Agreement）は、メーカー等が他国で自社の製品を流通させるため、販売店に対して対象製品を売り、販売店が再販売する形となる継続的取引である。従って、自社の製品を海外の業者に販売したらメーカー等の収益は確定し、それを海外の業者のリスクで再販売してもらうことになる。この場合、メーカー等は市場参入のコストやリスクの軽減を図ることができ、販売店に積極的な販売活動を期待できる。外国事業者が日本国内市場に参入するために活用されることも多い。販売店契約は、販売店にもっぱら本人として商品の仕入れをしてもらう形が基本であり、一定のテスト期間中に販売権を与える「トライアル販売店契約」とか、メーカー、商社、海外販売業者の三社間で販売を促進する「三社間販売店契約」といった応用形もある。

販売店と代理店、それぞれのメリット・デメリットを踏まえてその基本的な違いを比較すると、図表62-1のようになるだろう。特に重要なリスクとしては、代理店保護法等の規制がどうかにもよる[1]が、一般的にはどちらの場合にも販売網の確立等のために投資しているのであれば、それに見合った補償がないと契約関係の解消にはコストがかかりやすく、その意味で販売店のほうがリスクが高いとも考えられる。ところが、現実には代理店のほうが資金が少なくてもできることから、代理店保護法が整備されているようだ。そこで、各立場で、これらのリスクを克服するための対策として、どのようなものが考えられるかが課題となる。つまり、両者の基本的な違いは、その性質による一般論であり、このような性質を踏まえて、個別の契約によって、どのようにそれを修正していくのかが契約交渉ないし契約書作成の重要な課題になるだろう。

（注1）各国の代理店保護法制の概要については、北川・柏木『国際取引法（第2版）』151頁以下（有斐閣、2005年）参照。

図表62-1　販売店と代理店の違い

	販売店	代理店
契約の性質	自社の製品を海外の業者に販売して、それを海外の業者のリスクで再販売してもらう契約。	メーカー等が本人で、自らは取引の本人でなく、代理人等として行動。商法の代理商となりうる。
収益の上げ方	利鞘を稼ぐことによる。	メーカー等からの手数料（コミッション）による。
代金回収の可能性とリスク	契約の相手方となる販売店の信用度チェックだけで足りる。販売店の信用力だけに集中できる。	代理店が見つけてくる数多くの買主の信用度チェックをどうするかが問題となる。
販売店・代理店側の収益の可能性とリスク	販売店が独立して収益を得る可能性もあるが、在庫リスク等を負い、販売店はハイリスク・ハイリターンになりやすい。	在庫リスクはなく、販売手数料を得られるだけなので、代理店はローリスク・ローリターンとなりやすい。
独禁法リスク	販売店の活動に制約を加えるにも限界がある。特に再販売価格等をメーカー等が制約すると独禁法の問題が生じる。	メーカー等が販売方法等について指示を出しやすい。売先に示す価格は「再販売価格」でなく、独禁法の問題が生じない。
契約解消の問題性	販売網確立のために多額の資金を投じ、販売店契約のほうが解消に抵抗が強くなりやすい。	零細中小企業も多いので、弱者保護の観点から、資力ある販売店よりも代理店保護法制のほうが多い。
瑕疵担保責任、製造物責任や知的財産権侵害等に伴う法的責任	自らもメーカー等とともに訴訟当事者とされる危険性が高い。	その危険性が比較的低い。
メーカー等が適切に製品を引き渡すかどうか	販売店との契約問題にすぎず、メーカー等と販売店の契約、販売店とそこからの買主の売買契約は別々の問題となる。	代理店が買主との間で行った約束等、メーカー等、代理店、買主の三者間の問題を検討しなければならないので、複雑な法律問題が生じやすい。
国際税務の論点	恒久的施設の問題が生じにくい。	いわゆる「恒久的施設」（Permanent Establishment＝PE）の論点あり（→66頁）。

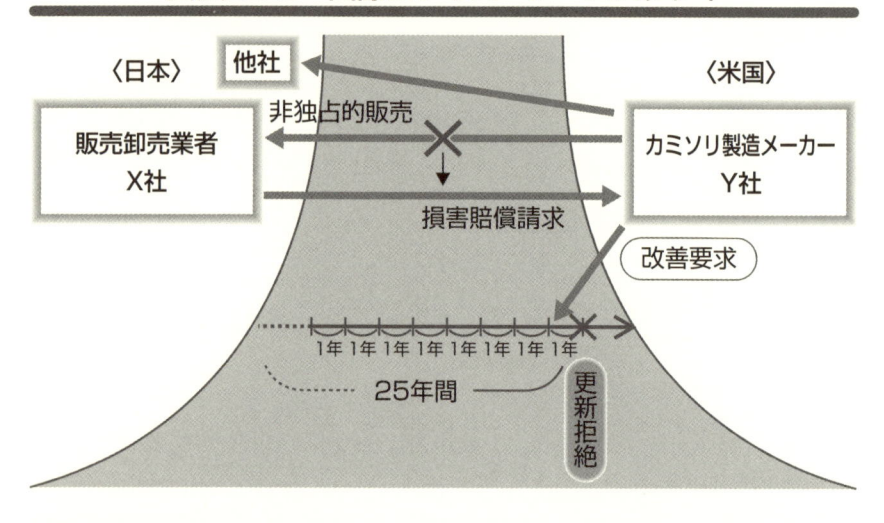

図表62-2　国際ビジネス・ケーススタディ

〈日本〉　　他社　　　　　　　　　　〈米国〉

販売卸売業者　←―非独占的販売――　カミソリ製造メーカー
X社　　　　　　　×　　　　　　　　Y社
　　　　　　　　　↓
　　　　　――損害賠償請求――→
　　　　　　　　　　　　　　　　　改善要求
　　　　　├─1年─1年─1年─1年─1年─1年─1年─1年─×→
　　　　　　　　　　　25年間　　　　　　　　　更新拒絶

〈国際ビジネス・ケーススタディ〉

（東京地裁判決平成11年2月5日確定、判時1690号87頁、判タ1073号171頁）

　日本の販売卸売業者Xが、米国の会社Yが輸入するカミソリ製品、化粧品及びその関連製品等につき、1年ごとの契約を25年間にわたり更新しながら売買契約を継続してきたが、契約期間の満了時に、契約の更新が拒絶されたので、XはYに対して損害賠償を求めた。

【裁判所の判断】

　外国から製品の供給を受ける者が、契約の存在を前提として製品の販売のための人的・物的な投資をしているときは、公平の原則ないし信義誠実の原則に照らして、製品を供給する者の契約の更新拒絶につき一定の制限を加え、継続的契約を期間満了によって解消させることについて合理的な理由を必要とすると解すべき場合がある。しかし、本件ではYが同契約の期間満了に際し、その更新を拒絶することは、XとYが対等の取引関係にあり、Xが本件契約の終了により多大の先行投資の回収ができなくなるとまでは認められず、XがYの供給する製品の販売に熱意がないと疑うに足りる事情があること等から、売主の更新拒絶は公平の原則、信義則に反するとはいえず、一応の合理性が認められ、

製品の供給を停止したことに違法性はないとして、販売卸売業者による損害賠償請求が否定された。

COLUMN-8

契約は終わる時が来る

　販売店契約、総代理店契約、継続的供給契約等においても、世界的な市場構造の変化に伴って、販売戦略を変えなければならないこともある。こうした場合に、できる限り、うまく体制の立て直しが図れるようにするには、契約をいつでも解約できるように契約書を作るのがよいと思われるかもしれない。

　ところが、他方においてビジネス関係は継続する安心感がインセンティブとなることもあり、逆に関係が不安定では真剣に事業展開を図ってもらえないこともある。このため、解約条項を検討する場合にも、契約がなるべく解約され難いようにするのか、契約を解約しやすいようにするかという両者の利害の対立の中で綱引きをすることになる。

　この問題は、契約を締結する前の交渉では必ずしも十分に意識していないかもしれないが、契約書を作成するに当たっては必ず検討すべき問題であり、いずれの立場から検討するかによっても見方が異なる。

　契約を解約しやすいようにしたい立場からすれば、危険な相手につきまとわれないようにするため契約を解除しやすくするだろう。特に相手方があまり信用できず、その理由が自社よりも規模が小さいとか業界でのランクが低めであるといったことがある。しかし、その場合に注意しなければならないのが、そうした比較的弱い立場にある当事者を保護する法令等との関係だ。法域によっては、代理店保護法等の法令や判例によって一定の保護が認められる。その場合は、たとえ準拠法を自国の法令にしても、相手方の国の法令の強制的な適用を受ける場合がある。

　そこで、解約条項を定めるにしても、そうした規制の枠内におさまるようにするやり方と、そうした規制によれば無効になるかもしれなくとも敢えて規定して相手方の出方を待つというやり方がある。後者の場合、一部の条項が無効になるわけだから、可分条項が有効でなければならず、そうでないと、契約全体の効力や解釈に重大な影響を及ぼすことにもなりかねない。

63 代理店契約

▶▶▶他の事業者のために取引の代理または媒介を行う

●手数料（コミッション）で稼ぐ

　代理店契約（Agency Agreement）とは、国際取引においては販売店契約と混同されがちで、契約書の名称だけからは即断すべきではない。ただ、文字通り代理等が介在している場合、日本の商法をあてはめると、もっぱら他の事業者の営業の部類に属する取引の代理または媒介を業とする商人で、いわゆる「代理商」が一方当事者となるものだ（商法27条）。この場合、顧客と直接の取引関係に立つのは、代理商ではなく、本人であるメーカー等である。すなわち、代理店としての活動を行って顧客との間に取引が成立した場合、代金の支払及び製品の受渡しは、あくまでも顧客と本人（メーカー等）との間で行われ、代理店は必ずしもこれに関与しない。通常の代理店契約では、代理店は権限を付与してくれた本人のために成果をあげることで**手数料（コミッション）**を受領するので、これが代理店の収益源となる。

　これに対して、英米法でのAgencyとは、日本法の代理商、問屋、仲立等をすべて包含する概念なので、契約書の定めがAgencyであることをもって、直ちにその法的地位を確定することはできず、取引の実体に即して判断しなければならない。Merriam-Webster Online Dictionary等の海外の法律用語事典でも、Agent、Agencyといえば、法律的には本人のために行為をすることにより、この行為の効果が本人に帰属する「代理」の考え方が含まれている。

●日本の商法における規律

　日本の代理商には、締約代理商と媒介代理商の区別がある。取引の代理をするのが締約代理商で、媒介をするのが媒介代理商だ。日本法では、物品の販売またはその媒介の委託を受けた代理商は、売買に関する通知を受ける権限を有し（商法29条）、取引の代理または媒介をしたことで生じた債権の弁済期が到来していれば、その弁済を受けるまでは、原則として当該代理商が占有する物

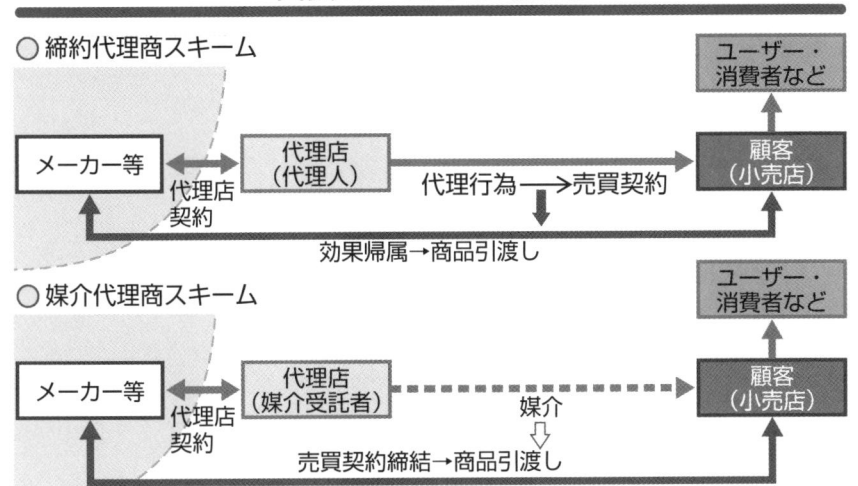

図表63　日本の代理商

○締約代理商スキーム

メーカー等 ←代理店契約→ 代理店（代理人） —代理行為→売買契約→ 顧客（小売店） → ユーザー・消費者など

効果帰属→商品引渡し

○媒介代理商スキーム

メーカー等 ←代理店契約→ 代理店（媒介受託者） ---媒介---> 顧客（小売店） → ユーザー・消費者など

売買契約締結→商品引渡し

または有価証券を留置する権限を有する（同31条）。その代わり代理商が取引の代理または媒介をしたときは、遅滞なく、本人に対して通知を要する（同27条）ことや、無断での競業行為が禁止される（同28条）等の規制がある。

　締約代理商では、代理店が本人に代わって契約を締結する権限を有している。それに対して、媒介代理商では、代理店といっても法律行為を行う代理権を有しているわけではなく、もっぱら受注活動を行うものとされる。ただ、締約代理商は、契約を締結するまでで、実際に商品を引き渡すのは本人であることが予定されている。これに対して、代理店に商品を寄託して、本人に代わってその商品を引き渡してもらうか販売してもらうこともあり、そこまでの委託をする形は「**委託販売契約**」とも呼ばれる。

　媒介代理商にも委託販売があり、例えば業種としては損害保険代理店や旅行業代理店業者等は、委託を受けた受託者が代理して第三者と委託者の契約を媒介する形の媒介代理商として、委託販売を行うものだといえるだろう。代理店契約を使う場合には、このいずれの場合であるかを明確に整理しておくべきだろう。このほかにも、問屋という別の類型もある。「販売代理店契約」とは、場合によっては販売店で、「代理」にあまり法的な意味がないケース等もある。

64 国際フランチャイズ契約

▶▶▶強力なイメージ戦略の下にフランチャイジーを指導

● 特定のブランドを提供する継続的関係

　フランチャイズ契約は、米国で開発され、世界中に普及した手法だ。フランチャイズ契約と代理店契約や販売店契約との違いは相対的なものだ。代理店契約や販売店契約でも、同一のマーク、イメージを使って営業活動を行わせ、かなり規制を加えている場合には、フランチャイズ契約に似たような形になる。

　Franchisor（フランチャイザー）は、フランチャイズ・ビジネスを運営する企業として、フランチャイズの特権等を付与する「本部企業」だ。その相手が、Franchisee（フランチャイジー）であり、いわゆる加盟店・加盟者（社）として、それらの特権等を付与される者であり、所定の地域で独占的な場合と非独占的とされる場合がある。

　フランチャイザーは、フランチャイジーに対して、①一定の商品やサービスを提供する権利、②経営上・営業上のノウハウ、③所定の商標、サービス・マーク等を使う権利、④経営指導やコンサルティングを継続的に受ける権利等を付与する。これらは、**フランチャイズパッケージ**（franchise package）等とも呼ばれ、フランチャイズ契約の対象となる。

　この対価として、フランチャイジーはフランチャイザーに加盟店料や**ロイヤリティ**（royalty）等を支払い、フランチャイザーのマニュアルを遵守するなど、その指示・指導に従う義務を負う。フランチャイズ契約ではフランチャイジーがフランチャイザーに従属するような形にも見えるが、双方はあくまでも独立した取引事業者である。代理店・販売店契約の場合には、店舗運営や営業活動の方法に関する詳細な指示は少なく、継続的な指導もほとんどない場合が多いのに対して、フランチャイズの場合にはこの指示が多く、フランチャイジーがかなり拘束される点に特徴がある。

　フランチャイザーは、自分たちの営業所を設置運営するコストと危険を避け

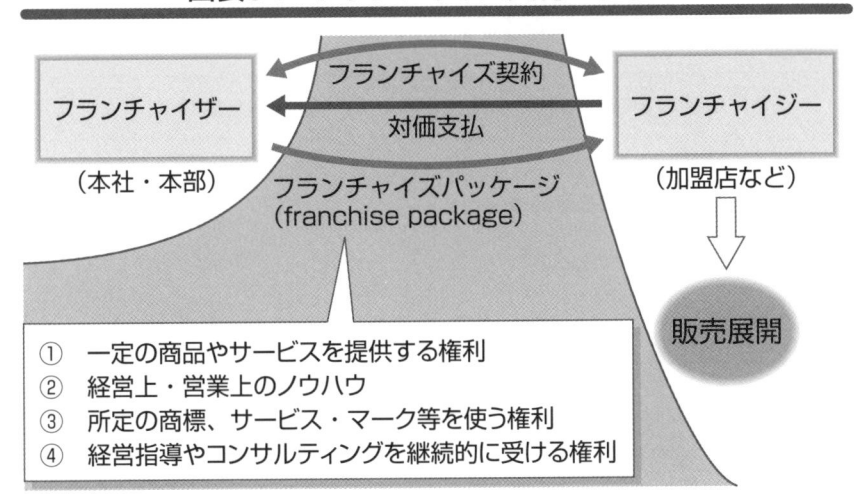

図表64　フランチャイズ契約の仕組み

```
フランチャイザー  ←── フランチャイズ契約 ──→  フランチャイジー
（本社・本部）     ←──── 対価支払 ────→      （加盟店など）
                フランチャイズパッケージ              ↓
                (franchise package)              販売展開

① 一定の商品やサービスを提供する権利
② 経営上・営業上のノウハウ
③ 所定の商標、サービス・マーク等を使う権利
④ 経営指導やコンサルティングを継続的に受ける権利
```

て、フランチャイジーに事業を行わせ、比較的リスクを低く抑えながら安定的な収益を期待できる。また、大量仕入れ・大量生産によって、比較的質の高い商品を提供でき、広告・宣伝等では、フランチャイズ・ビジネスならではの大々的な販売促進活動を展開できる。フランチャイザーが得られる対価には商品等の代金に加えてロイヤリティや加盟金や加盟手数料、保証金等が含まれる。こうした方法を通じて、効率的に広く末端顧客を獲得することができ、新たな市場で広域展開ないし全国展開を目指すビジネスに適している。

●フランチャイズ契約の規制立法

　国によっては、フランチャイズ契約のあり方を規制する法律が整備されている。例えば、米国では代理店保護規制の一環として、フランチャイズ契約でも各種の規制があることに注意する必要がある。米国のフランチャイズに関する規制は、証券規制と類似するような開示規制とフランチャイザーとフランチャイジーの実体的な関係の規制とからなり、連邦レベルと州法で規制されている。その他の国においても独禁法の規制との関係が問題となる。このため、国際フランチャイズ契約では、これらの規制にも注意する必要がある。

65 独占的権利の付与

▶▶▶ 所定の領域内における唯一の独占的・排他的な権利

● 市場から締め出されるリスク

　ある領域（Territory）での販売等を展開する場合、"sole and exclusive"等の表現によって、独占的・排他的な権利を付与することによって、集中的・積極的な事業活動のインセンティブを高めようとすることがある。特にわざわざ唯一性を強調する場合には、本人の販売権や他の製品についても第三者への販売権付与を認めない場合に用いられることがある。

　しかし、独占権を付与する側は、相手方に対して必要以上の権限を付与することのないように、厳密に契約対象製品の範囲を定義して、当初は考えてもみなかったような商圏まで相手方に主張されることのないように注意する必要がある。例えば、ある領域で「全製品」を販売する独占販売店に指名すると、一部製品について商談をしていたから、当然にそれだけの独占権だと思っていたのに、文字通り全製品に独占権を与えたことになり、その市場では他の製品を他の業者に販売させたり、自ら販売したりできなくなる。

　そこで、独占的な権利を付与する場合は、その製品の範囲、期間、場所等を限定し、さらにどういう条件をつけるかを十分に検討する必要がある。一般的には、独占権を付与する場合には、その代わりに相手方には競合製品の取扱い等を禁止する**競業避止義務**や**最低購入数量**をセットで考えることを原則とすべきだろう。ただ、競業避止義務等は、非独占的な取引にも付されることがある。

〈国際ビジネス・ケーススタディ〉

（東京地裁判決平成11年5月28日（控訴審で和解）、判時1727号108頁）

　外国メーカーA社はその日本の独占的代理店（総代理店、食品原料等の輸入・販売会社）であるX社に対する商品供給を停止し、X社の従業員であったY2が在職中に新たに有限会社Y社を設立してA社の代理店となった。X社は、Y社が商品の仕入先会社と共謀し、X社に対する商品供給を停止し、X社と競

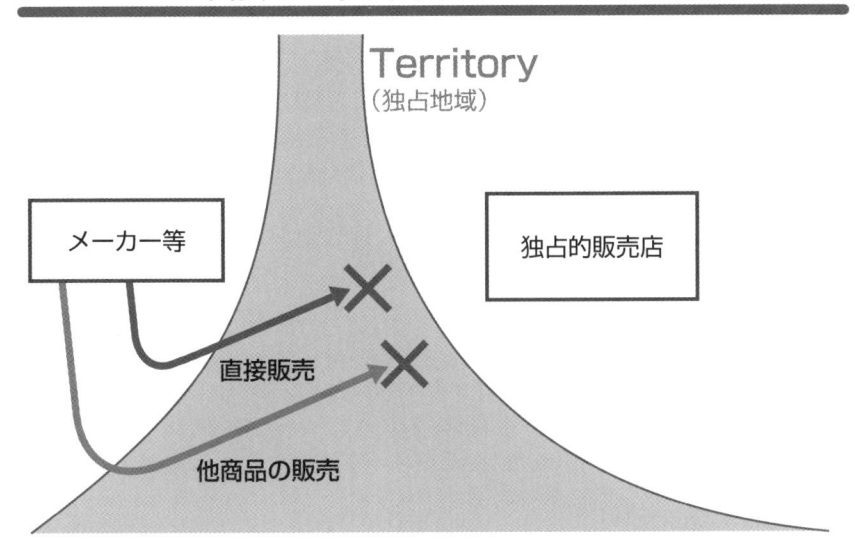

図表65　独占的権利があるケース

Territory
(独占地域)

メーカー等

独占的販売店

直接販売

他商品の販売

業関係にあるY社を設立したと主張し、Y社の従業員Y2（X社の元従業員）の行為が雇用契約上の付随義務に違反したとして損害賠償請求を認めた。

【裁判所の判断】

　A社の総代理店（独占的代理店）であるX社の元社員Y2が、A社が日本国内にY社を設立するのに協力し、その代表取締役になったことは、Y2のX社に対する債務不履行になる。しかし、A社がX社に商品供給停止を通告してきた時点では、Y社はまだ設立中の会社として成立していなかったため、A社の行為及びこれに協力してY社の代表取締役になった元X社社員Y2の行為が不法行為を構成するとしても、その不法行為の効果はY社に帰属しない。A社と、これに協力したY2とY社は法人格が異なる以上、Y社はその成立前になされた商品供給停止によって反射的に利益を得ているにすぎず、Y社がX社の代理店契約上の権利を侵害したと評価することはできない。しかし、在職中にY社を設立したY2に対する損害賠償請求は、雇用契約に付随する競業避止義務に反するとして、X社への損害賠償が命じられた。

66 国際ライセンス契約

▶▶▶ 知的財産権の使用を許諾する

● 属地主義と国際的保護の枠組み

　ライセンス契約（使用許諾契約）は、特許権、ノウハウ、商標権等の産業財産権や著作権等の知的財産権の使用を許諾する契約で、その知的財産権は図表66のように多くの種類がある。これらの知的財産権は、基本的に個々の国家で国内法によって権利を創設・付与されるものであり、ある国において認められた知的財産権が当然に外国で権利性が認められるとは限らない（知的財産権の**属地主義**）。しかし、知的財産権についても国際的に活用するニーズが高いことから、産業財産権については1883年の**パリ条約**、著作権については1896年の**ベルヌ条約**をはじめとして、WTO（→29頁）でも**TRIPS協定**を中心に、国際的な知的財産権保護の枠組みが整備されてきている。

　そこで、外国でも知的財産権を活用したい当事者は、その外国においても知的財産権として認められるようにする必要がある。著作権や不正競争防止法で保護される権利のように登録手続なしに成立するのであればいいが、特許権等のように出願手続等を要するものについて、多くの国で類似の手続を取るのは大変な作業である。これを幾分かでも軽減するため、特許権等について**特許協力条約**（Patent Cooperation Treaty）があり、**国際出願制度**が整備されている。

● 三つの局面

　もとより知的財産権が国際取引に登場する局面は、三つに分けて考える必要がある。第一に、知的財産権を利用した商品の国際取引で、特許や商標等を使った商品が外国に輸出された場合に、その知的財産権がどのように保護されるかが問題となる（→244頁）。第二に、知的財産権そのものが取引の客体となるライセンス契約がある。すなわち、知的財産権が認められる国において、その権利の使用を許諾するライセンス契約が成立する。第三に、それらの複合したプラント輸出契約や国際OEM契約（→200頁）等がある。

図表66　知的財産権の種類

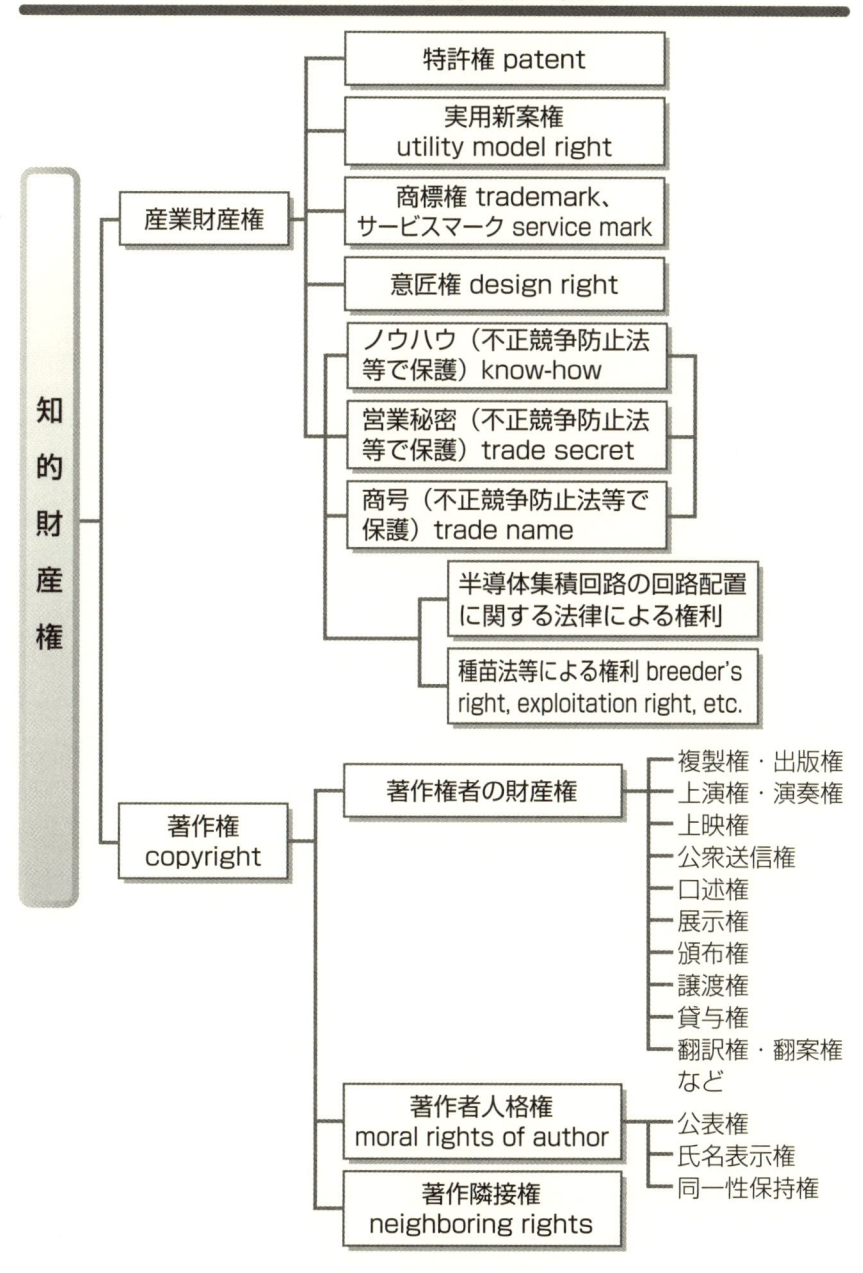

- 知的財産権
  - 産業財産権
    - 特許権 patent
    - 実用新案権 utility model right
    - 商標権 trademark、サービスマーク service mark
    - 意匠権 design right
    - ノウハウ（不正競争防止法等で保護）know-how
    - 営業秘密（不正競争防止法等で保護）trade secret
    - 商号（不正競争防止法等で保護）trade name
    - 半導体集積回路の回路配置に関する法律による権利
    - 種苗法等による権利 breeder's right, exploitation right, etc.
  - 著作権 copyright
    - 著作権者の財産権
      - 複製権・出版権
      - 上演権・演奏権
      - 上映権
      - 公衆送信権
      - 口述権
      - 展示権
      - 頒布権
      - 譲渡権
      - 貸与権
      - 翻訳権・翻案権 など
    - 著作者人格権 moral rights of author
      - 公表権
      - 氏名表示権
      - 同一性保持権
    - 著作隣接権 neighboring rights

ここでは主として上記第二のライセンス契約を検討する。ライセンス契約には、一定の領域で独占的に付与されるものと、非独占的なライセンスの場合とがある。非独占的なライセンスの場合は、対象となる知的財産権を独占的に使用する権利まではない。

　ライセンシーの側からするとできるだけ利用範囲が広くなるようにしたいところだろう。しかし、ライセンス契約には多くの場合、使用に条件がつけられ、勝手な使い方ができない。ライセンサーの立場からすると、予定された方法以外の使用を禁止するためにできるだけ制限を設けようとする。予定された方法以外の方法で使われると、思わぬ危険を生じさせたり、本来の機能を発揮できなかったりするリスクが生じるからだ。

　ライセンスを受けた当事者は、他社の開発・取得した知的財産権に対して**ライセンス料（使用料＝royalty）**を支払い、ライセンシーのリスクで製品を生産する。ライセンスの対価の支払い方は、使用許諾される知的財産権の性質や使用の仕方にもよるが、一定金額を払い切る形、期間等使用の数量に応じて払う形、使用に応じた収益（売上高）に応じて払う形等、いろいろと考えられる。国際ライセンス契約では、基本ライセンス料（開示料としてのinitial payment、前払金のadvance royalty down payment等）と売上げに応じた一定率の使用料の二本立てがオーソドックスなものだ。一般的には独占的ライセンスの方が、非独占的な場合よりもその対価は高くなる傾向がある。

　このほか、ライセンス契約に特徴的な条項として、第三者の知的所有権を侵害した場合の条項、ライセンサーの権利の不争条項等が設けられることもある。

　いずれの場合にも、ライセンス契約においては知的財産権と独禁法の緊張関係が問題となりやすいので、例えば日本の公正取引委員会の指針（「**知的財産の利用に関する独占禁止法上の指針**」（平成19年9月28日）http://www.jftc.go.jp/dk/chitekizaisan.html）等を参照しながら、適切な条項にするように検討することが求められよう。特にライセンシーの側は、不当な条項を押しつけられないように、こうした観点からチェックすることも重要だ。

● 特許・ノウハウ等のライセンス
　特許・ノウハウ等のライセンス契約は、技術導入・移転契約でもある。その

場合に使用が許諾されているのは、登録されている特許権だけではない。それ以上に重要なのが、企業秘密（trade secret）や非公開のノウハウであり、多くの場合、付随的な権利やノウハウ等の使用許諾が重要だ。このため、ライセンスの対象となる特許権が期間満了で消滅しても、ノウハウが価値のあるものとして存続していれば、そのライセンスが成立する。従って、特許期間が満了してもライセンス契約が当然に消滅するわけではなく、その後の取扱いを明確に定めておくべきだろう。ただ、期間満了後の契約によるノウハウ等の使用の可否については、競争法に抵触しないかも注意する必要がある。

また、世界各国の営業秘密に関する法規制は、①不正競争防止法や営業秘密保護法といった個別法によるもの、②民事上の不法行為または契約責任及び刑事責任によるもの、③主としてコモンローによるもの[1]といった三種類に大別され、営業秘密は、一部を除き、多くの国が①非公知性・秘密性、②価値性・実用性、③秘密管理性を要件とするのが一般だと指摘されている[2]ので、その情報の厳格な管理が求められよう。

● **ブランドのライセンス**

一方、商標や商号等のビジネスブランドのライセンスは、その顧客吸引力を活用するものだ。例えば、海外の有名ブランドやキャラクター商品の分野では、商標等を付した商品の生産・販売を一定の販売領域に限って許可するといったものが考えられる。この場合、ライセンサーは商品のイメージ管理や品質管理を徹底する必要がある。独占的ライセンス契約を結んだライセンシーだけがその商標を使用でき、使用許諾された商標やキャラクターを製品に付けることにより、商品を差別化して付加価値を上げることが期待できる。

（注1）ただ、米国には企業秘密に関するモデル法典として、**統一営業秘密法**（Uniform Trade Secrets Act＝UTSA）が多くの州で採択されているので、個別法による部分もある。

（注2）平成18年度　東アジア大における不正競争及び営業秘密に関する法制度の調査研究報告―欧米の法制度との対比において―(TMI総合法律事務所2007年3月）に詳しい紹介がなされている。http://www.meti.go.jp/policy/economy/chizai/chiteki/hokoku.html

㊆ 国際OEM契約

▶▶▶ 製品を企画、製造を委託して製品を買い取る

● OEM契約の意義

　OEM契約（Original Equipment Manufacturing/Manufacturer）の定義は、必ずしも国際的に確立しているわけではないが、一方当事者（発注者）が一定の製品を企画してその製造を相手（製造者）に委託し、その完成した製品を買い取るという生産業務提携契約（→202頁）の一種だ。東南アジアの安価な生産力を活用するため、日系企業が発注者となる国際OEM契約が典型的なものだ。ただ、OEM供給には完成品供給と部品供給の2種類がある。その目的は、発注者が自社ブランドで販売するための製品を製造させる場合や、中小の製造企業が有名メーカーのブランドで委託生産をさせてもらう場合等、多彩である。

　発注者にとってOEMは、新たな設備投資の節約や消費者ニーズへの柔軟な対応を可能にする。OEM契約では、発注者が製品の仕様から部品・原材料の種類・品質、数量・コスト・製造方法、納期・履行地その他の条件、商標管理等の重要事項を定め、ブランドイメージに沿った商品を製造・販売する必要がある。国際OEM契約では、知的財産権のライセンサーが海外委託生産のできることが前提で、特許やノウハウ等を製造者にライセンスし、ブランドの無断使用・流用を厳禁する必要があろう。

　完成した製品の管理権及び所有権は、発注者に帰属させるのが通常だが、これを確保するため、製造者との間で仕様書、設計図、原料・資材の供給及び製造上の機密情報に関する秘密保持が重要だ。また、発注者側は、OEM生産による製品供給に依存しがちなので、製造中止や供給拒絶ができる事由をできるだけ具体的に制限する必要がある。

　この取引を製造者側から見ると、同じ商品でデザインを少し変え、他社ブランドで売る分と自社で売る分を作ることで、量産効果によりコストダウンと売上高の増大が期待できることもある。しかし、往々にして一定の設備投資をす

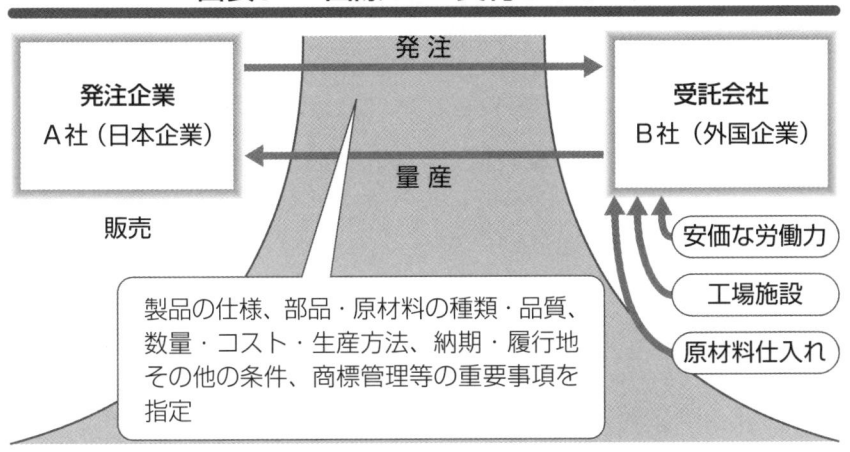

図表67　国際OEM契約のポイント

```
発注企業                    発 注              受託会社
A社（日本企業）    ─────────→      B社（外国企業）
                  ←─────────
                    量 産
販売                                         ┌─安価な労働力
                                             ├─工場施設
      製品の仕様、部品・原材料の種類・品質、     └─原材料仕入れ
      数量・コスト・生産方法、納期・履行地
      その他の条件、商標管理等の重要事項を
      指定
```

る必要があるので、最低購入保証のほか、生産中止の場合の処理、契約期間の定め、終了時の措置等について特に注意する必要がある。最低限度は契約で保証されるベースで採算が合うようにすべきであり、採算が合わないようであれば、将来の話し合いに問題を先送りするのではなく、何らかのリスク回避をしておくべきだろう。また、製造者はOEM受注だけでは、いつまでたっても自社ブランドを浸透できず、生産量が常に納入先に依存するという難点がある。

　また、OEMについては、商標、技術等、知的財産権に関する規定や独禁法の規制等、法的に検討すべき多くのポイントがある。発注者は、製造物責任のリスクを負い、表に出ない製造者よりも被害者から責任追及される可能性が高い。そのため、発注者は被害者に支払った損害金を製造者に求償できるか否か、品質保証やクレーム処理等について、明確に定める必要がある。その他、国際売買契約と共通する事項をカバーする必要がある。

　なお、CISG 3条は、発注者が製造または生産に必要な材料の実質的な部分を供給することを引き受けない限り、物品を製造し、または生産して供給する契約を売買と扱っているので、国際OEM契約にはCISGが適用される可能性がある。

68 国際業務提携契約

▶▶▶ 自社だけでの限界を打破してリスク分散、業務拡大

● 戦略的目標を明確に

　業務の提携には様々な形があり、研究・開発提携、生産提携から、販売提携まで、事業のあらゆる段階において提携の可能性がある。また、規格品質の統一協定や人事交流協定まで業務提携の一種と見られている。さらに、単なる紳士協定にすぎない程度のものから、かなり明確な義務を負わせる契約まである。

　業務提携は、**垂直型**と**水平型**に分類されることがある。**垂直型**とは、完成品メーカーと部品メーカーとで共同開発等を行うもので、**水平型**とは同業種企業が新型製品開発のために協働するといったものだ。いずれにしても、事業提携は、将来的にどういう戦略的なメリットがあるのかを認識しておくことが不可欠だ。

　国際ビジネスの分野においては、自国内では限界のある活動において戦略的な展開を図る上で、各自の構想力、企画力が問われる。その意味で、現実のビジネスでは、各社の業務において必要とされる提携のあり方がどうあるべきかが、この種の契約の最も重要なポイントだ。それは各自の会社のそれぞれの事業環境によって異なり、正解があるわけではない。

● 契約書作成のポイント

　業務提携のコンセプトないしアイデアが固まり、相手方との交渉で取引の内容についても話がつき、それを契約書の形に具体的に示すことが契約書作成の作業となる。それは契約締結においては一番最後の仕事でもあるが、しっかりと正しいアイデアを反映させるようにしないと、せっかくの提携もうまい結果を出せなくなってしまう。

　契約書作成のチェックポイントとしては、それが相互に有益なもので、バランスの取れたものになっているかどうかが最も重要だ。業務提携契約の目的は千差万別であるから、その内容についてはかなり自由に考えることもできるが、

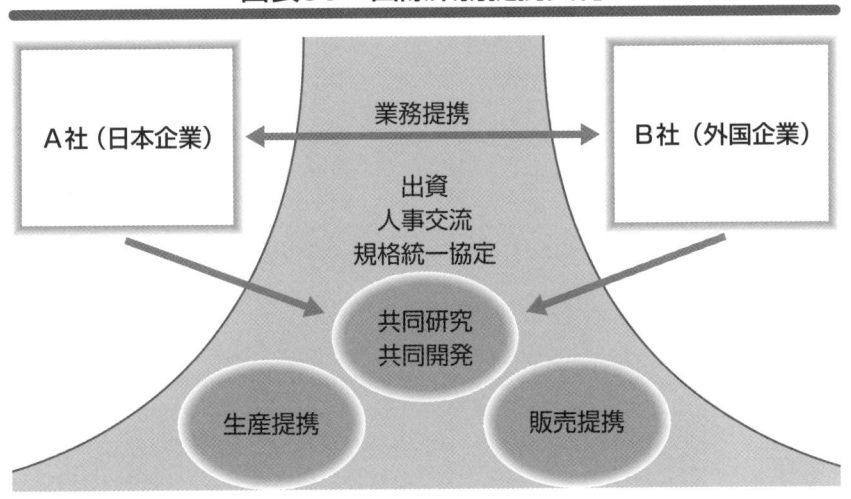

図表68　国際業務提携契約

- A社（日本企業）　←業務提携→　B社（外国企業）
- 出資／人事交流／規格統一協定
- 共同研究・共同開発
- 生産提携
- 販売提携

　基本的には自社だけでの限界を打破するとともにリスクの分散と業務の拡大を狙いとしている。このため、共同研究・開発が成功した場合も失敗した場合も、その費用負担や成果の分配について明確に定めておくことが重要だ。時として義務を負っているのは片方だけで、他方は何も権利がないアンバランスなものであったりすることがある。第三者と組む場合には様々なリスクも伴うのだ。

　本来的に業務提携は対等な力関係を前提にしているはずであるから、交渉の余地も比較的大きいだろう。その意味で、一方において義務があれば、他方で何らかの権利か対価を得られるようにすることが重要だ。加えて、第三者への業務委託の可否や競業避止義務や秘密保持に関する定めなど、付随的義務に関する条項（→124頁）を充実させるべきだろう。

　国際的な業務提携の場合には、国内の場合と同様に海外も含めて独禁法上の問題がないかを検討する必要がある。とりわけ競争を不当に制限する国際カルテル等のように独禁法に抵触するような契約と見られると厳しい制裁金を課されるリスクが生じる（→284頁）ので、そうした取引をしないように注意する必要もある。

⑥⑨ 国際合弁契約

▶▶▶共同して事業をコントロールすることはリスクも伴う

● どちらが支配するか

　国際合弁契約とは、自社だけで海外進出することに不安がある場合等に、現地の事業者と共同して事業を立ち上げるもので、この事業を**合弁事業**（Joint Venture=JV）という。合弁事業は、合弁会社で事業を行う場合と組合によって共同事業を行う場合とが考えられる。株式会社形態の合弁会社を設立する方式で行う合弁契約の中心となる出資者同士の契約は、**株主間契約**である。一般的な株主間契約だけであると、合弁会社を直接に拘束できるとは限らない。しかし、**種類株式**を利用すると、その仕組みを定款に盛り込んで会社を拘束できる。種類株式には、議決権の内容が異なる設計が可能なので、所定の重要事項について会社を法律上、直接的に拘束できるのだ。

　議決権割合が49：51と5：95の会社では、会社法では同じ結論でも、契約のあり方としては異なる内容となるべきであろう。片方が支配する形になると、他方当事者はコントロールできない。JVをコントロールしたいのであれば、過半数または特別決議を通す議決権を持つことが必要だ。議決権を50％有しても普通決議さえできないからコントロールはできない。例えば、某社はインドの合弁事業で50％ずつの議決権として両者合意でトップを選ぶはずだったが、そのトップの選定について意見が対立し、仲裁にまで持ち込んだが、解決に至るまで何年も揉める結果となった。その後、日本側の某社が事業を買い取って決着した。このように半々の投資は微妙なバランスの上に立っている。ただ、ヨーロッパの企業は、相互に牽制するために半々のJVに前向きである。

　日本企業は、追加の資金が必要になった場合、追加出資について銀行保証や親会社の保証を明確に定めるのを嫌う傾向にある。そこで、「応分の負担をする」「支援する」等と表現し、その人件費等のコストを「支援」等と解することがある。しかし、これは紛争の種になりかねず、出資について明確に定め

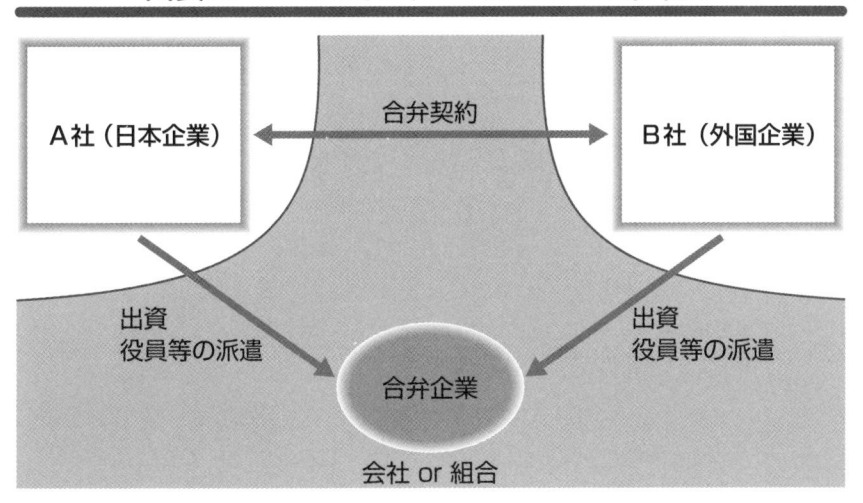

図表69-1　ジョイント・ベンチャーの仕組み

```
A社（日本企業） ←―合弁契約―→ B社（外国企業）
       ↓出資                      ↓出資
       役員等の派遣              役員等の派遣
            →  合弁企業  ←
             会社 or 組合
```

たほうがすっきりする。有限責任の原則からすると、追加出資の義務はない。追加出資が必要か否かは、出資会社の合意で決めるが、当初の約束としては、事業の途中で追加出資が必要となった場合に、相互の負担・持分比率を維持するか、やめる場合にはどうするかを決めておくべきだろう。

　近時、海外製造拠点を中国、ベトナム、インド、ロシア等に展開するために、合弁事業を立ち上げるケースが多い。ただ、日本のメーカーの中には、合弁会社では利益を出さなくてもよいという会社もある。しかし、海外製造拠点をコストと考え、このコストを抑えつつ、税金を払わず、日本企業で儲けるという仕組みは、問題が生じやすい。というのも、合弁会社の事業活動を借金でまかなっていると、海外の出資者から返済を求められることも少なくないからだ。現地の出資者とすれば配当金を期待していたのに、配当金が出ないと「裏切られた」という話になる。JVで利益が出ないことは、日本の企業ではデメリットがなくても、海外の出資者の中には、利益が出ていなくとも配当がほしいと主張する当事者もおり、法律論だけでは片づけられない状況が生じる。

　中国において合弁会社を設立する合弁契約を締結する場合の準拠法は、当事者間でも中国法と定めなければならない。また、発展途上国では、外国企業に

イニシアチブを取らせず、地元資本の優位を確保する政策を取っていることもある。出資者の思惑が問題で、長期的な観点のメーカーと現地の出資者の思惑は異なり、投資に配当がなくても、使用料や材料の取引で利益が上がればいいが、配当しか利益がない場合には問題となりやすい。

● JVの商号・商標を使わせるリスク

　JVの定款変更が相手方の同意がないとできない場合には、自らが付与した商号使用権や商標のライセンスを解消することが困難となる。多くの場合、定款に商号が定められているので、定款変更ができない限り、合弁を解消して自らが別途進出しても、自らの商号が使うことができなくなるといった事態を引き起こし、商号が一人歩きする。これを取り戻すことは、極めて難しい。

　合弁事業が永続的に継続することが予定されている場合でも、契約解消に関する条項は不要という考え方は誤りだ。契約を締結する当初の段階から、契約を解消しなければならない時が来ることを想定して、十分に考えておくことが必要である。現実には、必ずと言っていいほど合弁契約は最終的には解消される。しかも何らかの対立が原因となることが多い。縁起が悪いなどということを口実にして、この難しい問題から逃げてはならない。

　合弁契約の解消における取り決めを定める場合にしばしば登場するのが、ロシアン・ルーレット（Russian Roulette）条項だ。これは、まずデッドロックが生じた場合に、一方当事者が他方当事者に対し金額を定めて自己の株式の譲渡を申し入れ、申入れを受けた当事者は、①その金額で一方当事者の株式を買い取るか、または②同額で自己の株式をその申入れをした一方当事者への譲渡を申し込むものとし、その申込みを受けた一方当事者は同額で他方当事者の株式を買い取る義務を負うというものだ。かかる条項も一長一短があり決定的なものではない。そのため、JVでデッドロックになった場合に、議長や社長が決定する権限を有する形にするといった処理の方法もあるが、その対立を解消する法制度があるわけでもない。

〈国際ビジネス・ケーススタディ〉
（大阪高裁判決平成15年4月9日、判時1841号111頁、判タ1141号270頁）
　Xが、日中合弁会社C社に対する日本側投資者がXであることの確認を求め

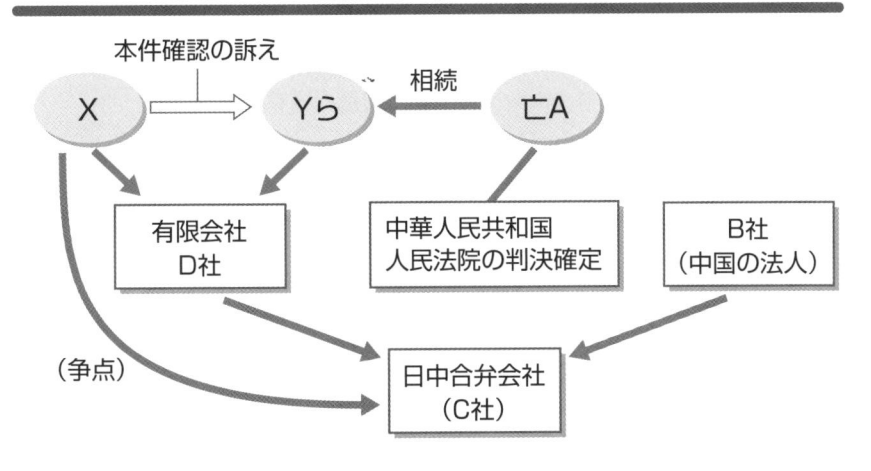

図表69-2　国際ビジネス・ケーススタディ

```
       本件確認の訴え
    X ──────────▶ Yら ◀── 相続 ── 亡A
    │              │              │
    ▼              ▼              ▼
 有限会社      中華人民共和国      B社
  D社         人民法院の判決確定  （中国の法人）
    │              │              │
    │              ▼              │
    │         日中合弁会社         │
    └────────▶ （C社） ◀──────────┘
  （争点）
```

たのに対し、亡Aの遺族であるYらが、投資者はAであるとして争うとともに、本件訴訟物については、既に中国人民法院でC社への投資者を訴外D社（X及びAが設立）とする旨の判断がなされ、同判決は確定しているから、本件請求は不適法却下すべきであると主張した。

【裁判所の判断】

中国での日本の裁判所の判決に対する扱いによれば、中国で日本の裁判所の判決が重要な点で異ならない条件の下に効力を有するとは認めることができない。中華人民共和国人民法院のした合弁会社からの配当金の帰属に関する確認判決は、民事訴訟法118条4号の「相互の保証のあること」の要件を満たしておらず、日本で効力を認めることはできない。亡Aの父であるY1が、中国で設立された日中合弁C社に投資した日本側投資者は亡Aであると主張する亡Aの相続人Yらに対し、右投資者がXであることの確認を求める訴えを提起する前に、Xと右相続人Yらとの間で、右投資者はXではなく有限会社D社であり、当該合弁会社の出資金はD社を設立したXと亡Aに半々ずつ帰属する旨の中国人民法院の確定判決があるが、日本で効力を認められない以上、この訴えは紛争の蒸し返しとして不適法ではなく、日本で訴訟ができる。

（参考文献）釜谷真史・平成16年度重要判例解説〔ジュリスト臨時増刊1291〕301頁。

70 国際M&A

▶▶▶ シナジー効果を発揮させる事業再編が活発化

● 事業の選択と集中

いわゆるM&A（Mergers & Acquisitions）とは「合併と買収」をいう。日本の企業も経済のグローバル化を背景に事業の選択と集中が求められ、その選択肢としてM&Aを活用した事業再編が日常的なものとなっている。日本の国内市場だけでなく、海外市場においても国内でのビジネス・ノウハウ等を応用した事業展開を迅速に進めるためには、海外の会社を対象とした国際M&Aを積極的に活用することが効率的だ。

M&Aの手法には、会社そのものを合併させたり分割させたりする方法のほか、株式の買占め等によって会社の支配権を移転させる方法がある。このうち、会社法が対象とするのは、前者であり、上場会社等の株式の買占め等に関しては公開買付等について金融商品取引法の規制がある。

今までの日本の企業社会では、会社そのものをモノのように取引することになじみがなかった。しかし、日本でも事業再編は活発化してきており、経済のグローバル化により日系企業が海外の企業を取得することも、外資系企業が日本の企業を取得することも、いずれも活発に行われるようになった。今日、何をもって日系企業、外資系企業と呼ぶのかについて境界線が引きにくくなるほど経済の一体化が進んでいる。

● 吸収型と新設型

日本の会社法制は、こうしたM&Aを活発に行うための仕組みを一通り整備した。まず純粋持株会社方式で完全子会社の形に移行しやすくするため、株式交換・株式移転制度を整備した。また、会社分割法制や簡易な事業譲渡に関する制度や資金調達方法の自由化に加えて、会社法による最低資本金制度の廃止により、事業再編は一層容易なものになっている。

日本の会社法における主な事業再編は、吸収型と新設型がある。すなわち、

図表70-1　日本法における事業再編のバリエーション

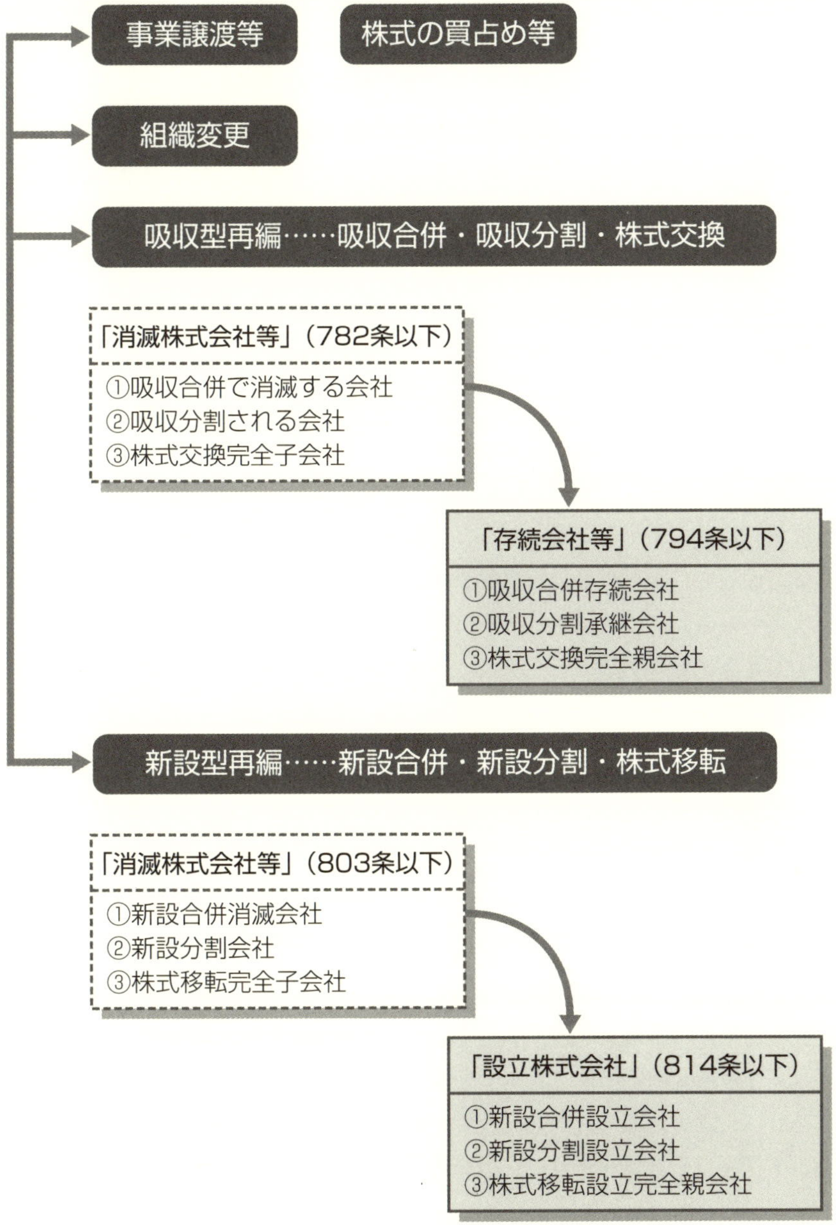

- 事業譲渡等
- 株式の買占め等
- 組織変更
- 吸収型再編……吸収合併・吸収分割・株式交換

「消滅株式会社等」（782条以下）
① 吸収合併で消滅する会社
② 吸収分割される会社
③ 株式交換完全子会社

↓

「存続会社等」（794条以下）
① 吸収合併存続会社
② 吸収分割承継会社
③ 株式交換完全親会社

- 新設型再編……新設合併・新設分割・株式移転

「消滅株式会社等」（803条以下）
① 新設合併消滅会社
② 新設分割会社
③ 株式移転完全子会社

↓

「設立株式会社」（814条以下）
① 新設合併設立会社
② 新設分割設立会社
③ 株式移転設立完全親会社

吸収型再編とは、吸収合併、吸収分割、株式交換で、これらは、①吸収合併存続会社、②吸収分割承継会社、③株式交換完全親会社といった「存続会社等」の手続と、①吸収合併で消滅する会社、②吸収分割される会社、③株式交換完全子会社といった「消滅株式会社等」で、各会社の手続が必要となる。これに対し、新設型再編とは、新設合併、新設分割、株式移転をいう。

海外においても類似の法制が整備されていることもあるが、その内容は各国の会社法によって異なる。国際M&Aでは、国内の場合とは異なる複雑な問題も生じる。例えば、会社分割等の包括承継の場合、日本国内では契約の地位も当然に移転するが、海外においては必ずしも移転しないことがある。また、事業譲渡によって競業避止義務が生じる等の規制が働くこともある。このため、労働者の処遇や知的財産権や各種の契約関係がどうなるか、各国における法制度、契約法のルールを十分にチェックする必要がある。国際M&Aにも独禁法の企業結合に対する規制が各国で問題となることがありうるほか、外為法等の公的規制にひっかかることもあるし、税務上のインパクトにも留意する必要がある。従って、あらゆる法的規制等をクリアーしてクロージングで必要手続が適法にできるように準備する必要がある。

● **M&A後の統合効果**

国際M&Aが完了しても、すぐに期待通りの成果が上がるわけではない。M&Aによるシナジー効果は徐々に影響が現れる。M&Aによって企業価値を向上させるためには、M&A後の統合の成功が不可欠だ。特に、国際M&Aの場合には、文化・言語等の障壁を克服していくことが求められる。

また、会社はプラスの資産のみならず、時として隠れた負の遺産を抱えていることもあるので、買収側には通常の取引以上に対象となる事業体を精査するデューデリジェンス（→108頁）が重要だ。その表明保証条項（→126頁）においては、買収に伴うリスクに対する十分な備えが求められるが、契約の内容によっては統合後の運営によって克服すべきケースもある。

統合に失敗すれば、シナジー効果が発揮できないだけではない。いわゆる**負のシナジー（ディスシナジー）**の発生のため、M&Aをしないほうがよかったなどということにもなりかねない。M&Aそのものが目的なのではない。その

図表70-2　国際M&Aの手法比較

	株式取得	組織再編	事業譲渡
基本的性質	株式の取引または新株割当（第三者割当増資）	会社法に基づく組織行為	事業を対象とした取引行為（売買等）
手続	株式売買は資産の取引としての手続が必要であり、新株発行の場合は会社法に基づく手続規制に服する	原則として株主総会の承認が必要（簡易組織再編等の場合は不要）	組織再編の場合と類似の規律あり
効果	法人格には影響なし	法人格の中身に影響を及ぼす	事業を支配する法人が変わる
従業員への影響	影響なし	原則として影響なく、法人の帰属に準じる（例えば、日本の会社分割については労働者承継法による承継あり）	労働者の個別の同意が必要
契約の地位	原則として影響なし（個別の契約で解除事由等として定められることあり）	当然承継（但し、契約によって解約事由等となっている場合もある）	原則として個別の同意がなければ承継されない

(注) 日本の企業法制を前提とした概略。実際には個別の法域における確認が必要。

先にある国際的な事業展開をどう進めるかを十分に検討した上で取引をすることが重要だ。

71 海外子会社の運営

▶▶▶ 重要な海外子会社等は内部統制の対象に

● 内部統制構築義務

　海外の設立準拠法に従って会社を設立することも考えられる。子会社の商号は自由に選ぶことができ、親会社と一緒である必要はない。この場合、100％子会社でなく、他の資本を入れると実質的にはJV（→204頁）と同じようなことになるので、ここでは完全子会社を想定する。

　海外子会社をどのように運営していくかは、その企業戦略にかかっている。従前は日本国内で製造していたものを、海外子会社で製造することで生産拠点をシフトするなどといったことが戦略的に推進されるようになっている。

　しかし、その場合、本社のガバナンスを子会社にどのように及ぼしていくかを十分に考える必要がある。子会社の業績が親会社の資産である子会社株式の評価に大きな影響を与えることもあり、子会社である以上、親会社は子会社を実質的に支配している（会社法施行規則3条）。このため、日本の会社法は、自社だけでなく、その親会社及び子会社から成る企業集団における業務の適正を確保するための内部体制の構築を求めている（会社法施行規則100条1項5号等）。この子会社には海外子会社も含まれる。また、金融商品取引法による内部統制の実施基準でも、「在外子会社等についても、評価範囲を決定する際の対象に含まれる」として海外子会社の内部統制を求めている。

　このため、親会社の監査役は、重要な海外子会社等が企業集団内部統制の管理・モニタリングの対象から除外されていないかもチェックするなど、海外子会社についても監査する必要がある。また、上場会社の場合には海外子会社の内部統制についても国内と同じように評価・報告することが必要だ。ただ、海外子会社といっても、その規模、リスクの度合いや重要性は異なり、どの程度のチェックを、どのような方法で行うかは、個別に判断されよう。法制によっては子会社の側において親会社監査役の権限に服する義務があるとは限らない

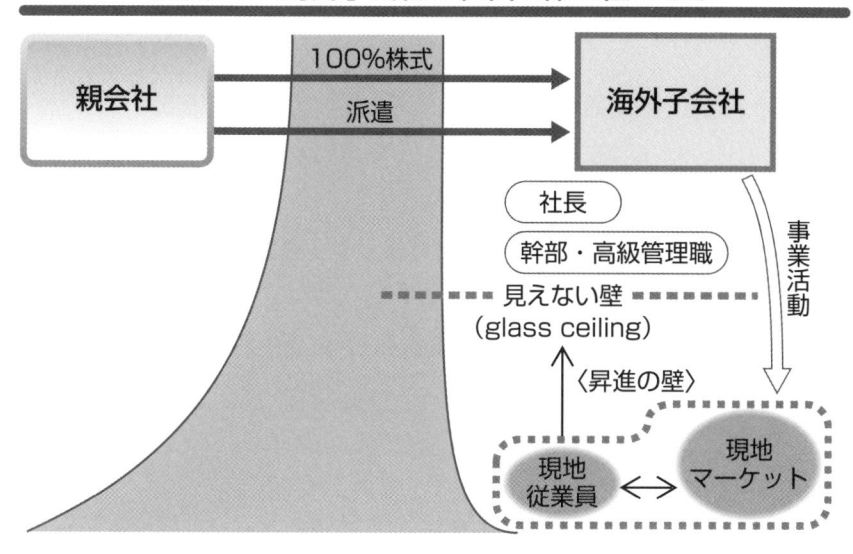

図表71　海外子会社の経営を誰に任せるか

親会社 →（100%株式／派遣）→ 海外子会社

社長
幹部・高級管理職
------見えない壁------
（glass ceiling）
〈昇進の壁〉
現地従業員 ⇔ 現地マーケット
事業活動

ので、法的にはどこまでの権限を強制できるかは疑問もありうる。親会社の監査役は、子会社取締役等を説得することにより、できる限りの監査を行うことが考えられよう。

　誰に海外子会社の経営を任せるのか、現地の契約をどのようにチェックするかも重要な問題である。日本からトップを派遣しているケースも多いが、現地従業員のインセンティブを高めるには、現地のトップが好ましいことが多いだろう。また、そうしなければ見えない壁（glass ceiling）があるとして差別の問題で訴えられるリスクもあり、米国では訴訟問題となった。

　ただし、現地化を進めて独立させたとしても、経理担当責任者は日本から派遣するのが無難なことが多いことに留意する必要がある。人材育成を子会社任せにしておいても成功は覚束ない。例えば、欧米企業では個人に大きな職務権限を与えるが、重大なミスがあれば即刻解雇するといった規律が、統制を効かせるといったことが見られる。これに対して、伝統的な日本企業が用いているような稟議による責任の所在が不明確な運営では問題があり、海外においては特に責任の所在を明確にすることが重要である。

72 支店の設置

▶▶▶会社本店と同じ会社名、同じ法人格での海外事業展開

● 支配人の権限

　内国法人の支店と同様に、外国法人の支店に固有の法人格はない。あくまでも外国法人の法人格に含まれる一部にすぎないので、一般的に支店の活動から発生する債権債務は、外国企業に直接に帰属する。支店は、外国企業の権限ある機関によって決定された業務を行う拠点にすぎない。従って、支店が単独で重要な意思決定を行えるとは限らない。

　支店は、本国の資本をベースとして営業活動を行うので、諸経費は外国にある本店から支払うこともでき、支店が得た利益は基本的に本社の会計処理の計算に組み込まれる。国内外での収益等に対して法人税や事業税等がかかる可能性もあるので、注意する必要がある。

　日本の会社法では、外国会社を含む会社は、その本店または支店において、支配人という使用人を選任して事業を行わせることができる（10条）。支店の支配人は、会社を代理して会社の事業に関する一切の裁判上または裁判外の行為をする権限を有し（11条1項）、他の使用人を選任し、または解任することができる（同条2項）。支配人の代理権に加えた制限は、善意の第三者に対抗することができない（同条3項）。

　支店は、会社本店とまったく同じ会社名を使用する。日本で外国会社の支店として登記する場合も、親会社の正式名称と同じ名称で登記する必要がある。別の会社名で登記できないので、「XYZ Corporation」を「XYZ Corporation 日本支店」とか「XYZ Corporation Japan」という表記で登記することはできない。ただ、日常的に用いる名刺やレターヘッド、ウェブサイト等で「日本支店」「Japan」等を加えて使うことは差し支えないものとされている。

　日本に支店を設置する場合には、日本における代表者を定め、法務局で外国会社の営業所の設置登記をする必要がある。日本における代表者は、日本人で

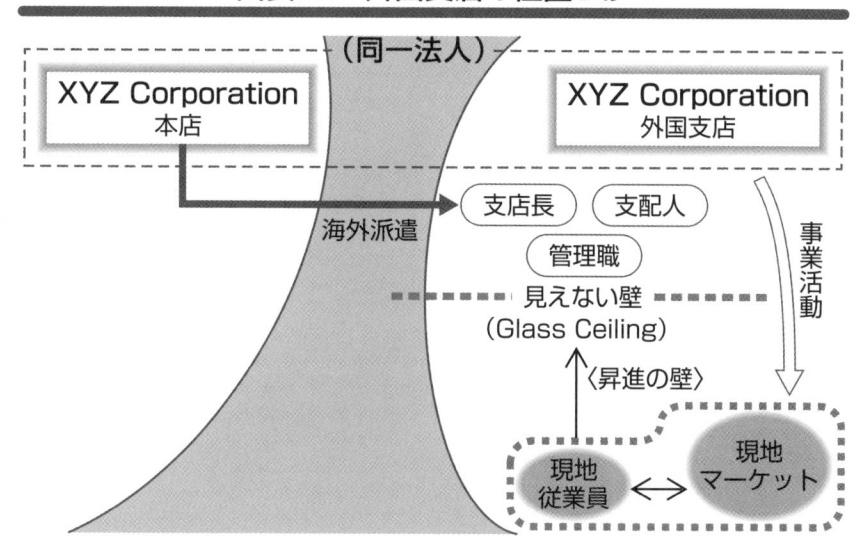

図表72　外国支店の位置づけ

（同一法人）

XYZ Corporation 本店 ── 海外派遣 → XYZ Corporation 外国支店

支店長／支配人／管理職

── 見えない壁（Glass Ceiling）──
〈昇進の壁〉

現地従業員 ⇔ 現地マーケット

事業活動

も外国人でもよいが、少なくとも1人は日本に居住している必要がある。この人物が本社の代表者と同じである必要はない。また、日本国内に外国会社が支店を設置する場合、外為法の対内直接投資に該当し、外為法に基づく財務大臣及び事業所管大臣への報告・届出の制度がある（外為法26条、27条）。

　日系企業が海外支店を設ける場合には、管理職を現地にいる日本人で固めていると差別の問題が生じるので、できる限り現地の人材を登用するなどして現地化を図っていくことが望ましい。時として日本から出向した経営トップによる経営文化摩擦も深刻な問題に発展することがあるので、十分な調査と準備が求められるのは海外子会社の場合と同様である。

　事業主は、海外といえども、従業員の監督について責任を負い、使用者責任を負わされることがある。たとえ契約による責任を負わなくとも、使用者責任等の不法行為責任がありうる。現地の従業員が勝手にやったことだとして無責任というわけにはいかないのだ。

73 多国籍企業の展開

▶▶▶ 欧米流の経営手法によるグローバルな戦略の導入と発展

● パフォーマンスとコンプライアンスがポイント

　欧米においても**コーポレート・ガバナンス（企業統治）**の議論は活発だ。ただ、その意味は、必ずしも明確ではない。論者によって様々な捉え方がされている。1990年代以降、日本でも、欧米にならう形でコーポレート・ガバナンスに関する議論が活発になった。特に、企業不祥事を契機として、コンプライアンス経営の重要性が叫ばれてきている（拙著『図解コンプライアンス経営（第3版）』東洋経済新報社、2006年参照）。加えて、グローバル市場での競争激化に伴い、企業の迅速かつ機動的な意思決定のためのシステムも要請されている。企業統治の問題は、経営の効率性・業績の向上（＝パフォーマンス）を確保するための議論と、会社経営の適法性・適正さ（＝コンプライアンス）を確保するための議論とに分けられよう。

● 内部統制報告制度

　連結経営の観点から、企業グループにおけるコンプライアンスは日本の会社法でも金融商品取引法でも要請され、海外子会社にも内部統制システムは及ぶ（→212頁）。他方、米国で上場する会社は、米国の証券法、開示規制、**サーベンス・オクスリー法**（Sarbanes-Oxley Act＝**SOX法**。日本では（米国）企業改革法、SOA、Sarbox等とも呼ばれる）の適用を受ける。

　SOX法の正式名称は、**Public Company Accounting Reform and Investor Protection Act（公開会社会計改革・投資家保護法）**で、米国で相次いで発生した一連の企業不祥事と上場会社の破綻によって引き起こされた極めて深刻な企業会計不信を克服するため、2002年に成立した。SOX法は、企業会計や財務報告の透明性・正確性を高め、コーポレート・ガバナンスのあり方を抜本的に改革することを求めるものであった。SOX法による規制により、企業の財務報告に係る内部統制の有効性が毎年評価されるようになるので、その情報開

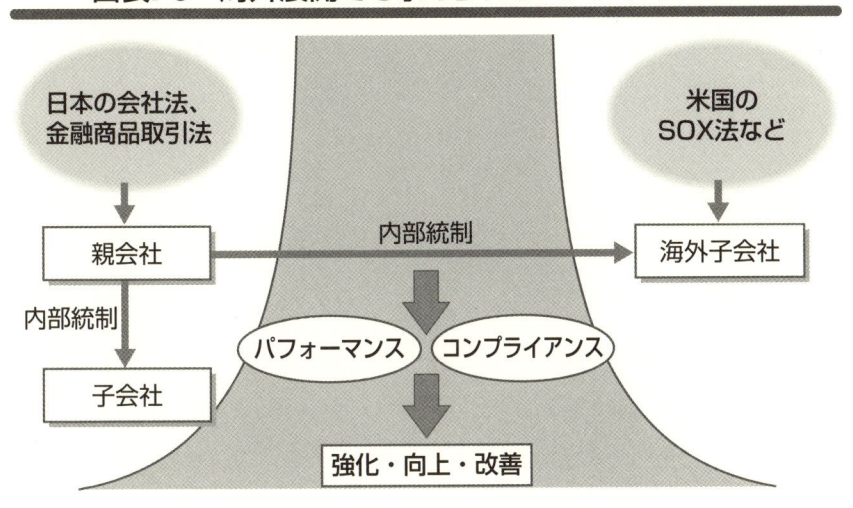

図表73　海外展開でも求められるコンプライアンス

- 日本の会社法、金融商品取引法 → 親会社
- 親会社 —（内部統制）→ 海外子会社
- 米国のSOX法など → 海外子会社
- 親会社 —（内部統制）→ 子会社
- パフォーマンス・コンプライアンス → 強化・向上・改善

示の信頼性も高まることが期待できる。その規制のあり方は、日本の金融商品取引法における内部統制報告制度等に見られるように、他の先進諸国にも大きな影響を与え、類似の法規制が現れている。

多国籍企業においては、グローバルなコンプライアンスやCSRの基本方針を作成して、世界的に規律の取れた事業活動をすることを目指すものも少なくない。マーケットの拡大とともにこうした活動の重要性はますます高まっていくだろう。

● リーガルリスク・マネジメント

リスク・マネジメントという概念に定説はないが、おおむね様々なリスクについての事前の予知・予防と、事後の対応の管理とに分けられる。リスクが特に著しい損害をもたらすものに関しては「クライシス・マネジメント」（危機管理）という言葉が使われることもある。リスクの中でもリーガル・リスクについてのマネジメントはコンプライアンスと内容はほぼ同義と捉えていいだろう。内部統制の実践においては、国際的にも通用するリスクマネジメントの手法を活用して、その水準を向上させていくことが期待される。

第**8**章

国際取引の各種スキーム

74 役務提供契約

▶▶▶ 海外から専門的な能力・技能を取り入れる

● サービス貿易に関する一般協定

　WTOは、国境を越えてサービスを提供しようとする際の障害を少なくするために、「サービス貿易に関する一般協定」（General Agreement on Trade in Services＝GATS）を設けている。GATSが対象とするサービス産業には、運送サービス、金融サービス、通信サービス、流通サービス等が含まれ、法務サービス等も問題とされることがある。サービス産業の発展に伴って、様々なサービスが国際取引の対象になった。現在、世界の貿易（輸出額）に占めるサービス貿易の割合は約2割にも達し、各国内でもサービス分野の比重が高まっている。特に、先進国では国民総生産や就労人口の約6割以上がサービス産業によるほどだ。

● 国際コンサルタント契約

　各種のサービス（役務）は、企業が提供するものだけではなく、外国人個人が提供するものもあるが、いずれも国際的な取引に伴う慎重な考慮が必要だ。

　コンサルタント契約や役員任用契約等は、**役務提供契約**の代表的なもので、外国人は日本人とは違う能力を発揮してくれることも多いことから、国際ビジネスにおいてはしばしば登場する。ただ、外部の知恵を利用するのは大いに結構だが、期待外れの場合もある。相手が何の専門家であるかにもよるが、意外と法的な配慮が不足していることも少なくない。コンサルタント等も、いったん見つけたお客さんはなるべく手放したくない。そのために一生懸命仕事をしてくれるならばいい。しかし、契約で縛ろうとするコンサルタントには要注意だ。悪徳コンサルタントにひっかからないように契約書も十分検討すべきだ。

　コンサルタント契約は、弁護士との顧問契約もそうだが、日本の民法の考え方によれば、「委任契約」という部類に属する。何か具体的な目的があるとは限らず、目に見えないノウハウ、知識等に裏付けられた役務の提供が契約の対

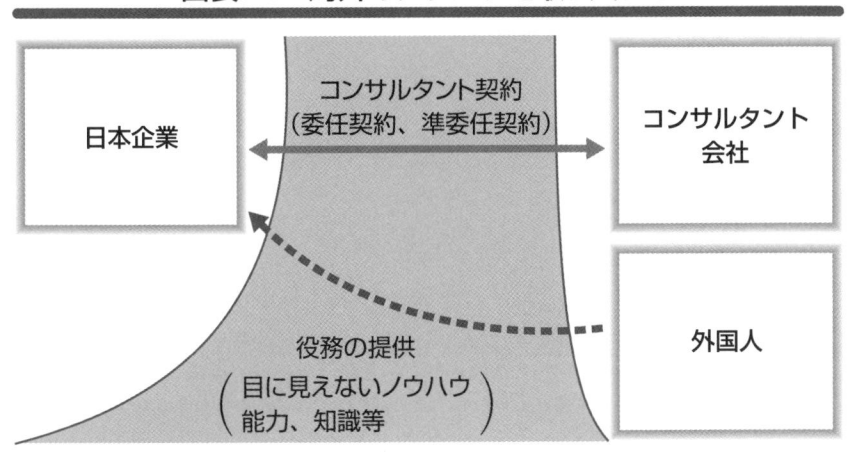

図表74　海外のノウハウを取り入れる

```
[日本企業] ←―コンサルタント契約―→ [コンサルタント会社]
         　　（委任契約、準委任契約）
           ←‥‥‥‥‥‥‥‥‥‥‥
              役務の提供　　　　　　　　[外国人]
           （目に見えないノウハウ
              能力、知識等　　）
```

象だ。この場合、何か特定の目的を達成したかどうかは必ずしも重要ではない。コンサルタント契約に比較的長い期間を定め、中途解約をする場合には高い解約金が規定されていることさえある。

　しかし、そういう約定は常に有効となるわけではない。日本の最高裁の判例は、委任契約は、一般に当事者間の強い信頼関係を基礎とし、原則としていつでも委任契約を解除できるとし、税理士顧問契約の解除について争われた事件で、顧問税理士に解除の理由を知らせる必要さえないという。なぜなら、委任契約は、顧客の利益のみを目的とし、専門的知識、経験、能力を要する事務処理を内容とし、当事者間の信頼関係が重視されるからだ。こうした契約では顧客の解除権を保護すべき必要性が特に大きい。

　しかし、その契約や準拠法がどうなっているかにもよる。依頼側がその本質的な権利を自ら制限・放棄した場合には、期間や中途解約金の約定も有効となりうる。例えば、約定期間にわたって契約が継続しなければ委任の目的を果たせないとか、特別の事情から約定期間満了まで契約を継続させる合意があった等の場合には、依頼者もその約定に拘束される可能性がある。基本的には、事業者間の契約は拘束力を有するので、十分に注意する必要がある。

75 国際金融取引

▶▶▶巨額融資を可能にするシンジケート・ローンの仕組み

● 間接金融と直接金融

金融取引とは、広く資金調達をする取引であり、その国際取引には、居住者間の外貨建て取引や非居住者間の金融取引もあるが、国際的な資金調達方法としては居住者と非居住者の間で行われるクロスボーダー取引が中心的に論じられる。

こうした国際金融取引は、日系企業が海外の金融機関から融資を受け、あるいは邦銀等が海外の企業に貸付けを行う**間接金融**と、海外企業が日本国内市場で、あるい日本企業が海外市場で株式や社債等を発行して資金調達をする**キャピタル・マーケット取引（直接金融）**とが代表的なものだ。

● シンジケート・ローン

間接金融の典型的なものが、銀行から資金を必要とする借入人に対するローン契約である。ただ、国際融資ではその貸付金額が巨額となることが多い。このため、個別の銀行が単独で融資をするのではなく、複数の銀行が**協調融資団（シンジケート団）**を組んでローンを実行する**シンジケート・ローン（協調融資）**の形態が主要な方法として用いられている。このうち、国籍の異なる銀行がシンジケート団を組成して行うローンは、「国際シンジケート・ローン」と呼ばれる。こうしたシンジケート・ローンの方法により、巨額の債務不履行による金融機関のリスクを分散できる。シンジケート・ローン契約においては、シンジケート団を組成する銀行が同一の条件で貸出しを行う。

こうしたローンのシンジケート団を組成するためには、まず借入人となる企業がメインバンク等の取引銀行に対して幹事の役割を担う**アレンジャー（幹事行）**となることを依頼することによって始めるのが通常である。アレンジャーは、借入人と交渉して、最終的にローンの実行を行えるようにする役割を果たすが、これはローン契約締結前の行為なので、シンジケート・ローン契約書に

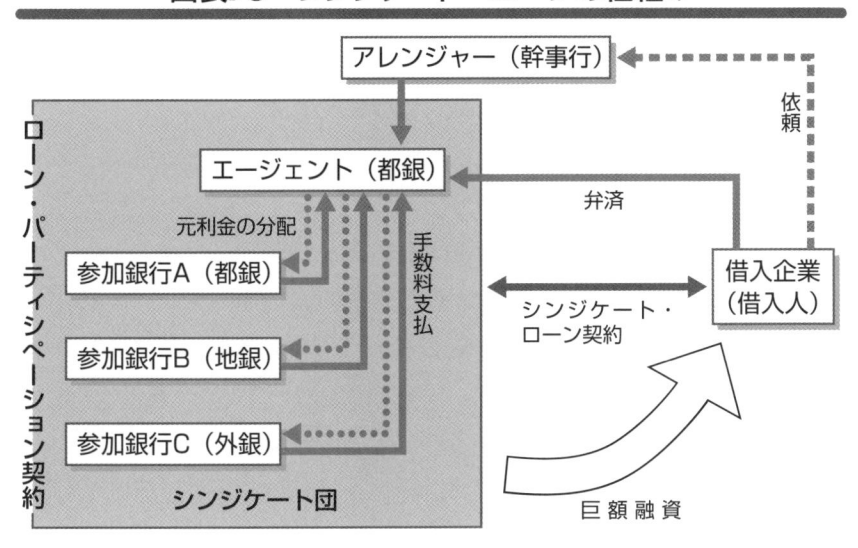

図表75　シンジケート・ローンの仕組み

は現れない。アレンジャーは、参加銀行を募ってシンジケート団を組成し、その融資目的、金利・期間等の主要条件、各銀行の分担融資額等を記載したターム・シートや借入人に関する情報を記載したインフォメーション・メモ等を作成・配布する。通常、このアレンジャーは、シンジケート・ローン契約書が調印された後は、シンジケート団のエージェントとなり、シンジケーションに参加した全銀行の代理人として、貸出条件の確認、元利金の収受・分配の管理業務、債務不履行への対応等といった貸付債権管理業務を行うものとされる。

　アレンジャーとなりエージェントとなる銀行は、シンジケート団を組成する銀行と**ローン・パーティシペーション契約（ローン参加契約）**を締結し、借入人に対する債権についての経済的利益とリスクを参加銀行に移転し、一定の手数料収入を得ることになる。しかし、エージェントとなる一行がこれらの事務をまとめて行い、ローン契約書も一本にまとめることができるので、参加銀行としては別々に契約交渉や契約書の管理、債権管理等をする労力やコストが軽減できるわけだ。

76 リースとファクタリング

▶▶▶ 動産や売掛債権等を金融取引によって活用

● 国際リース取引

　国際リース取引とは、航空機、船舶または機械・設備等を利用する者が自ら購入する代わりに、海外のリース会社や投資家が売買契約によってそれを取得して所有者・**貸主**（Lessor ＝ Lender）となり、これを一定期間にわたってユーザーにリースして、ユーザーが**借主**（Lessee ＝ Borrower）となる取引である。

　実質的には、国際リース取引では、ユーザー・借主が支払うリース料から貸主に対して、対象物件の購入資金等を返済していく形となるので、国際金融取引の一種として重要な役割を果たしている。この対象物件には、当然のことながら担保権が設定される（**Mortgaged Property**）。国際リース契約は、資金の調達方法だけでなく、税務上のインパクトのほか為替管理等にも左右される。

　国際リース取引には、**ファイナンス・リース**と**オペレーティング・リース**とがある。前者は当初からリース期間中のリース料総額と購入資金とが連動しており、中途解約が認められない。ただ、物品の修繕や保守は借主が行うものとされ、貸主は瑕疵担保責任を負わないのが通常である。後者はリース料総額と購入資金とが連動しておらず、中途解約も認められ、本質的には通常の物品の賃貸借と同じである。そのため、貸主が物件の賃貸市場の賃料変動リスクと処分時の中古市場のマーケット・リスクを負うことになる。

● 国際ファクタリング取引

　ファクタリングとは、依頼企業の売掛債権をファクターという機関に譲渡し、ファクターが依頼企業の取引先の信用調査や売掛債権の管理・回収や依頼企業への融資をする取引のことだ。古くから英米法下で遠隔地の債務者に対する債権回収の方法として用いられてきたことに由来するが、今日ではその手法が世界的に広がり、日本でも外為法改正や債権流動化法改正によって国際ファクタリング取引が発達するようになってきている。

図表76 リースとファクタリング

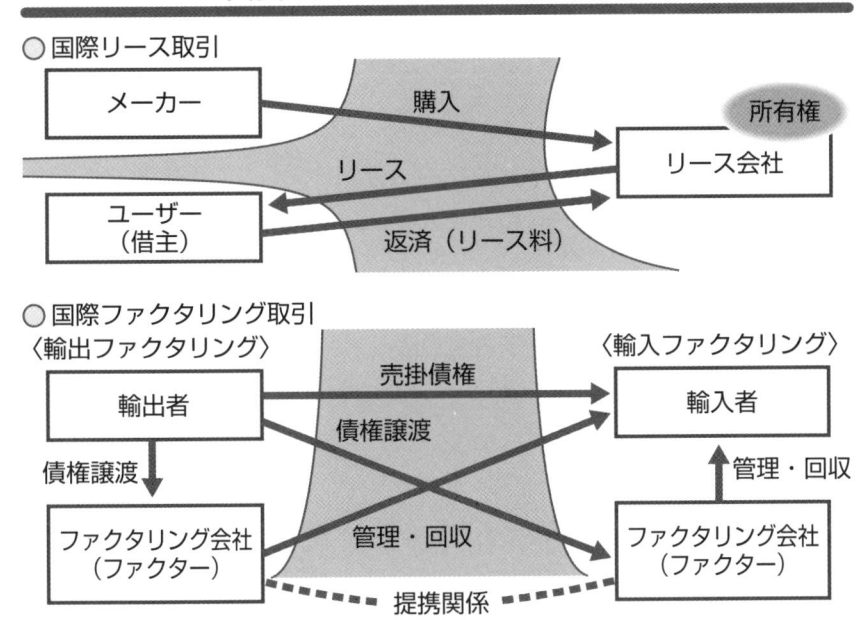

◯ 国際リース取引

- メーカー → リース会社（購入）
- リース会社 → ユーザー（借主）（リース）／所有権
- ユーザー（借主）→ リース会社（返済（リース料））

◯ 国際ファクタリング取引

〈輸出ファクタリング〉／〈輸入ファクタリング〉

- 輸出者 → 輸入者（売掛債権）
- 輸出者 → ファクタリング会社（ファクター）（債権譲渡）
- 輸出者 → 輸入側ファクター（債権譲渡）
- ファクタリング会社（ファクター）→ 輸入者（管理・回収）
- 両ファクタリング会社（ファクター）は提携関係

国際ファクタリング取引は、**輸出ファクタリング**と**輸入ファクタリング**に大別することができるが、いずれも輸出者が自己の売掛債権をファクターに債権譲渡することによって依頼企業となる。輸出ファクタリングが、輸出者が自国のファクターとファクタリング契約を結ぶものであるのに対して、輸入ファクタリングでは、輸出先の国のファクターとファクタリング契約を結ぶ。

しかし、債権譲渡の対抗要件において債務者や第三者との関係がどうなるか、強制執行や国際倒産手続（→287頁）が必要となる場合の取扱い等の準拠法については、多くの国で必ずしも明らかであるとはいえない。日本の通則法23条は債権譲渡に関する準拠法に関して定めている（→39頁）が、その複雑な法律関係の取扱いには十分注意する必要がある。

なお、ファイナンスリースとファクタリングには、それぞれユニドロワが条約を作成した（→49頁）が、まだ影響力は限られている。

77 IMF協定とデリバティブ

▶▶▶ 変動相場制と金利の自由化によるリスクに対応

● IMF協定

国際通貨基金（International Monetary Fund＝IMF）は、(1)国際貿易の促進、(2)加盟国の高水準の雇用と国民所得の増大、(3)為替の安定を目的として、加盟国の為替政策の監視や国際収支が著しく悪化した加盟国に対する融資等を行う国際機関である。

日本は1973年、変動相場制度へ移行し、大きな為替変動に対しては、しばしば介入が行われてきた。為替介入とは、中央銀行や財務省等の通貨当局が外国為替相場に影響を与えることを目的として、外国為替市場で通貨間の売買を行うことであり、IMFのガイドライン等に従う必要がある。日本では、円相場を安定させるために、日本銀行が財務大臣の代理人として財務大臣の指示に基づいて為替介入の実務を行うことになっている。

1978年の第2次IMF協定改正によって発足したIMF体制の下で、日本銀行は、外国為替の売買や外国中央銀行等による円貨資産の調達・運用への協力といった国際金融業務を行い、外国為替及び外国貿易法（外為法）の届出書・報告書等の取扱い、外国為替平衡操作（いわゆる為替介入）等の国際金融に関連した国の事務を取り扱っている。

外為法は、財務大臣が、対外支払手段の売買等所要の措置を講ずることにより、本邦通貨の外国為替相場の安定に努めるものと定めている（第7条第3項）。また、日本銀行法は、日本銀行が「本邦通貨の外国為替相場の安定を目的とするものについては、（中略）国の事務の取扱いをする者として行うものとする」（第40条第2項）とされている。そして、外国為替資金特別会計法で、「財務大臣は、前条の規定による外国為替資金の運営に関する事務を、日本銀行に取り扱わせることができる」（第6条第1項）とされる。

図表77　金融デリバティブ取引

	取引所取引	相対（店頭）取引
先渡(forward＝将来の一定時点で、通貨または金利や為替相場に基づいて計算される金銭を、予め定めた金額で授受する取引)	－	為替予約 直物為替先渡
先物（future＝予め定めた数量・価格で、売買することを保証する取引）	TOPIX先物 金利先物 通貨先物 債券先物 現物商品先物	FRA（金利先渡） FXA（通貨先渡）
スワップ（swap＝予め定めた条件に基づいて将来の一定期間、キャッシュフローを交換する取引）	－	金利スワップ 通貨スワップ クーポン・スワップ
オプション（option＝予め定めた将来の一定日または期間に一定のレートまたは価格（行使レート、行使価格）で取引する権利を売買する取引）	株価指数オプション	金利オプション 通貨オプション 債券オプション スワップション

（注）上記分類の説明は、おおまかな目安による整理の一方法にすぎない。

● **金融デリバティブ取引**

金融デリバティブ取引とは、国際取引において不可避的に生じる外国為替や貸付金利の変動リスクをヘッジするために、先渡、先物、スワップ、オプションの四つの手法とその組み合わせ取引方法によって、金銭を売買するものをいう。これらの活用によって、借入金の返済や利益分配の予見可能性を高めることも期待できるが、各種の規制が多いので注意が必要だ。

それらの取引は、**国際スワップ・デリバティブ協会**（International Swaps and Derivatives Association＝ISDA）が定める標準契約書（Master Agreement）によって行われるのが通常である。しかし、これは投機的取引や損失先送りのスキームのためにも用いられることがあり、企業不祥事をめぐって登場することもあるので注意を要する。

78 スタンドバイ信用状

▶▶▶ 債務不履行があった場合に備える信用状

●利用のされ方

　スタンドバイ信用状（Standby Letter of Credit）とは、国際売買の代金決済に使われるL/C（→164頁参照）とは異なり、不履行があった場合に備えて債務保証のために使われるものだ。これは保証状ではなく、信用状の形式を取るもので、支払条件として、一定の書類の呈示を必要とする書類付信用状と、その必要のないクリーン信用状がある。スタンドバイ信用状の代表的なものとしては、入札保証、契約履行保証、前金返還保証、海外子会社・支店の現地借入保証等がある。このほか、荷為替信用状の代わりに利用されることもある。

　入札保証（Bid Bond）のスタンドバイ信用状とは、プラント輸出等の国際入札で、入札保証（通常は入札金額の5％〜15％程度の金額）の提出の代わりに入札参加者に求められる、発注者（owner）を受益者とする信用状だ。これは、入札参加者が後日になって入札を撤回したり、落札後に受注を辞退したりする恐れがあるので、その場合に発注者への損害を担保するために用いられる。

　また、国際入札で落札されると入札保証は解除されることになる。その際の落札者や他の輸出者等が発注者や輸入者から契約の確実な債務履行の保証を得るために、**契約履行保証**（Performance Bond）のための信用状が発行されることがある。さらに、**前受金返還保証**（Refundment Bond）とは、プラント等の輸出者が債務を履行しなかった場合に、その前受金の返還を請求できる輸入者を受益者として信用状を発行するものだ。

　一方、**現地借入保証**とは、日系企業の海外子会社や海外支店が現地の金融機関から借入れをする場合に、日本の銀行が日系企業の依頼に基づいて現地金融機関に対する返済を保証するために、現地金融機関を受益者としたスタンドバイ信用状を発行するものだ。

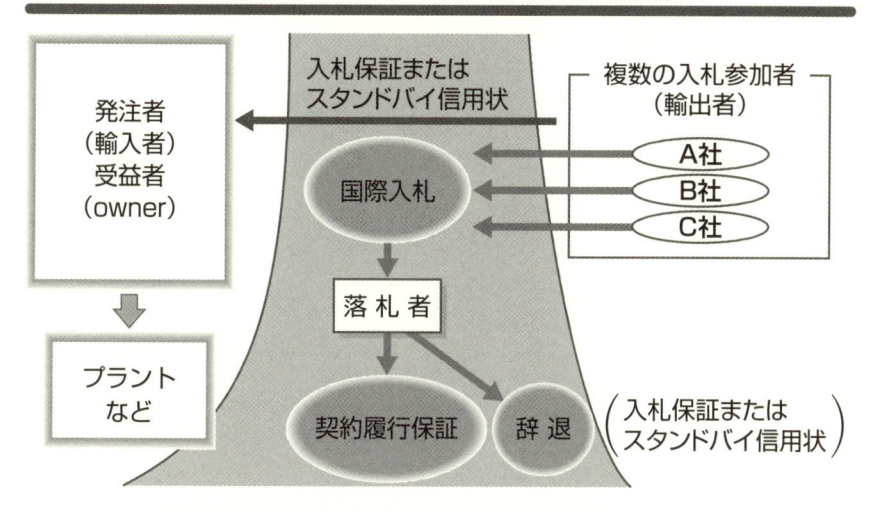

図表78　スタンドバイ信用状の役割

- 発注者（輸入者）受益者（owner）
- 入札保証またはスタンドバイ信用状
- 複数の入札参加者（輸出者）：A社、B社、C社
- 国際入札
- 落札者
- 契約履行保証
- 辞退（入札保証またはスタンドバイ信用状）
- プラントなど

〈国際ビジネス・ケーススタディ〉
（最高裁判所第三小法廷判決平成3年11月19日、金融・商事判例901号3頁）

【裁判所の判断】

　有効期限（失効すべき期日）の記載はあるが、その時を定めるべき場所（有効期限に関する場所）の記載がないスタンドバイ信用状の有効期限は、受益者が発行銀行に対して必要書類を発送すべき期限を意味し、必要書類に付された日時またはその発行銀行への到達日時から見て必要書類の発送が右期限内であると認められる場合には、発行銀行は、受益者が期限を遵守したものとして、その支払に応ずべきである。けだし、有効期限に関する場所の記載がないスタンドバイ信用状について、右期限をもって発行銀行に対して必要書類を呈示すべき期限の意味に解するときは、発行銀行と受益者たる銀行とが通常互いに遠隔地にあることに照らすと、受益者たる銀行をして書類送付に要する期間を見越して与信期間を短く設定することを余儀なくさせ、信用状の機能を弱め、ひいてはその開設を依頼した趣旨にも反する結果になるからである。

（参考文献）大西武士「スタンドバイ信用状の解釈と発行銀行の注意義務」判タ833号57〜61頁（1994年）。

79 サムライ債とショーグン債

▶▶▶ 日本国内で海外の事業体が資金調達をする手法

● 日本国内において円建てで発行

　債券等を発行することによって投資家から直接に資金を調達する手段を直接金融と呼ぶ。これは国境をまたいで行われている。日本企業は海外で資金調達を図り、海外企業は日本で資金調達をすることがある。後者の例が、**サムライ債**と**ショーグン債**である。

　サムライ債とは、海外の事業体が日本国内において円建てで発行する債券のことだ。当初は外国国家や公共事業体など公的機関が多かったが、民間企業も発行主体となるようになっており、様々なサムライ債が登場している。これに対して、海外の事業体が日本国内において外貨建てで発行する債券は**ショーグン債**と呼ばれる。こちらは、外貨建ての外債になるから、元本の払込み、利払い、償還はすべて外貨建てとなる。

● ソブリン債のデフォルト

　各国の政府や**政府機関等**（sovereign）が発行する債券をソブリン債という。代表例が国債で、これを指すことも多いが、政府並みの信用力のある国際機関の発行する債券もソブリン債に含まれよう。こうしたソブリン債でも、その支払がされずにデフォルト（default＝不履行）に陥ることがある。一見すると国家だから信用できるようでありながら、理論上も、また過去の経験からしても、法的な保護は必ずしも十分ではない。

　アルゼンチン債が不履行を起こしたケースでは、アルゼンチン政府が一方的に債務整理案を発表し、米国ではSECに債券交換案を発表し、サムライ債向けについても同様の提案をしたというケースがあった。そのオプションとしては、元本を維持した35年債や元本を削減した中期債を公募して旧債券と交換するといったものもあったようだ。これに対して、2001年発行のウルグアイ政府のサムライ債では、デフォルト回避のための債権者集会が開催されて、5

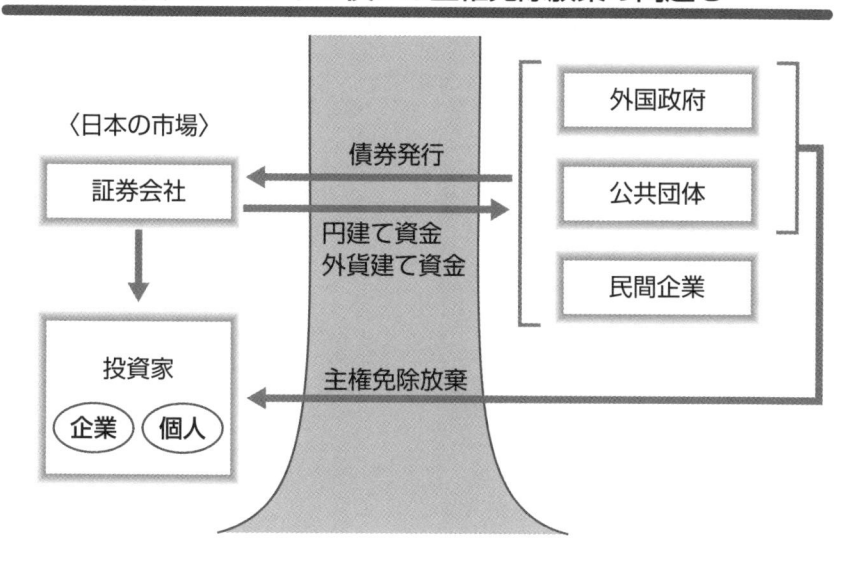

図表79　ソブリン債には主権免除放棄の問題も

〈日本の市場〉

証券会社 ←―― 債券発行 ―― 外国政府／公共団体／民間企業

証券会社 ―→ 円建て資金／外貨建て資金 →

投資家（企業・個人） ←―― 主権免除放棄 ――

年間の期限延長、分割返済、利率引上げ等を盛り込んだ契約変更案が承認されて解決されたという。

しかし、債務者が国家であることから、主権免除の放棄が問題となることもある（→78頁）。例えば、ナウル共和国の保証の下にナウル共和国金融公社が発行した円貨債券について、これを取得したイギリス法人がその償還等を日本の裁判所に求めた事件があった。この債券にはナウル共和国政府の保証がついていたが、その保証は経済活動に属する性質の行為だ。その債券等の書面には、債券発行主体の属する国家以外の他国の裁判所を管轄裁判所とし、その裁判管轄権からの主権免除を放棄する意思が明示的に記載されていた。この事件で、東京高裁はナウル共和国については主権免除による裁判権の免除を認めたが、ナウル共和国金融公社に対しては、主権免除の抗弁を認めなかった。ただ、その後、日本の最高裁も制限免除主義を取ることを明らかにしたので、今後は国家についても主権免除の放棄が認められるだろう。

80 プロジェクト・ファイナンス

▶▶▶ 資金調達対象である事業からの収益で返済

●ストラクチャード・ファイナンス

　近時、間接金融と直接金融の複合形態として、資本市場から一部の資金を調達し、残りの資金を金融機関から借り入れて、資金調達対象である一定の事業からの収益で返済していくといった**ストラクチャード・ファイナンス取引**（Structured Finance＝仕組み金融取引）も登場して重要性を増している。プロジェクト・ファイナンス等の**アセット・ベース・ファイナンス**（Asset Based Finance）や資産の**流動化・証券化**（Securitization）は、その典型的なスキームだ。

●アセット・ベース・ファイナンスの仕組み

　プロジェクト・ファイナンスには確立した定義があるわけではないが、一般的には巨額の資金を要する特定のプロジェクトのための融資であり、その利払いと返済の原資を、そのプロジェクトから生み出される収益に限定し、その担保をもっぱら対象プロジェクトの資産に依存するスキームだといえよう。巨額の資金を要することから、海外金融機関も融資に参加し、石油プラントや製鉄所等の大型プラント建設、発電所や高速道路等のインフラ整備等といった大型プロジェクトにおいて、しばしば利用されている。

　こうしたプロジェクトは、ほとんど新規事業であるため、リスクも決して低くはない。そのため、有限責任のプロジェクト会社を通じて金融機関から融資を受ける方式が取られる。このプロジェクト会社は、他の事業を行わない**特別目的会社**（Special Purpose Company＝SPC）であり、**倒産隔離**（Bankruptcy Remote）によって倒産等の不測の事態が生じにくくする工夫が凝らされる。

　金融機関は、事業のスポンサーからの要請に応じて、ノン・リコース・ファイナンスまたはリミテッド・リコース・ファイナンスとすることにより、事業不成功の場合の回収リスクを取ることになる。**ノン・リコース・ファイナンス**

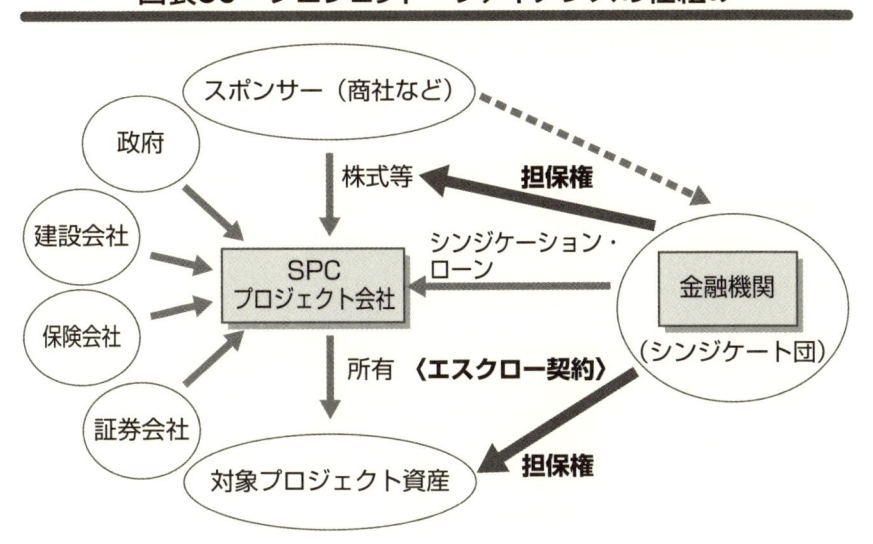

図表80　プロジェクト・ファイナンスの仕組み

（図：スポンサー（商社など）、政府、建設会社、保険会社、証券会社からSPCプロジェクト会社へ。SPCは対象プロジェクト資産を所有。金融機関（シンジケート団）はSPCへシンジケーション・ローンを提供し、株式等および対象プロジェクト資産に担保権を設定。〈エスクロー契約〉）

とは、債務弁済の責任財産を所定の財産に限定してしまうファイナンスであって、プロジェクト・ファイナンスの場合には、その対象プロジェクト資産が担保となるだけである。これに対して、**リミテッド・リコース・ファイナンス**の場合には、スポンサーや借入人らも一部の責任を負うことになる。その意味で、これらは資産をベースに融資を行う**アセット・ベース・ファイナンス**である。

その代わり、金融機関は、その事業収益から長期かつ固定的な安定的キャッシュ・フローを期待できるように詳細な取り決めを行い、SPCの所有する対象プロジェクト資産とキャッシュ・フローについても第1順位の担保権を得るほか、SPCの株式等にも担保権を設定する。ただ、SPCの株式等に対する担保権は、その返済能力が十分でなければ経済的価値は期待できないので、その交換価値を把握する目的よりも、事業が不成功となった場合に、プロジェクトの主体を変更しやすくするためだと考えられる。これにより、巨額プロジェクトのリスクはスポンサーのみならず、金融機関側にも分散されている。

81 三角合併・株式交換

▶▶▶外国の親会社が日本の完全子会社に親会社株を移動

● 対価の柔軟化

　日本の会社法においても、吸収型の事業再編では、その「**対価の柔軟化**」が認められたことで、海外の企業も関与する三角合併等が可能となった。例えば、吸収合併の場合では、消滅会社等の株主等に対して、存続会社の株式を交付せず、金銭その他の財産を交付することが認められる。同様に、吸収分割の場合にも、分割会社やその株主に対して、承継会社の株式を交付せず、金銭その他の財産を交付できる。さらに、株式交換の場合にも、完全子会社となる会社の株主に対して、完全親会社となる会社の株式を交付せず、金銭その他の財産を交付することができる。

　いずれの場合にも、再編時に消滅会社の株主に払う対価として、新たに外国会社株を含めた親会社株や現金、債券等を渡すこと等が認められる。これらは組織再編における「対価の柔軟化」と呼ばれる。

　外国の会社と日本の会社は、種類が違うので、直接に合併等の企業統合ができない。しかし、外国の会社は、日本に会社を設立して、その全部の株式を握ることは可能なので、この完全子会社を利用することができる。すなわち、日本の完全子会社と日本のターゲットの会社とであれば、日本の会社同士で、合併等の組織再編ができる。

　例えば、外国の親会社が日本で設立した子会社に親会社株を移動すれば、その親会社株を対価として、日本子会社を別の日本法人と合併させる「三角合併」が可能となる。これにより、時価総額が大きい企業の合併や買収も容易になる。外国企業から見ると、子会社経由ではない直接的な株式交換は認められなかったが、多額の現金を支払うことなしに日本の会社を傘下に収めることも可能である。つまり、外国企業も自社株を用いることによって日本企業を完全子会社化することができるのだ。

第8章 国際取引の各種スキーム

図表81　対価の柔軟化（A社株主が「消滅会社の株主等」）

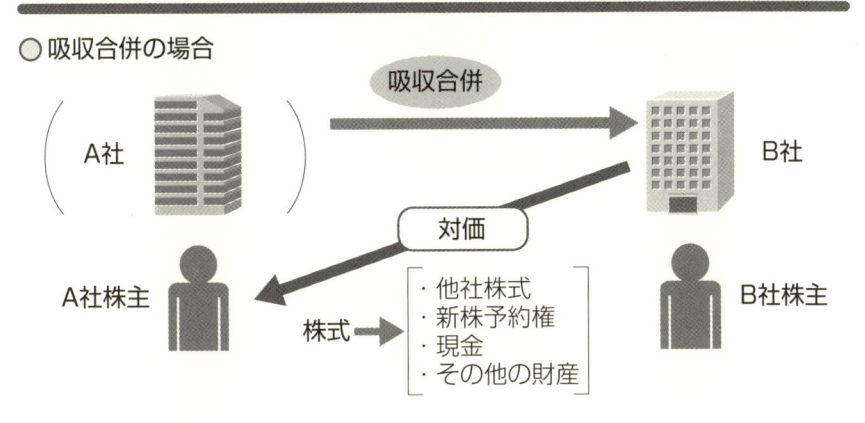

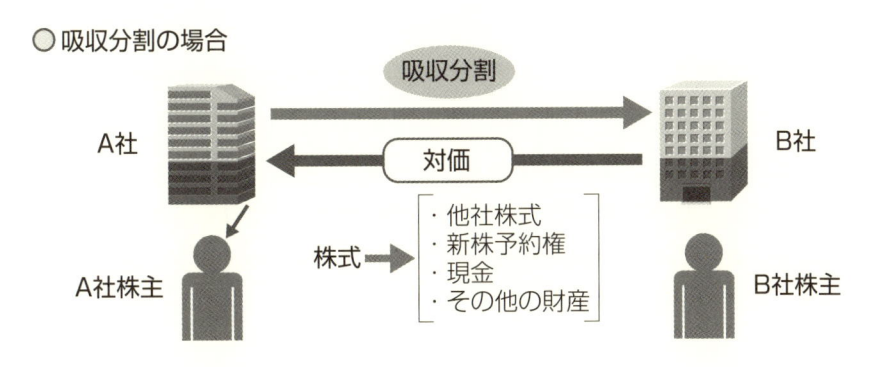

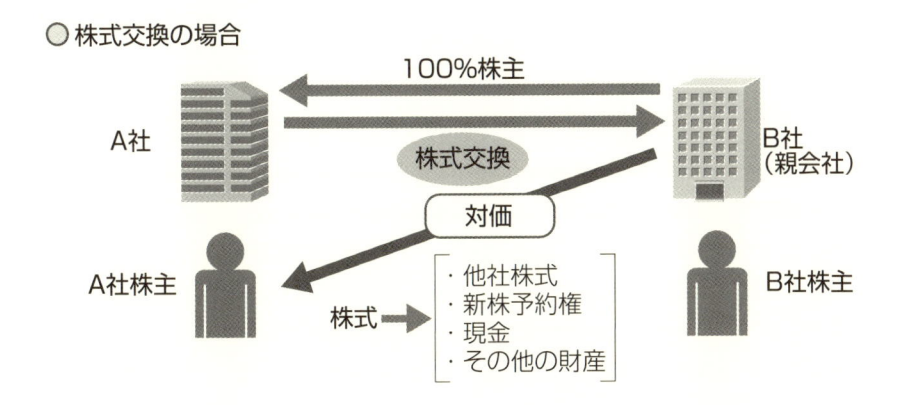

○ 吸収合併の場合

A社 → 吸収合併 → B社

A社株主 ← 対価 ← B社
株式 →
・他社株式
・新株予約権
・現金
・その他の財産

B社株主

○ 吸収分割の場合

A社 → 吸収分割 → B社
A社 ← 対価 ← B社

A社株主
株式 →
・他社株式
・新株予約権
・現金
・その他の財産

B社株主

○ 株式交換の場合

A社 ← 100%株主 ← B社（親会社）
A社 → 株式交換 → B社

A社株主 ← 対価 ← B社
株式 →
・他社株式
・新株予約権
・現金
・その他の財産

B社株主

外資系企業が三角合併を行う場合には、消滅会社の株主に対し、外国親会社の株式が割り当てられる。例えば、外国企業X社が日本に100％子会社Y社を保有しているとする。Y社は日本の会社だから、他の日本の会社Z社を吸収合併できる。この際、Y社は、Z社の株主に、親会社X社の株式を交付することが認められる。この場合、X社は、キャッシュがなくとも、Z社を吸収合併によって飲み込んでしまうことができる。このスキームが、三つの会社が関係するところから、三角合併と呼ばれる。

　ちなみに、会社分割（吸収分割）や株式交換でも対価の柔軟化が認められているので、似たようなことが可能となっている。これが組織再編の自由化で実現された。

●いわゆる三角合併第１号はシティグループ

　2008年、米国シティグループの子会社が受け皿になって株式交換をすることで、親会社のシティと、日本の子会社と、吸収される格好になる日興コーディアルとで、三角株式交換が成立した。これは外国企業によって日本で三角合併が行われた初めてのケースである。この場合、それまでの日興コーディアルの株主には、親会社のシティの株式が割り当てられ、この企業統合で巨額のキャッシュを払う必要がない点がシティにとっての大きなメリットだったが、その後、親会社株式の株価が大きく暴落したこと等から、波乱の展開となっている。

COLUMN-9

国際ビジネスにおける意見書

　国際ビジネス契約においては、一部の重要な項目について、資格のある弁護士の法律意見書や、財務会計に関する事項について会計事務所の意見書を提出することが、取引の前提条件となっていることがある。その意見書が契約書に添付されることもあるし、意見書が取れなければ取引ができないということさえある。その事項は、時として、表明保証条項で言及されていることもあり、

その意見書によって何かが保証されているような感覚を抱くかもしれない。

　しかし、意見書には各種の留保文言や否認文言（disclaimer）が入っていることが多く、できるだけ責任を負わないような工夫がされている。そして、事実関係については、当事者が責任を有するのであり、その事実を前提として法律的な見解を表明しているのだから、結果として結論が異なっても、前提事実が違っていた場合に法律意見書を表明した弁護士に責任がないことは明らかだろう。多くの場合は、前提事実が違っていたという場合が多いことから、法律意見書を出した弁護士の責任が問題となることは少ないように見受けられる。弁護士が取引について「保証人」となるわけではないのだ。

　ただ、事実に何らの問題がなく、法律の解釈だけが誤りであったら、その責任問題が発生することになる。そして、解釈が誤りであるか否かは微妙な判断となるが、多くの法律意見書は、見解の対立があるような分野については、いろいろと逃げ道があるような否認文言を用意している。どんな法律家でも見解の相違は生じ得ないといった事項であれば、そこで意見書を表明した法律事務所なり、弁護士の責任問題となるのだが、日本の実務においては、そこまでの事件に発展したケースはあまり聞かれない。とはいえ、海外においては、意見書による責任が追及され、巨額の賠償を強いられたということもあるようであり、それだけに意見書の文言は相当に神経を使う。

　時として、ほとんど責任を持たないような無責任・無内容に近いような意見書が現れるのは、そのためだ。しかし、何の責任も負わないような無内容なものでは、無意味である。そこで、意見書を受け取る側は、その内容・表現を精査し、できるだけ意味のある意見書を取ろうとする。この弁護士同士の交渉は時に厳しいものとなる。一方当事者に満足のいく意見書が完成できなければ、取引が成立しないことにもなりかねないが、無謀な危険を冒すわけにもいかない。国際ビジネスの法律意見書は、そうしたリスクの上に成り立っているのだ。

82 外資による敵対的買収の脅威

▶▶▶上場企業に対するコントロールの功罪

●公開買付による買収

上場会社の株式は、誰でも取得することができ、これについて外資規制がない限り、外国企業であっても市場において株式を買い占め、公開買付規制のルールに従って日本の上場会社の支配株式を取得することが可能だ。

しかし、これに対して、国内の企業は各種の買収防衛策を用意することがある。ただ、買収者が株を買い進めても、経営者の保身目的の買収防衛策が許容されてしまうと、無能な経営者を保護する結果となり、株主の利益をも害する結果になるから、無制限には認められない。また、買収防衛策が発動されると、株主が公開買付けに応じることによって利益を得る機会を失うことになり、買収者に金銭を交付する場合、その矛盾は一層大きくなる。そこで、日本では、企業価値をめぐる考え方について議論が進んでおり、特に経済産業省の企業価値研究会の報告や提案等が注目されている。

また、日本では外為法による外資規制がなされる場合がある。同様に米国でも、**エクソン・フロリオ条項**のように、外資規制をすることを許容している。これは、外国企業等による米企業の買収等が米国の国家安全保障に脅威を与えると考えられる場合に、外国企業等による買収等を適当な期間、停止または禁止できるというものだ。

現代のマーケットでは内資と外資の区別も難しくなっている。各法域における外資規制に対しては、外資を不当に差別的に取り扱い、資本市場が閉鎖的にならないように注視する必要がある。

●三角合併等解禁の影響

日本でも三角合併等（→234頁）が可能になると、外資が日本企業を買い漁るのではないかといった懸念を抱く向きもあった。しかし、株式会社の組織再編には原則として株主総会で3分の2以上の賛成が必要とされるので、株主総

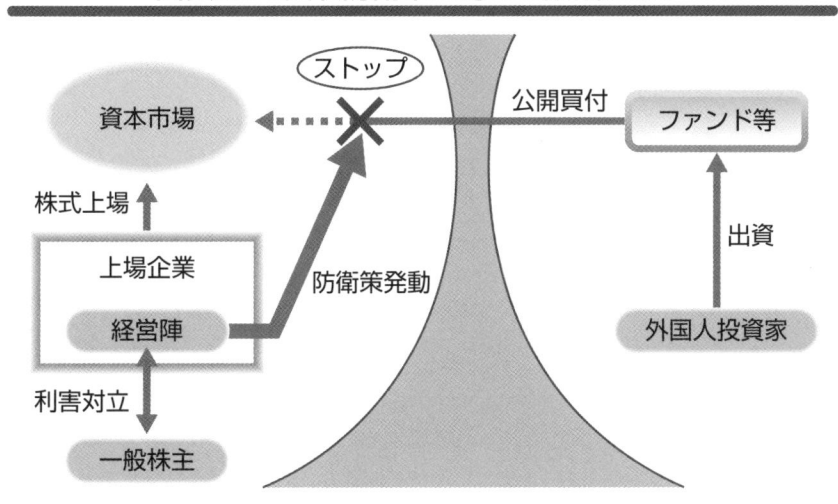

図表82　買収防衛策に対する議論は多い

- 資本市場
- ストップ
- 公開買付
- ファンド等
- 株式上場
- 上場企業
- 経営陣
- 防衛策発動
- 出資
- 外国人投資家
- 利害対立
- 一般株主

会や取締役会の意向に反して合併等の組織再編はできない。「対価の柔軟化」といっても、現経営陣が賛成する「友好的な買収」を行う際の選択肢が増えたにすぎない。

　もっとも、3分の2以上の株主の賛同さえ得られれば、少数株主に親会社株式あるいはキャッシュを渡すことによって、合併等に持ち込み、完全に傘下に置くというシナリオを描ける。その意味で、三角合併ができることは、外資による敵対的買収の呼び水になる可能性はある。つまり、公開買付等によって敵対的買収を実現した後に、対価の柔軟化等による組織再編がやりやすくなるので、間接的に買収を促進する効果はあるだろう。

　ただ、少数株主が親会社株式をもらえるといっても、その内容・評価に満足できなければ反対株主として株式買取請求をして金銭で解決する必要がある。その場合、会社法では「公正な価額」で株式を買い取ってもらえるはずだが、会社と価額をめぐって意見が対立した場合にどうなるかは困難な問題だ。会社法では裁判所に価格を決めてもらうことが可能だが、一般の個人投資家が現実にどこまでやれるのかは問題である。

第9章 国際取引の紛争解決手法

83 国際ビジネスに伴う不法行為

▶▶▶ 事業活動の過程での事件・事故への対応

● 想定されるか否か

国際ビジネスの事業活動においても、想定外の事故や失敗から、契約責任とは異なる不法行為等による責任が生じることもある。一般に契約で対応するのは、契約責任の分野であり、不法行為の問題をカバーするのは限界がある。しかし、一定の事故・事件を想定して、不法行為によるビジネスリスクをも織り込んだ対策を取ることが考えられる。例えば、**製造物責任**や**知的財産権の侵害**が発生するといった事態は、その取引の性質から予測されるケースもあるので、その場合の対応方法や責任の分担を契約であらかじめ定めておくことがある。

ただ、どうしても想定外の不法行為については、個別に対応することが必要となる。また、第三者との関係については契約当事者だけで拘束することはできない。

● 不法行為の準拠法

国際ビジネスで発生した不法行為についても、その準拠法はどこかが問題となる。この点について、他の多くの法域と同じように、日本の通則法第17条は、不法行為によって生ずる債権の成立及び効力を、「加害行為の結果が発生した地の法」によることを原則としている。ただし、例外的に、その地における結果の発生が通常予見することのできないものであったときは、「加害行為が行われた地の法」によるものとしている。

さらに、製造物責任の場合は例外で、引き渡された生産物の欠陥で他人の生命、身体または財産が侵害された不法行為について、業者に対する債権の成立及び効力は、被害者が生産物の引渡しを受けた地の法によるものとされる。ただし、その地での生産物の引渡しが通常予見できない場合は、生産業者等の主たる事業所の所在地の法（生産業者等が事業所を有しない場合にあっては、その常居所地法）によるものとされる（通則法第18条）。

図表83　日本の国際私法における不法行為の準拠法

通則法第17条：（原則）「加害行為の結果が発生した地の法」
（例外）その地における結果の発生が通常予見することのできないケース
→「加害行為が行われた地の法」
通則法第18条：
〈生産物責任の例外〉
引き渡された生産物の欠陥で他人の生命、身体又は財産が侵害された不法行為
→被害者が生産物の引渡しを受けた地の法
〈さらに例外〉
その地での生産物の引渡しが通常予見できない→生産業者等の主たる事業所の所在地の法（生産業者等が事業所を有しない場合は、その常居所地法）
通則法第21条：
不法行為後であれば、準拠法の変更も可能（ただし、第三者の権利を害する場合は、その変更をその第三者に対抗できない）

　この場合に責任を負う業者とは、生産物を業として生産し、加工し、輸入し、輸出し、流通させ、または販売した者のほか、生産物にその生産業者と認めることができる表示をした者をいう。これを「生産業者等」と総称する。
　もっとも、当事者は、こうした準拠法を変更することもできる。通則法第21条は、「不法行為の当事者は、不法行為の後において、不法行為によって生ずる債権の成立及び効力について適用すべき法を変更することができる」としているからだ。ただし、第三者の権利を害する場合には、その変更をその第三者に対抗することができない。
　また、日本において、通則法第22条は、不法行為について外国法によるべき場合、その外国法を適用すべき事実が日本法によれば不法とならないときは、その外国法に基づく損害賠償その他の処分の請求ができないと定めている。また、不法行為について外国法によるべき場合、その外国法を適用すべき事実がその外国法及び日本法により不法となるときでも、被害者は、日本法で認められる損害賠償等でないと請求できない。

84 知的財産権の侵害

▶▶▶ 属地主義の限界を克服して救済を可能にする取り組み

● 知的財産権の効果的活用

　特許・商標等の工業所有権の保護に関する**パリ条約**、文学・美術作品の保護に関する**ベルヌ条約**の事務局を前身として、1970年に発効した条約により「**世界知的所有権機関**」（World Intellectual Property Organization ＝ WIPO）が設立され、1974年に国連の専門機関となった。この加盟国は184か国に及んでいる（2008年12月31日現在）。WIPOは、知的財産権保護の国際的な促進のため、各国制度の調和等を目的とする条約の策定、技術協力を通じた途上国における保護水準の引上げ、情報化の推進のほか、知的財産権に関する条約、国際登録業務の管理・運営を行っている。

　しかし、自社の製品を海外に輸出すると、海外において自社の技術や情報が盗まれるリスクも高まる。このため、知的財産権の侵害が顕在化した場合には、その救済を求めることにより、その実効性を確保する努力が求められる。

　近時、知的財産権の保護を強化するための政策を採用する国も増えており、知的財産紛争を専門に取り扱う裁判所を整備するところもある。日本における知的財産高等裁判所設置等も、こうした世界的な動向に沿うものだ。

● 並行輸入の取扱い

　真正商品の**並行輸入**とは、知的財産権の権利者によって外国で適法に流通経路に置かれた真正商品が、当該権利者から許諾を得ていない第三者によって輸入されることをいう。権利者とすれば、こうした輸入を差し止めたいところだが、他方において自由な流通を阻害する恐れがあるものとして激しく争われてきた。基本的に真正商品の並行輸入は違法性がないものとして差止めは認められないことが多いが、特許権、商標権、著作権等の権利によって、図表84に示したようにその理由付け等は異なる。

　もっとも、独占禁止法等によって並行輸入を止められないとなると、独占的

図表84　知的財産権に関する判例

	国際消尽論	輸入差止の可否
特許権	否定 (最高裁判所第三小法廷判決平成9年7月1日BBS並行輸入事件)	特許権者が留保を付さないまま特許製品を国外で譲渡した場合には、譲渡人の特許権の制限を受けないで当該製品を支配する権利を黙示的に授与したと解すべき。 但し、特許権者が国外での特許製品の譲渡に当たって日本における特許権行使の権利を留保することは許される。 →①特許権者が、譲受人との間で特許製品の販売先ないし使用地域から日本を除外する旨を合意し 　②製品にこれを明確に表示した場合 　　　→　差止可能
商標権	否定 (最高裁判所第一小法廷判決平成15年2月27日フレッドペリー並行輸入事件)	真正商品の並行輸入は、商標の出所表示機能及び品質保証機能を害することがなく、商標の使用をする者の業務上の信用及び需要者の利益を損なわず、実質的に違法性がない。 →商標の①**出所表示機能**を害し 　　　　②**品質保証機能**を害する恐れがあれば、真正商品の並行輸入ではない 　　　→　差止可能
著作権	著作権法で一部容認	著作権法26条の2、113条5項で商業レコードについて差止可能

販売権を有する意味がなくなるのではないかとの疑問が湧くかもしれない。しかし、独占的に仕入れを確保でき、メーカー等のバックアップに裏付けられた信用が高く評価できることもある。また、並行輸入を事実上回避するために、主要国ごとにスペックを変えたり、直販方式を用いたりする等の方策が取られることがある。

〈国際ビジネス・ケーススタディ①〉
(最高裁判所第三小法廷判決平成9年7月1日（BBS並行輸入事件）、判時1612号3頁、判タ951号105頁)

　日本とドイツで特許権を有するドイツ法人から日本法人に対してなされた真正商品の並行輸入及び販売等の差止め及び損害賠償の請求がなされた。

【裁判所の判断】
　日本の特許権者またはこれと同視し得る者が国外で特許製品を譲渡した場合では、特許権者は、譲受人に対しては、当該製品について販売先ないし使用地域から日本を除外する旨を譲受人との間で合意した場合を除き、譲受人から特許製品を譲り受けた第三者及びその後の転得者に対しては、譲受人との間で右の旨を合意した上で特許製品にこれを明確に表示した場合を除いて、当該製品について日本で特許権を行使することは許されないとして、並行輸入に対する特許権に基づく差止めを認めなかった。

　原地主義の原則とは、特許権についていえば、各国の特許権が、その成立、移転、効力等につき当該国の法律によって定められ、特許権の効力が当該国の領域内でのみ認められることを意味する。日本の特許権に関して特許権者が日本の国内で権利を行使する場合、権利行使の対象とされる製品が当該特許権者等により国外で譲渡されたという事情を特許権者による特許権の行使の可否の判断に当たってどのように考慮するかは、専ら日本の特許法の解釈の問題であり、パリ条約や原地主義の原則とは無関係であって、この点についてどのような解釈を取っても、パリ条約4条の2及び原地主義の原則に反しない。

　現代社会で国際経済取引が極めて広範囲かつ高度に進展しつつある状況に照らせば、日本の取引者が、国外で販売された製品を日本に輸入して市場の流通に置く場合でも、輸入を含めた商品の流通の自由は最大限尊重すべきである。国外での経済取引でも、国内と同様に、譲受人は譲渡人のすべての権利を取得することを前提として取引行為が行われる。特許権者が国外で特許製品を譲渡した場合でも、譲受人またはこれから特許製品を譲り受けた第三者が、業としてこれを日本に輸入し、日本でこれを使用し他者に譲渡することは当然に予想される。この場合、特許権者は、譲受人に対しては、当該製品の販売先ないし

使用地域から日本を除外する旨を譲受人との間で合意した場合を除き、譲受人から特許製品を譲り受けた第三者及びその後の転得者に対しては、当該製品について日本で特許権を行使できないとして、特許製品の並行輸入に対する製品の輸入・販売の差止め等を認めなかった。

〈国際ビジネス・ケーススタディ②〉
（最高裁判所第一小法廷判決平成15年2月27日（フレッドペリー並行輸入事件）、判時1817号33頁、判タ1117号216頁）
　Y（輸入者）が輸入、販売するポロシャツが偽造品である旨のXの広告がYの営業を妨害し、または信用を害するものであるとしてYがXに対して損害賠償等を請求したのに対し、XがYに対してYの行為が商標権を侵害すると主張して損害賠償等を請求した。

【裁判所の判断】
　真正商品の並行輸入は、商標の機能である出所表示機能及び品質保証機能を害することがなく、商標の使用をする者の業務上の信用及び需要者の利益を損なわず、実質的に違法性がない。しかし、本件商品は、外国の商標権者の同意なく、契約域外の工場に下請製造させたもので、許諾条項に定めた許諾の範囲を逸脱して製造され、本件標章が付されたもので、商標の出所表示機能を害し、製造国及び下請の制限条項は、商標権者が商品の品質を管理する上で重要であり、その条項に反する行為は、商標の品質保証機能を害する恐れがある。本件商品の輸入は、真正商品の並行輸入と認められず、実質的違法性を欠くということはできない。輸入業者は、輸入申告の際に輸入商品の製造地を明らかにする必要があるから、商標権者から使用許諾を受けた者が日本における登録商標と同一の商標を付した商品を輸入する場合では、少なくとも使用許諾契約上、被許諾者が製造国で当該商品を製造し当該商標を付しうる権原を有することを確認した上で当該商品を輸入すべきである。

85 契約終了をめぐる紛争

▶▶▶ 関係解消だけでなく金銭的な清算、賠償問題等々

● 契約解除の手続

　契約が自動的に終了する場合には、特別の手続を要しない。これに対して、契約を解除する場合には、解除の通知をする必要がある。CISG 26条は、**契約の解除の意思表示は、相手方に対する通知によって行われた場合に限って有効となる旨を定めている**。ただ、相手方に解除事由が生じたら、予告なく契約を解除できる場合（即時解除）と、一定の猶予期間を与えてから解除する場合がある。この一定の猶予期間は、具体的に契約で定めておくのが望ましいが、状況によって臨機応変に対応できるように「相当の期間」等のような定め方もある。ただ、具体的な定めがないと、その期間の長さが争点となることもある。

● 契約終了後の処理

　契約終了の効果としては、契約関係の解消だけでなく、金銭的な清算や賠償問題についての処理の仕方を定めておくこともあり、それが契約によって左右されることもある。例えば、ライセンス契約が終了した場合、ライセンサーとしては、商号や知的財産権等の使用を中止し、その対象物及びその関連資料、複製物等を破壊し、その旨をライセンサーに対して証明するか、それらをライセンサーに対して引き渡してもらうように求める必要がある。いずれの方法で処理するかは、国によって考え方も異なりうるので、予め契約書に盛り込まれているべきである。それが確実に履行されているかどうかを確認するプロセスも必要である。

　さらに、契約に関して重大な債務不履行があった場合、契約に違反していない当事者は契約の解除と併せて、契約に違反した当事者に対して損害賠償を求めることができるが、その損害額の算定で対立することが多い。

　契約に定める解除・終了事由に該当しない場合でも、法律の定めに従って、解除・取消しができる場合や無効を主張できる場合、契約が終了する場合があ

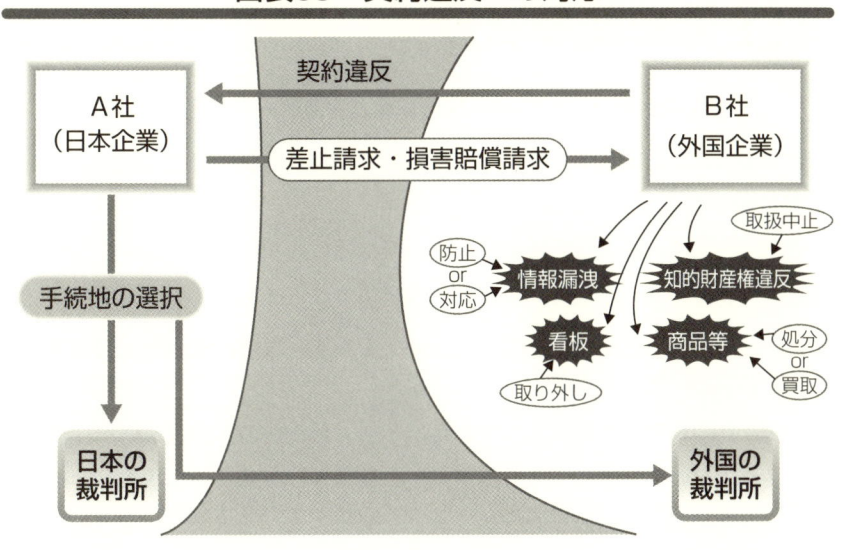

図表85　契約違反への対応

A社（日本企業） ← 契約違反 ← B社（外国企業）
A社 → 差止請求・損害賠償請求 → B社

B社側：
- 防止or対応：情報漏洩
- 取扱中止：知的財産権違反
- 取り外し：看板
- 処分or買取：商品等

A社 → 手続地の選択 → 日本の裁判所／外国の裁判所

る。例えば、日本の民法に定める契約違反があった場合の債務不履行による解除、注文者が破産した場合の解除のほか、建設業法による注文者の契約解除（建設業法第3条、29条の3）等のように特別法に基づいて解除権が認められる場合もある。こうした法定解除権は、契約に定めておかなくとも法律に基づいて認められるが、契約条項で確認したり、何らかの手続的な条件や制限を定めたりすることもある（→136頁）。ただし、こうした法定解除権が強行法規によって保障されている場合は、この解除権を制限する特約も公序良俗に反するものとして効力が認められない可能性がある。

　当事者の一方が何らの制限もなく国際取引契約を任意に解除できる条項は、解除される側が不測の損害をこうむる恐れがあり、解除権を行使する側が濫用する危険性が高く、その効力には疑問がある。しかし、解約手付けが認められているように何らかの対価の代わりに一定の期間に解除権を認めるとか、何らかの条件をつけるのであれば、必ずしも恣意的な解除権の行使がなされるとは限らず、合理性がある場合もあろう。

86 準拠法の選択

▶▶▶合意がない場合の紛争解決基準となるルールは何か

● 契約の準拠法

　国際取引契約の解釈及び適用は、その準拠法に基づいてなされる。しかし、国際取引契約では、どこの国の法律が準拠法となるのかが必ずしも明らかではない。そこで、当事者の合意によって、どの法律を準拠法とするのかを定めることが多い。

　もっとも、準拠法に関する合意がなくとも、何らかの準拠法に従って契約は解釈され、その契約に関して紛争が生じた場合には裁判所が法廷地の国際私法によって導かれる準拠法を適用して紛争を解決する。従って、国際取引契約で準拠法を定めていなくとも、準拠法がないわけではない。単にどれが準拠法となるのか予測がつきにくくなるだけだ。ただ、契約に関する予測可能性を高めるためには、できるだけ明確な準拠法の合意が必要である。

　準拠法如何によって、その取引における法律関係に決定的な影響を与えることもありうる。その場合に勝手に推定した準拠法に従って対応していただけではまったく誤った対応だったということにもなりうる。そうした不手際を避けるためにも、あらかじめ準拠法を明確にしておくことが重要である。

　ただ、準拠法がどこかによってその結論が大きく変わることは、それほど頻繁に生じることではなく、むしろ先進国であれば、どの国の法律でも概して似たような内容であることが少なくない。また、契約当事者が常に自由に準拠法を選択できるわけではないし、準拠法を当事者が定めてもその通りになるとは限らない部分も少なくない。はじめからどこかの法律が適用されることが強制され、当事者に選択の余地がなければ、準拠法の合意は効を奏しない。このため、準拠法の選択にこだわっても仕方がない面もある。

　しかし、準拠法を定めておけば、それが契約関係を検討するルールとなる。準拠法が依頼している弁護士の専門とする国の法律ではない場合には、あらた

図表86　準拠法の選択の考え方

当事者の選択 → 原則優先・可能な限り尊重	
当事者の選択できないもの	
公法的規制（強行法規）	関係国法
動産・不動産等の物権や知的財産権に関するもの（登記・登録の対象となるもの）	所在地法 登録国法
債権譲渡に関する準拠法	通則法23条による
手続に関する準拠法	手続地法
法人・組織の内部関係	設立準拠法

❓ まったく無関係の第三国法、国家法でないもの、化石化条項等

めて準拠法の国の専門弁護士に確認しないと断定的なコメントができない。例えば、米国某州法が準拠法ならば、本来はその州法の弁護士に依頼すべきだ。

国際取引契約で準拠法の選択がない場合、手続地の国際私法で契約の準拠法が決められる（→36頁）。日本では通則法が準拠法を決定する基本的な定めを設けている。契約については、旧法例で行為地法が準拠法とされていたが、インターネットを介した取引など、契約を締結した場所が不明確であるし、偶然的な契約締結地によって左右されるのは妥当ではない等の問題があった。通則法では最密接関係地法とするルールが採用された（→38頁）ので、無理をして黙示の意思を認定する必要性は一般的には低くなった。

当事者が準拠法を事後的に変更できる旨の定めは設けられたが、第三者の権利を害することとなるときは、その変更をその第三者に対抗することができないものとされている（通則法9条）。

●日本の公序良俗との関係

国際ビジネスに関して国際的な慣習がある場合には、それが適用される可能性がある。通則法は、公の秩序または善良の風俗に反しない慣習は、法令の規定により認められたものまたは法令に規定されていない事項に関するものに限り、法律と同一の効力を有すると定めている（通則法3条）。

87 国際裁判管轄

▶▶▶ 国際的条約がない中で国際法から導かれるルール

● 特段の事情説

　国際裁判管轄に関してはさしたる条約がない。現在、日本にも国際民事訴訟法のまとまった法典や法律があるわけではない。日本の民事訴訟法には、国内裁判管轄についての定めはあるが、国際裁判管轄についての明文の規定はない。しかし、日本では平成22年にも国際裁判管轄に関する法律を制定すべく準備を進めている。

　ところで国際裁判管轄が問題となるのは、原告が自分の有利な国で提起する裁判の管轄を外国にいる被告に及ぼすことが認められるか否かという点である。日本においては、基本的に当事者間の公平や裁判の適正・迅速の理念から条理によって国際裁判管轄の有無が判断される。ただ、日本の最高裁判所平成9年11月11日判決は、民事訴訟法が定める裁判籍が日本に認められる場合は原則として国際裁判管轄を認めるという考え方（**逆推知説**）を基本として、日本で裁判を行うことが「当事者間の公平、裁判の適正・迅速を期するという理念に反する特段の事情があると認められる場合」には管轄を否定すると判示した（**特段の事情説**）ことから、現在の裁判実務では各事件における個別の事情を考慮して「特段の事情」がある場合には日本の裁判所の国際裁判管轄を否定するという枠組みでその判断がされている。

　ただ、事件が起きてからこれを争うのは負担であることから、国際取引契約においては専属的管轄の合意をすることによって、予測可能性を高めようとしている。ただ、それが非専属的管轄と解釈される恐れがないようにすべきであり、そうでないと管轄の合意の趣旨が不明確であるとして争われることもある。

　また、かかる管轄の合意によって下された外国判決の執行が問題なく認められるわけではない。外国判決の執行が認められる要件は法域によって異なるが、この点に関する国際的枠組みを構築しようという試みはある。しかし、管轄合

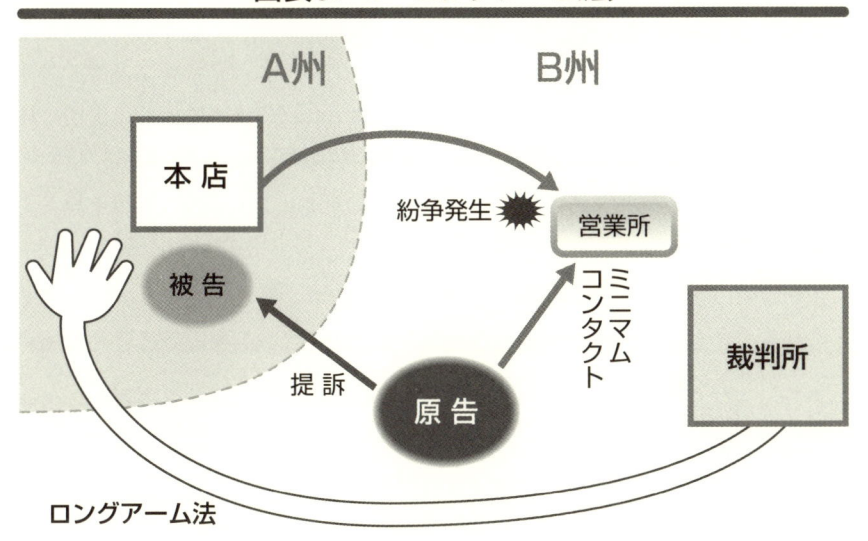

図表87-1　ロングアーム法

意に関する条約は、各国の意見の対立により、ハーグ国際私法会議が対象範囲を専属的管轄合意に限定して、2005年6月「管轄合意に関する条約」を採択するにとどまり、それさえも現在のところ未だ発効していない状況にある。

● **裁判管轄権を広く認める米国**

米国の**ロングアーム法**（long arm statute）では、州内で営業しているという要件が極めて緩やかに適用されるため、実質的にはほとんどその州と関係のないような外国企業に対しても管轄権を行使するような例があり、国際私法上、問題視されている。ロングアーム法とは、「**ミニマムコンタクトの法理**」（minimum contacts theory）による基準を満たす最大限度まで裁判管轄権を拡張しようとして各州で立法されたもので、イメージとしては長く腕を伸ばすように、自州にいない被告に対する自州の裁判管轄権を広く認める米国の州法をいう。ミニマムコンタクトの法理とは、「最小接触理論」などとも訳される。この理論は、営業を行う州における対人的訴訟管轄権が本社に対しても及ぶか否かとの問題について、「フェア・プレーと実質的正義の伝統的観念に反しない最低限度の関連」があるか否かで管轄の有無を判断すべきであるとする。

253

1945年の米国連邦最高裁判所判決（International Shoe Co. v. State of Washington, 326 U. S. 310（1945））で採用された。ただ、管轄が肯定されたとしても、公私の利益を勘案して裁量的に管轄を否定する英米法系の**フォーラム・ノン・コンビニエンスの法理**（forum non conveniens rule）の活用により、米国では、ある程度の修正が図られている（但し、専属的管轄の合意をする場合には、逆にこの法理による抗弁を出されることのないように、この法理の適用を放棄する旨の条項が置かれることもある）。

裁判管轄の合意がされるのは、他の取引条項の成立が前提となっていると考えられる。また、専属的な管轄の合意は、他の法域で裁判を受ける権利を制約するものであるから、その合理性が厳しくチェックされる傾向がある。そして、仲裁法第13条第6項のような定めが裁判管轄に関してはないことから、その反対解釈として裁判管轄条項には独立性がないと立論することが考えられよう。そこで、裁判管轄条項に独立性を持たせたければ、それをできる限り明文で定めておくことが望ましい。

何らかの事情によって管轄の合意が定められない場合でも、どこかで裁判を起こすことができる。その場合、国際取引契約の紛争になると、国際裁判管轄の論点が生じる。時として有利な裁判地を求めて**法廷地漁り**（forum shopping）がなされる。このため、国際商事紛争において訴えを提起された場合、各裁判所は、①当事者とその国の関係、②契約内容、③訴訟手続を合理的に進めることができるか等を検討して結論を出す。その最終的な判断はケース・バイ・ケースになるから、紛争になった場合には信頼できる弁護士に、どこで裁判を起こすことが最終的に妥当な結論を導きうるのか、という観点からも適切なアドバイスを得るべきであろう。ただ、国際裁判管轄の論点がある場合には、利害相反的な問題をも考慮して、どこで裁判を起こすのがよいかを判断する弁護士と実際に訴訟をしてもらう弁護士を分けて、意見をもらうべきだろう[1]。

（注1）管轄の合意に関する諸論点の詳細は、拙著『ロースクール実務家教授による英文国際取引契約書の書き方（改訂版）』192頁以下（ILS出版、2007年）参照。

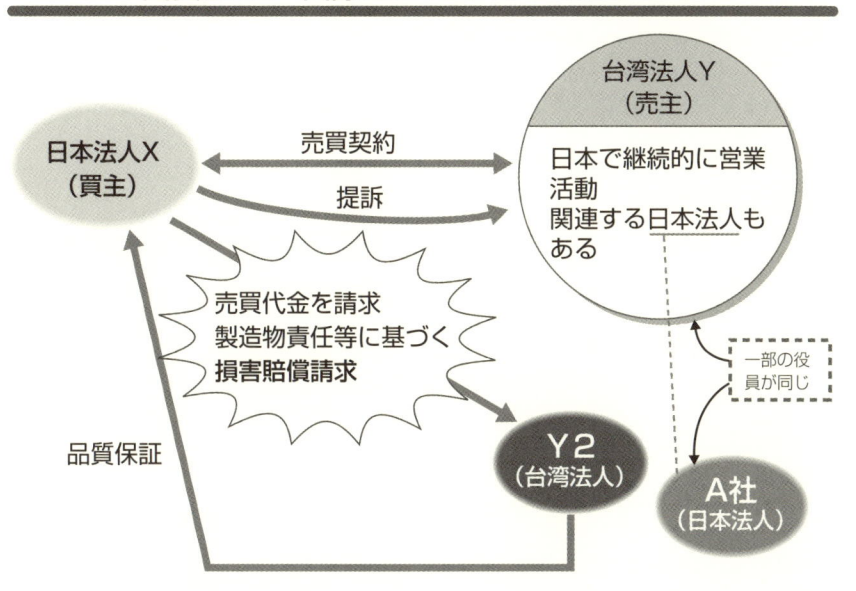

図表87-2　国際ビジネス・ケーススタディ

```
日本法人X ←──売買契約──→ 台湾法人Y（売主）
（買主）    ──提訴──→    日本で継続的に営業活動
                        関連する日本法人もある

売買代金を請求
製造物責任等に基づく
損害賠償請求
                                    一部の役員が同じ
            Y2
            （台湾法人）    A社（日本法人）
品質保証
```

〈国際ビジネス・ケーススタディ〉
（横浜地裁判決平成18年6月16日確定、判時1941号124頁）

　日本法人X（買主）が、日本で継続的営業活動を行い、関連する日本法人もある台湾法人Y（売主）に対して売買代金を請求し、Yから輸入した本件製品に欠陥があり、Y2が保証した品質を備えていないとして、Yらに対して製造物責任等に基づく損害賠償を請求した。

【裁判所の判断】
　外国法人が日本で「実質的・継続的に商業活動を営んでいる」ことから直ちに国際裁判管轄を肯定することはできない。外国法人の関連日本法人である訴外A社は、Yの子会社ではなく、法的にはYから完全に独立した別法人であり、実質的にYの「事務所又は営業所」として機能しているとの具体的な事情も認められず、本件訴訟については、日本内に民事訴訟法5条5号、4条5項の規定する裁判籍はないなどとして、台湾法人に対する売買代金請求について、日本の国際裁判管轄権を否定し、訴えを却下した。

88 国際訴訟競合

▶▶▶ 同一の問題について日本と外国で提訴された場合

● 各種学説の対立

　同じ当事者の間で、同一の問題を扱う訴訟が、例えば、日本の裁判所だけではなく、外国の裁判所でも提起された場合、どうなるのであろうか。外国で訴訟が起こされた紛争案件について、日本でその逆の請求をする裁判を起こせなくなるのであろうか。この問題を**国際訴訟競合**という。訴訟が二重に継続すると、被告の負担が重くなって不当だというだけではなく、異なった国での複数の裁判所で異なる判断が下される危険性もある。

　かつては、一つの国における訴訟はその国でだけ効力があり、二重起訴の禁止される国内の訴訟（民事訴訟法142条）とは異なって、外国の裁判所に同一の訴訟を提起すること自体は禁止されず、他国の手続には影響を及ぼさないという考え方から、純粋に国際裁判管轄の有無だけを判断していた。現在でも、こうした立場の法域がある。

　しかし、日本の裁判所は、近時そうした考え方から脱却し、①外国判決が日本で承認される可能性を検討して日本の後訴を規律しようという「**承認予測説**」とか、②裁判管轄権の判断における特段の事情の一つとして訴訟競合の点も考慮する「**特段の事情説**」、③いずれがより適切な法廷地であるかという観点から日本の裁判管轄権を判断する「**適切法廷地説**」といった考え方等に変わってきている。

　上記①の見解は、先行する外国訴訟について本案判決がされてそれが確定に至ることが相当の確実性をもって予測され、かつその判決が日本で承認される可能性があれば、日本における後訴についても、二重起訴禁止の法理を類推することが相当とされるとの理由による。しかし、この説によっても、必ずしも日本で承認されるとは限らない場合であれば、日本での訴訟が可能となるかもしれない。

256

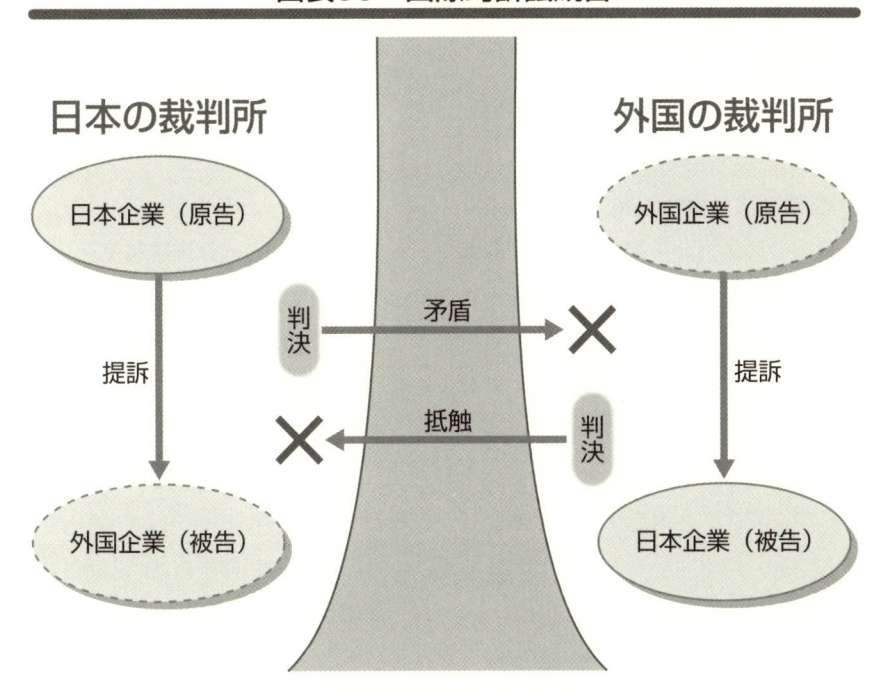

図表88　国際的訴訟競合

日本の裁判所
- 日本企業（原告）──提訴→ 外国企業（被告）

外国の裁判所
- 外国企業（原告）──提訴→ 日本企業（被告）

判決 ─矛盾→ ×
× ←抵触─ 判決

　一方、③の適切法廷地説の場合、日本のほうがより適切な法廷であれば、米国で先に訴訟があっても、日本での訴訟が認められる。いずれの見解をとるかによって判断が異なることがあり、結果として国際二重訴訟が継続することもあれば、それが阻止されることもあるということになる。日本での立法論（→252頁）としては、国際的訴訟競合が生じている場合には、裁判所が一定の要件の下に係属する訴訟の手続を中止できるものとするという考え方が提案されており、その動向が注目される。

●矛盾した外国判決の効果

　万一、国際的な二重訴訟が確定判決にまで至り、その結論が矛盾していた場合にどうなるかだが、それぞれの判決は自国においてのみ有効だ。一方の国の判決を他国で執行しようとしても、日本であれば、公序に反する外国判決として執行が認められないことになるだろう（→272頁）。

89 米国の民事訴訟

▶▶▶ 陪審制度・証拠開示制度・複雑な証拠法が規律する

● 裁判には弁護士強制

　米国の民事訴訟手続きは極めて複雑だ。というのも、それは**陪審制度**を採用しているためで、陪審制度であるがゆえに、徹底した証拠開示もあるし、複雑な証拠法も存在している。そのため、日本では、本人が訴訟をすることも認められ、実際に訴訟の素人であっても見よう見まねでやっている例が少なくないが、米国になると地方裁判所レベルではそうしたやり方が許されない。地裁レベルでの民事訴訟手続には必ず弁護士が必要になり、その複雑な手続にかなりの時間を投入して対応することが必要だ。

　しかも、日本の企業が依頼者となる場合には、欧米の法律事務所は基本的にタイムチャージで弁護士報酬（legal fee）を請求する。その結果、海外での訴訟案件はかなり大きな出費となる傾向がある。大体の感覚としていえば、第一審の平均的リーガル・フィーとして最低2000万円相当は避けられず、多ければ数億円単位の出費となる。

　その意味で、そうしたトラブルになるべく巻き込まれないようにする必要があり、また巻き込まれても傷が浅くてすむように事前の対策としてのコンプライアンス・プログラムが極めて重要な意味を持つ。刑事犯罪になるような行為があれば、刑事問題だけでなく、民事訴訟にも発展する恐れがある。刑事犯罪については、連邦量刑ガイドラインに示されているようなコンプライアンス・プログラムの有無が大きなポイントにもなる。

　米国民事訴訟手続の一般的な流れを図表89に示したが、日本の第一審民事手続と比べるとかなり複雑であることが一目瞭然だ。

〈国際ビジネス・ケーススタディ〉
　A社とB社は、ともに世界的な企業として幅広く営業活動を行い、競合することも多かったが、ある知的所有権をめぐって紛争が起きた。A社は、B社か

図表89　米国の民事訴訟手続の流れ

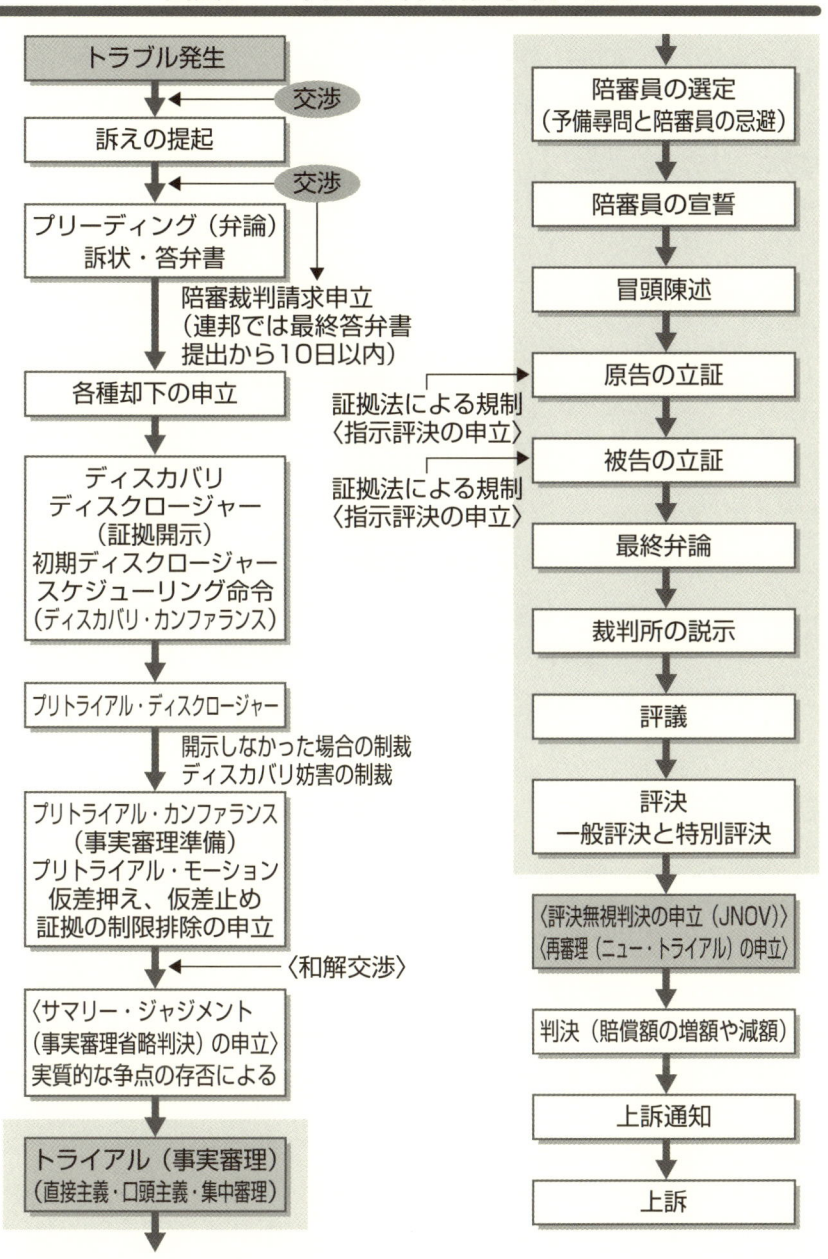

```
トラブル発生
    ↓ ← 交渉
訴えの提起
    ↓ ← 交渉
プリーディング（弁論）
訴状・答弁書
    ↓　陪審裁判請求申立
　　　（連邦では最終答弁書
　　　　提出から10日以内）
各種却下の申立
    ↓
ディスカバリ
ディスクロージャー
（証拠開示）
初期ディスクロージャー
スケジューリング命令
（ディスカバリ・カンファランス）
    ↓
プリトライアル・ディスクロージャー
    ↓　開示しなかった場合の制裁
　　　ディスカバリ妨害の制裁
プリトライアル・カンファランス
（事実審理準備）
プリトライアル・モーション
仮差押え、仮差止め
証拠の制限排除の申立
    ↓ ← 〈和解交渉〉
〈サマリー・ジャジメント
（事実審理省略判決）の申立〉
実質的な争点の存否による
    ↓
トライアル（事実審理）
（直接主義・口頭主義・集中審理）
    ↓
陪審員の選定
（予備尋問と陪審員の忌避）
    ↓
陪審員の宣誓
    ↓
冒頭陳述
    ↓
原告の立証　← 証拠法による規制
　　　　　　　〈指示評決の申立〉
    ↓
被告の立証　← 証拠法による規制
　　　　　　　〈指示評決の申立〉
    ↓
最終弁論
    ↓
裁判所の説示
    ↓
評議
    ↓
評決
一般評決と特別評決
    ↓
〈評決無視判決の申立（JNOV）〉
〈再審理（ニュー・トライアル）の申立〉
    ↓
判決（賠償額の増額や減額）
    ↓
上訴通知
    ↓
上訴
```

ら内容証明郵便で警告書を受け取り、日本で近く裁判が起こされることを覚悟して、書類の準備をさせていた。ところが、B社は、米国カリフォルニア州でA社を相手に訴えを起こしてきた。B社は当初から米国での提訴を視野に入れて書類の管理・準備を進めていた。それに対して、A社は日本的な従来型の書類整理しかしておらず、また日本における必要最小限度の証拠書類だけで勝負する訴訟を念頭に置いていたために、応訴に苦労する結果となった。

　グローバル経済においては、日本の裁判よりも外国、とりわけ米国で訴訟をしたほうが有利であるという考え方もあり、米国は比較的広く管轄を認める傾向がある。このため、**法廷地漁り**（forum shopping）が起こりがちであり、裁判外の交渉をしないで、いきなり有利な法廷地で先手を打って訴訟を提起するといった紛争類型もある。日本企業同士での紛争も米国での訴訟となれば、それに応じた日頃からの文書管理が物を言うわけであり、日本的な基準だけで管理していればいいというわけではない。特に世界的に活動している企業は、その文書管理から訴訟対策に至るまで、世界標準で準備する必要がある。もはや日本の法制を前提とするのではなく、米国等の法制を前提としたコンプライアンス・プログラムを構築するべきだろう。

90 訴訟か仲裁か

▶▶▶国境を越えた紛争解決の手段

●紛争解決手段の選択肢

　国際取引紛争の解決手段は、当事者間での協議による和解が望ましいが、それが不調に終わった場合、調停、仲裁、訴訟等の選択肢がある。このうち、解決内容そのものについて当事者の合意なしに決定できるのが訴訟と仲裁である。紛争の本案を解決する方法は、基本的に訴訟か仲裁かのいずれで最終的に決着をつけるかを選択すべきだ。仲裁の場合には仲裁合意が必要であるし、訴訟による場合においても、国際取引契約で裁判管轄を予め合意する等の対応が考えられる。訴訟と仲裁の比較・対照については、図表90を参照されたい。

　ところで、仲裁は訴訟と違って敵対的ではなく、仲裁手続をしていても、紛争当事者間において取引関係を持続することが期待できるという説明がある。しかし、仲裁は調停とは異なり、第三者の判断を有利に導くために敵対的関係になるのが通常であり、仲裁ならば非敵対的とはいえない。逆に訴訟でも和解することはある。訴訟や仲裁の手続とは別に取引関係を持続できるか否かは、会社の考え方や紛争の性質によると考えるべきだろう。

●仲裁のメリット

　国際取引契約においては、仲裁合意の条項を盛り込んでおくことによって、訴訟ではなく、仲裁によって解決することが可能となる。また、仲裁については1958年の「**外国仲裁判断の承認と執行に関する条約**」（Convention on the Recognition and Enforcement of Foreign Arbitral Award＝ニューヨーク条約）等に多くの国々が参加していることから、外国の仲裁判断のほうが執行が容易である。特に、中国関連ビジネスでは、訴訟による確定判決を得ても相手方の国で強制執行できない（中国と日本の判決は相互に執行できない）が、仲裁ならば相互に執行できる。

　もっとも、一般に説明されるほど仲裁はよいことばかりでもない。例えば、

図表90　訴訟と仲裁の比較

訴訟	仲裁
当事者は担当裁判官を選べないが、裁判官であれば法曹としても経験を積み、一定レベルを期待できる。	当事者は事件を担当する仲裁人として専門的な知識を持った人を選択することができる。
米国での裁判は陪審審理に付される可能性がある。	米国でも、陪審裁判を避けることができる。
公開が原則。	非公開が原則。
それぞれの公用語でなければならず、訳文作成が必要。	公用語の拘束から免れられる可能性がある（仲裁合意で使用言語を定めておくことも可能。よって、日本語、英語またはその双方とすることが可能）。
上訴される可能性があるから、審理も長期化しがちで、裁判所は多くの事件を抱えている関係で迅速な審理にも限界がある。	仲裁では上訴が許されず、仲裁人のリードで集中的な審理促進も期待できる。比較的早く紛争を解決してコスト節約の可能性も。
確定判決が外国で執行されるかどうかが不明で、世界的条約がない（→252頁）。	契約の両当事者の国がニューヨーク条約等に加盟していれば、執行が認められやすい。
法律的な紛争に限られ、原告適格等の法的要件をクリアしないと取り上げられない。	法律的な紛争とまではいえないようなビジネス上の紛争も取り扱う可能性あり。
法律に従った結論が期待され、法解釈の適用にも統一性あり。しかし、法令の枠の中でしか、救済を命じることができない（通則法7条以下）。	法令の枠にとらわれず救済を命じることも可能。裁判所では不可能な内容も状況に応じた妥当な解決策を柔軟にとれる（仲裁法36条）。
裁判官は税金で雇われている。	仲裁人の報酬は当事者が負担する。
日本では、訴訟を外国法事務弁護士に代理をさせることができない。	国際的仲裁事件の場合、日本の弁護士だけでなく外国法事務弁護士を使うこともできる。
送達が煩雑または困難で、「送達代理人」等の合意を検討する必要もある。	送達を簡便な方法で行うことが可能。

コスト的には日本のように提訴手数料が高いのに比べれば、仲裁手数料のほうが最初は安いようにも見える。しかし、この点は裁判官が税金で雇われているのに対して、仲裁人の報酬は当事者が負担しなければならないことから、最終的にはこの点のメリットはあまりなく、むしろ仲裁のほうが高くついたという印象の事件も少なくない。

● 民事訴訟による紛争解決

仲裁条項がない場合や、積極的に訴訟による解決を選択している場合には、国際的な取引紛争もどこかの裁判所で解決するほかない。その場合、国境を越えた紛争であるために、どの国で、どのように民事訴訟手続を開始し、どのような手続を経て、裁判によって得られた結論をどのような方法によって執行するのかが、それぞれ問題となる。

これらの問題を検討するにあたっては、国内の訴訟であれば一つの国の民事手続法を検討すれば十分である。ところが、国際的な取引紛争であるがゆえに、それぞれの国内的な手続法のほか、外国における訴訟手続の概要（→例えば258頁）や日本の手続との異同や条約等の法規にも目を配る必要がある。

例えば、外国にある企業を相手として日本で民事訴訟を提起する場合には、送達条約等に基づいて外交ルートを通して訴状を送達する必要があり、これによらない送達は瑕疵があるものとして後日、強制執行が認められなくなる恐れがある（→274頁）。外交ルートを通すためには、相手国の言語の訳文を作成する必要がある等、コストもかかる。そのため、多くの事件では手続的な瑕疵があっても、外交ルートを通さない訴状の送達がなされ、被告のほうも手続問題を取引の材料にしながら戦略的に応訴していくケースも少なくない。

91 国際商事仲裁

▶▶▶ 当事者間の合意を最大限に尊重する紛争解決システム

●国際商事仲裁のルール

　国際商事仲裁には多くのメリット、デメリットが考えられ、図表91にその得失をまとめてみた。一般的には、あまり取引の実情を知らない裁判官や陪審員にピント外れな判決や評決をされるようなことのない仲裁人による仲裁のほうが商事紛争の解決には適しているという考え方が欧米では強い。また、仲裁は非公開が原則なので、泥沼の紛争になっても企業イメージやビジネスの秘密が守れる。

　国際商事仲裁のルールについては、**UNCITRAL国際商事仲裁モデル法**が世界的に大きな影響力を有しており、2004年3月から施行された日本の仲裁法も、その影響を受けている。この仲裁法は、仲裁地が日本国内にある仲裁手続及び仲裁に関して裁判所が行う手続に適用される。ただ、仲裁手続は、各国の仲裁法のほか、各仲裁機関の定める規則によって規律されており、仲裁を行う場所によって異なった取扱いもある。例えば、国際的には仲裁判断に理由を付さなくてもよいとする国もあるが、日本の仲裁法では、仲裁に原則として理由を付すことになっている（仲裁法39条2項）。

●仲裁合意の効力

　仲裁合意は、一般に国際取引契約書に仲裁条項として盛り込まれる。仲裁条項には必要な事項をできる限り定めておくべきだ。仲裁場所が特定していない仲裁条項でも、不完全で無効となるわけではなく、そこまで合意しないで、後で交渉するか、その条項に反しない範囲で仲裁の申立をして、それから仲裁場所を決めていくやり方もある。しかし、現実には紛争が起きてから仲裁場所の合意をすることは難しいから、あらかじめ仲裁合意で決めておくべきことに変わりはない[1]。

　こうした仲裁合意の効力は、主たる契約から分離して、別個独立に判断され

図表91　国際商事仲裁のメリットとデメリット

	メリット	デメリット
仲裁人による判断	当事者は仲裁人として専門的な知識を持った人を選ぶことができる。	仲裁人が慣れないと、手続等をめぐって何回もぶつかり合って、一向に肝心の審理が進まない。
法的な紛争に限られない	先例に拘束されない柔軟かつ自由な対応ができる可能性も。	法に基づかない恣意的な取扱いがされる恐れがある。
審理・結果が非公開	秘密を守ることができ、耳目を浴びることを回避できる。	第三者からするとわかりにくく、学問的な検討、研究、批判が十分になされない。
仲裁判断に理由を付さなくてもいいことがある	仲裁判断を容易に出すことができる。	不利な判断をされた側はなぜ自分たちが負けたかわからない。
上訴ができない	有効な仲裁が確定したら、争うことはできないのが原則であり、早期解決が期待できる。	不服申立できず、一発勝負になってしまう。
証拠収集手続に限界がある	米国のディスカバリの負担を回避することが可能（ただし、仲裁条項で注意が必要）。	証拠収集を効果的にできない。
救済手段が法令の枠にとらわれず、先例にも拘束されない	かなり柔軟かつ自由な対応ができる可能性がある。裁判所では命じられないような内容でも、その状況に見合った妥当な解決策を柔軟に取りうる。	法に基づかない恣意的な取扱いがされる恐れがある。

るべきであり、当事者間に特段の合意がない限り、主たる契約の成立に瑕疵があっても、仲裁合意の効力に直ちに影響を及ぼすものではない（仲裁法13条6項参照）。仲裁合意が有効である場合には、訴訟を提起しても不適法なものとして却下されることになる。ただし、状況によっては、主たる契約の取消原因と同じような事情から仲裁合意の効力が否定されることもありえ、その場合には分離独立性が働かないこともありえよう。

なお、仲裁合意は、その当事者が、当該仲裁合意の対象となる民事上の紛争に関して、仲裁手続の開始前または進行中に、裁判所に対して保全処分の申立をすること、及びその申立を受けた裁判所が保全処分を命ずることを妨げられない（仲裁法15条参照）。

● **主な常設仲裁機関**

仲裁を行う場としては、常設の仲裁機関と非常設の仲裁機関があり、通常は常設の仲裁機関を選択する。世界的に有名な三大仲裁機関は、①**米国仲裁協会**（American Arbitration Association）、②**国際商業会議所国際仲裁裁判所**（International Chamber of Commerce, International Court of Arbitration）、③**ロンドン国際仲裁裁判所**（The London Court of International Arbitration）である。日本でなじみがあるのは、(社)**日本商事仲裁協会**（Japan Commercial Arbitration Association）であるが、取扱件数はあまり増えておらず、アジア諸国の**香港国際仲裁センター**（Hong Kong International Arbitration Centre）や**シンガポール仲裁センター**（Singapore International Arbitration Centre）の後塵を拝している。

国際商事仲裁が通常の裁判と大きく異なる点の一つとして、日本語と英語の双方が仲裁手続における用語と定められた場合、審問を含むすべての仲裁手続で日本語または英語のいずれかを任意に用いることができる点がある。紛争解決手続においても、翻訳費用は大きなコストであり、できるだけ効率的な解決が望ましい。

● **仲裁判断執行手続の簡素化**

日本では、仲裁法の制定に伴って、その執行のための手続が簡素化された。すなわち、まず仲裁判断は、仲裁地が日本国内にあるかどうかを問わず、確定

判決と同一の効力を有するものとされ、仲裁判断に基づく民事執行をするには「執行決定」を得ればよい（仲裁法45条１項）。執行決定とは、仲裁判断に基づいて日本での民事執行を許す旨の決定のことだ。これは日本国内の仲裁判断のみならず、外国での仲裁判断にも適用される。仲裁判断に基づく民事執行を日本でしようとする当事者は、債務者を被申立人として、日本の裁判所に執行決定を求める申立ができる（仲裁法46条１項）。ただ、他の言語で仲裁手続が進められ、仲裁判断書が作られた場合、その民事執行のためには、仲裁判断書の写しや当該写しの内容が仲裁判断書と同一であることを証明する文書と仲裁判断書の日本語による翻訳文を提出しなければならない（同条第２項）。

しかし、仲裁手続に瑕疵がある場合等、一定の場合には裁判所に不服申立が可能なケースもある。各国の仲裁法は、仲裁手続の争いで裁判所に持ち込める事項を定める。また、執行裁判所では、実体的な紛争を蒸し返すことはできないが、執行できない根拠があるのであれば、それを争うことはできる。例えば、仲裁裁定が日本で執行するための要件を欠くといった場合等、仲裁の執行ができない手続的な理由ならば、争う余地がある。

（注１）仲裁合意に関する諸論点の詳細は、拙著『ロースクール実務家教授による英文国際取引契約書の書き方（改訂版）』254頁以下（ILS出版、2007年）参照。

〈国際ビジネス・ケーススタディ〉
（最高裁判所第一小法廷判決平成９年９月４日（リングリング・サーカス事件）、判時1633号83頁、判タ969号138頁）

米国法人Ｘと日本法人Ａ間の興行契約に「本件興行契約の条項の解釈又は適用を含む紛争が解決できない場合、その紛争は、当事者の書面による請求に基づき、商事紛争の仲裁に関する国際商業会議所の規則及び手続に従って仲裁に付される。Ｘの申し立てるすべての仲裁手続は東京で行われ、Ａの申し立てるすべての仲裁手続はニューヨーク市で行われる。」と定められていた。Ｘは東京地方裁判所で訴えを起こし、Ａの代表者個人Ｙに対して不法行為に基づく損害賠償を求めたのに対し、Ｙは妨訴抗弁としての仲裁合意の効力を主張した。

【裁判所の判断】
仲裁は、当事者が紛争解決を第三者である仲裁人の仲裁判断に委ねることを

合意し、右合意に基づいて、仲裁判断に当事者が拘束されることにより、訴訟によることなく紛争を解決する手続である。かかる当事者間の合意を基礎とする紛争解決手段としての仲裁の本質に鑑みれば、国際仲裁における仲裁合意の成立及び効力については、第一次的には当事者間の意思に従ってその準拠法が定められるべきものと解するのが相当である。上記合意を有効と認める前提で、米国連邦仲裁法及びこれに関する連邦裁判所の判例の示す仲裁合意の効力の物的及び人的範囲についての解釈等に照らせば、本件損害賠償請求についても本件仲裁合意の効力が及ぶと解されるとして、Xの訴えを却下した。

（参考文献）中野俊一郎「国際商事仲裁」国際私法百選（補正版）208〜209頁。

COLUMN-10

委任状（Power of Attorney＝POA）

　委任状（Power of Attorney）とは、第三者（代理人＝Agent）に法律行為を行う権限を委ねることを証する文書だ。これは、本人が自分で判断・行動できない時に、信頼できる人物に判断・行動を託す場合もあるが、判断まで委ねるかどうかは一概には言えない。Attorney-at-lawといえば弁護士のことだが、attorney in fact（一定の事項に関する代理人）に権限を委ねるのがPOAである。この代理人は、実質的な判断権限までを持たず、事実上、代わりにサインするだけの権限といった場合もあるが、弁護士等に全権委任をするための委任状もある。

　国際ビジネスにおいては、会社の代表者が取引行為をする海外に行けない場合も少なくない。一方、相手方からすると、委任状のように、明確に署名者の代理権限を示した書類がなければ、誰かにサインしてもらっても、それが権限のある者による署名かどうかが判断できない。そこで、会社代表者本人に代わって署名する権限を誰かに授け、それを証する委任状に会社代表者が署名することにより、委任状によって授権された者が権限を有する者であると認めることができる。

こうした目的から、委任状には、委任事項を明確に記載することが必要とされ、厳格に解釈される傾向がある。日本にあるような白紙委任状といったものは危険極まりない。米国の委任状を見ると、KNOW ALL MEN BY THESE PRESENTS, that～（全ての人に対して、本状により～であることを知れ）といった独特の表現で始まる（もっとも和訳する場合には「～旨をここに委任する」でよい）。ちなみに、この英語表現は、保証書（surety bond）等でも使用されることがある。

　日本では、印鑑を押した委任状と印鑑証明で権限を確認できるが、米国では、多くの場合、POAに公証人（**notary public**）の認証（**attestation** = notarization）やサイン証明の添付が求められる。サイン証明は本人が公証人の前で署名しなくてはならない場合が多いが、米国の公証人は日本の公証人とは違って、法律専門家ではない。

　なお、委任状は、法域によって様々な種類があり、実務的な慣行も異なる。また、委任状といえば、ラテン語に由来するproxyという用語もあり、同じように用いられる場合もあるが、株主総会に向けてのproxy fight（委任状争奪戦）のように、特定の文脈で使われる場合も少なくない。

92 国際民事証拠共助

▶▶▶国境を越えて散在する証拠を収集するための連携

●各種の司法共助

　国際民事紛争においては、国内紛争以上に、どのように証拠を収集するかが問題となる。国際取引紛争が複雑化・高度化し、証拠が国境を越えて散在するため、国境を理由とする限界はできる限り克服することが求められる。そこで、この問題は、**国際民事証拠共助**の一局面としても検討する必要がある。

　日本は「**民事訴訟手続に関する条約**」(**民訴条約**)に加盟したが、多くのコモンロー諸国が加盟しなかった。これに橋を架けるべく、国際的証拠収集の枠組みとして1970年に「**民事又は商事に関する外国における証拠の収集に関するハーグ条約**」(**ハーグ証拠収集条約**。日本は未批准)が作られ、米国はこれに加盟したが、ハーグ証拠収集条約のルートを通した証拠収集は必ずしも使い勝手がよくない。一方、日米間では二国間共助取り決めを基礎とする**外国裁判所ノ嘱託ニ因ル共助法**と**日米領事条約**に基づく司法共助があり、これが正規の国際司法共助のルートであるともされるが、同様に使い勝手が悪く、日本における嘱託受託件数は極めて少ないのが実情だ。

　そこで、現実には、正規のルートを通さない証拠収集が行われている。その場合、日本で米国の弁護士が証言録取を行うのは主権侵害ではないかとの批判もあるが、外国での裁判(または仲裁)自体は国際法上も認められており、外国の裁判(または仲裁)と証言録取との間に合理的な関係があれば、国際法違反の問題は生じないと解されている。

●仲裁手続における裁判所の利用

　米国連邦法は、司法共助の対象を"a foreign or international tribunal"(外国または国際的な裁定機関)と定め、外国の審判機関や準司法機関もその裁定機関として含まれると定める。この"tribunal"には米国外のフォーラムを含むとの連邦最高裁の判断を受け、民間の国際商事仲裁をも含むとの下級審の判

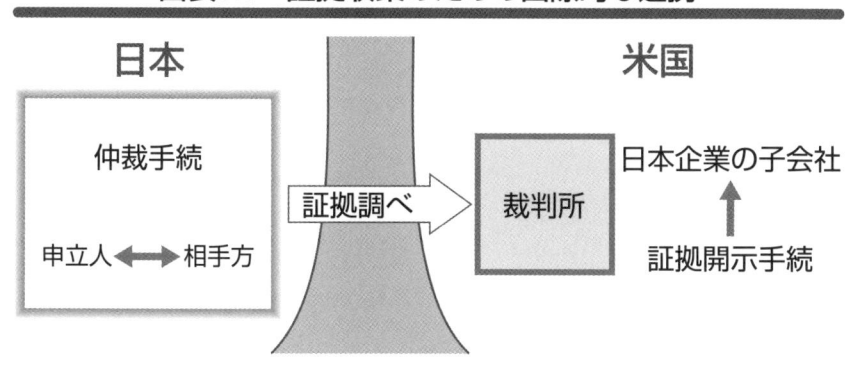

図表92　証拠収集のための国際的な連携

断も現れている。これは、使い勝手の悪いハーグ証拠収集条約の枠組みによらないディスカバリの利用を可能にするものだ。

　一方、日本の仲裁法35条1項は、**UNCITRAL国際商事仲裁モデル法**27条の考え方にならって、民事訴訟法の規定に基づく証拠調べで仲裁廷が必要と認めるものにつき、裁判所に証拠調べの実施を求める申立ができる旨を定める。こうした制度は、各国の仲裁法にも共通して見られる。このため、例えば、米国で仲裁手続が行われている場合に、米国の証拠開示が利用される可能性もある。その場合、日本にいる当事者や証人とすれば、これに応じたくない場合でも、米国の証拠開示手続に服する可能性があることを踏まえて、米国での仲裁が不利に扱われるリスクをどう考えるかという問題に直面するだろう。

　しかし、当事者の自治を尊重するため、ディスカバリによる負担を軽減するための合意を個別の取引において合意することも認められる。それによって、より具体的な妥当性をできる限り追求できる道を残しながらも、当事者の意思をも尊重した対応が可能となるが、仲裁合意をするに際してはその取扱いについても留意する必要があろう。

（参考文献）浜辺陽一郎「日米国際商事仲裁のための外国裁判所による証拠収集の可能性」早稲田法学83巻3号（2008年）。

93 外国判決の執行

▶▶▶ 日本においては民事訴訟法と民事執行法の要件に注意

● 各国の民事手続による制約

外国の裁判所の判決や外国で下された仲裁判断を強制執行しなければならないケースがある。しかし、一般に、強制執行は各国の裁判所によってなされるから、その国の強制執行手続で認められた範囲でしか強制執行ができない。このため、外国の判決や仲裁で、ユニークな救済手段を命じても、それを直接に裁判所に執行してもらえるとは限らない。日本の裁判所の手続を考えれば、金銭支払であればいいが、何かをなすことを命じるものは、間接強制がどこまでできるかという問題にぶつかる。

● 日本における外国判決の執行の枠組み

日本において、外国裁判所の確定判決は、図表93-1に掲げるような4要件のすべてを具備する場合に限って効力を有する（民事訴訟法118条）。このため、例えば、米国カリフォルニア州裁判所の判決で懲罰的損害賠償を命じた部分が執行判決請求の対象に当たらず、日本の公序に反するとして、図表93-1中③の要件を欠き、日本での執行が許されなかったケースが有名である（萬世工業事件、最高裁判決平成9年7月11日、判時1624号90頁）。

そして、民事執行法により、外国裁判所の判決の執行を求めるには、執行判決を得る必要がある（同法24条）。執行判決で外国裁判所の判決による強制執行を許す旨が宣言されて、初めて外国判決が日本で執行される。この執行判決を求める訴えは、債務者の普通裁判籍の所在地を管轄する地方裁判所が管轄し、この普通裁判籍がないときは、請求の目的または差し押さえることができる債務者の財産の所在地を管轄する地方裁判所が管轄する。執行判決は、裁判の当否を調査しないでしなければならない（同条2項）。この訴えは、外国裁判所の判決が、確定したことが証明されないとき、または上記の民事訴訟法118条に定める4要件の一つでも欠けたら、却下しなければならない。

図表93-1　外国裁判所の確定判決が日本で効力を要するための4要件（民事訴訟法118条）

① 法令または条約により外国裁判所の裁判権が認められること

② 敗訴の被告が訴訟の開始に必要な呼出しもしくは命令の送達（公示送達その他これに類する送達を除く）を受けたことまたはこれを受けなかったが応訴したこと

③ 判決の内容及び訴訟手続が日本における公の秩序または善良の風俗に反しないこと

④ 相互の保証があること

〈国際ビジネス・ケーススタディ〉
（最高裁判所第三小法廷判決平成10年4月28日、判時1639号19頁、判タ973号95頁）

　甲及び甲が代表者を務める乙会社とAとの間の起訴契約に基づき、Aが丙に対して香港の裁判所に保証債務の履行を求める第一訴訟を提起したところ、丙が、第一訴訟が認容された場合に備えて、甲とAに対して根抵当権の代位行使ができることの確認を求める第二訴訟を、甲及び乙会社とAに対して求償請求ができることの確認を求める第三訴訟を提起した。

【裁判所の判断】
　民事執行法24条所定の「外国裁判所の判決」とは、外国の裁判所が、その裁判の名称、手続、形式の如何を問わず、私法上の法律関係について当事者双方の手続的保障の下に終局的にした裁判をいい、決定、命令等と称されるものでも、その性質を有するものは、同条にいう「外国裁判所の判決」に当たるものと解するのが相当であり、外国裁判所の判決等に記載がない利息等についても、日本における承認・執行の対象とすることができる。

外国裁判所の判決等が確定したことの証明方法は、確定証明書の提出に限られない。香港高等法院がした訴訟費用負担命令並びにこれと一体を成す費用査定書及び費用証明書は、民事執行法24条所定の「外国裁判所の判決」に当たる。
　外国判決における認定判断が証人の誤導的な証言の結果によるという主張は、証拠の取捨選択の不当をいうものであって、民事執行法24条2項により、調査しえない。
　民事訴訟法118条1号の要件は、日本の国際民事訴訟法の原則から見て、判決国がその事件につき国際裁判管轄を有すると積極的に認められることをいう。間接的一般管轄は、日本の民事訴訟法の定める土地管轄に関する規定に準拠しつつ、具体的事情に即して、当該外国判決を日本が承認するのが適当か否かという観点から、条理に照らして判決国に国際裁判管轄が存在するか否かを判断すべきものである。香港高等法院がした訴訟費用の負担を命ずる裁判について、併合請求の裁判籍が存在することを根拠として香港の裁判所に民事訴訟法118条1号所定の「外国裁判所の裁判権」を認めた。
　同条2号の「送達」は、Yが現実に訴訟手続の開始を了知することができ、かつ、その防御権の行使に支障のないものでなければならない。裁判上の文書の送達につき、判決国と日本との間に司法共助に関する条約が締結され、訴訟手続の開始に必要な文書の送達がこの条約に定める方法によるべき場合、この条約に定められた方法を遵守しない送達は、同条2号所定の要件を満たさない。香港在住の当事者から私的に依頼を受けた者が日本でした直接交付の方法による訴状等の送達は、本件に適用のある送達条約及び日英領事条約にその根拠を見出すことができず、不適法であり、同条2号所定の要件を満たさない。しかし、同条2号の「応訴したこと」とは、Yが防御の機会を与えられ、かつ、裁判所で防御のための方法を取ったことを意味し、管轄違いの抗弁を提出した場合も含まれる。Yが防御の機会を与えられ、管轄違いの抗弁を提出する等防御の方法を取った場合には、同条2号所定の「応訴したこと」の要件を満たす。
　弁護士費用を含む訴訟費用の全額をいずれか一方の当事者に負担させる外国裁判所の判決は、実際に生じた費用の範囲内で負担を命ずるものである限り、同条3号所定の「公の秩序」に反しない。実際に生じた費用の範囲内でその負

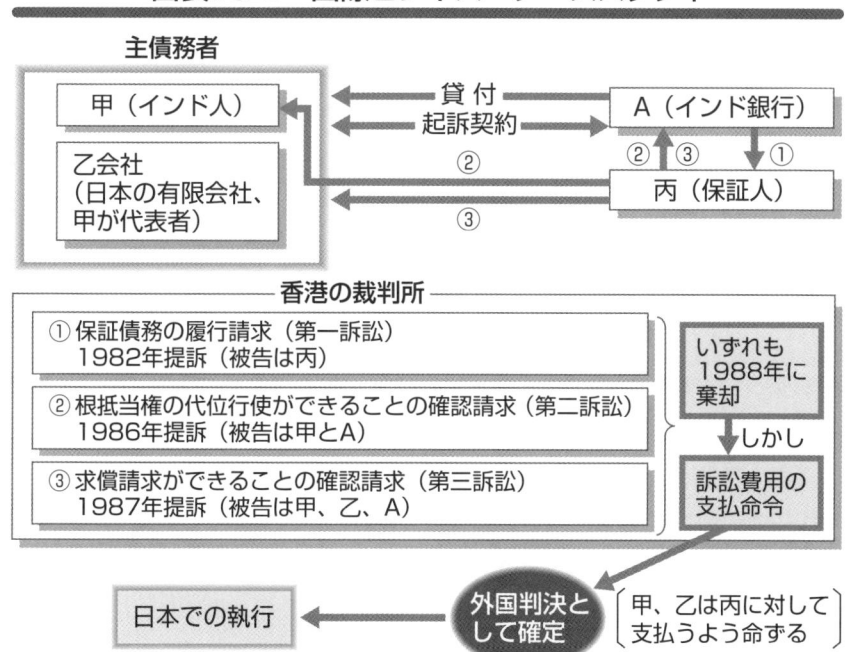

図表93-2　国際ビジネス・ケーススタディ

```
主債務者
┌─────────────────┐        ←──貸付──        ┌──────────────┐
│ 甲（インド人）    │←────起訴契約────→      │ A（インド銀行） │
│                  │          ②             └──────────────┘
│ 乙会社            │←──────②                  ②↑③   ↓①
│（日本の有限会社、 │                          ┌──────────────┐
│ 甲が代表者）      │←──────③                  │ 丙（保証人）  │
└─────────────────┘                          └──────────────┘
```

香港の裁判所
① 保証債務の履行請求（第一訴訟）
　1982年提訴（被告は丙）
② 根抵当権の代位行使ができることの確認請求（第二訴訟）
　1986年提訴（被告は甲とA）
③ 求償請求ができることの確認請求（第三訴訟）
　1987年提訴（被告は甲、乙、A）

いずれも1988年に棄却
しかし
訴訟費用の支払命令
→ 外国判決として確定 ［甲、乙は丙に対して支払うよう命ずる］
→ 日本での執行

担を定めるのであれば、弁護士費用を含めてその全額をいずれか一方の当事者に負担させても、公序に反しない。中国に返還される前の香港と日本の間には、金銭の支払を命じた判決に関し、同条3号所定の「相互の保証」がある。

香港で適用される英国コモンローにおける外国判決承認の要件は、日本の民事訴訟法118条各号所定の要件と重要な点で異ならず、相互の保証はある。

本案判決の付随的裁判である訴訟費用負担の裁判に国際裁判管轄が認められるか否かは、原則としてその本案判決について検討すべきである。判決等に記載がない利息等についても判決国で法令の規定で執行力が付与されていれば、日本での承認執行の対象となる。

（参考文献）道垣内正人「外国判決の承認執行」国際私法百選（補正版）192頁。

94 WTOの紛争解決手続

▶▶▶ 当事者間では解決できない貿易に関する紛争

● リバース・コンセンサス方式

　WTOの紛争解決手続には、斡旋（good offices）、調停（conciliation）、仲介（mediation）、仲裁といった手続が用意されている。その中心的な手続は、「協議」と「パネル（紛争解決のために設けられる小委員会）及び上級委員会による審理」からなる。パネルや上級委員会は、裁判のような審理によって貿易に関する国際的紛争を取り扱う。

　貿易に関する国際紛争の解決手続の第一段階は協議だ。WTOの加盟国がWTO協定の実施に影響する他の加盟国の措置についての申立があると、両当事国は、問題解決のため誠実に協議に入り、相互に満足する解決を得るべく努力する必要がある。しかし、一定期間（通常60日以内）内にこの協議によって紛争が解決できない場合、申立国はパネル（小委員会）に紛争を付託することができる。

　次に、申立国が、パネルの設置を全加盟国により構成される紛争解決機関（Dispute Settlement Body = DSB）に対して要請すると、DSBは、パネルを設置しないことについてコンセンサス（合意）が存在しない限り、パネル設置の決定をしなければならない。これを**リバースまたはネガティブ・コンセンサス方式**という。採択に反対することにコンセンサスが形成されない限り、すなわちコンセンサスで反対されない限り、当該決定案を可決し、全加盟国が異議を唱えない限り採択されるので、ほぼ自動的に決定が行われ手続が進行するようになった。

　パネルは、裁判に似た形で審理を行うが、二審制がとられている。紛争の当事国は、パネルの判断に不満がある場合には、パネルが対象とした法的問題・解釈について上級委員会に不服を申し立てることができ、上級委員会は、パネルの法的な認定及び結論を支持、修正または取り消すことができる。

第9章　国際取引の紛争解決手法

図表94　WTOの紛争解決手続

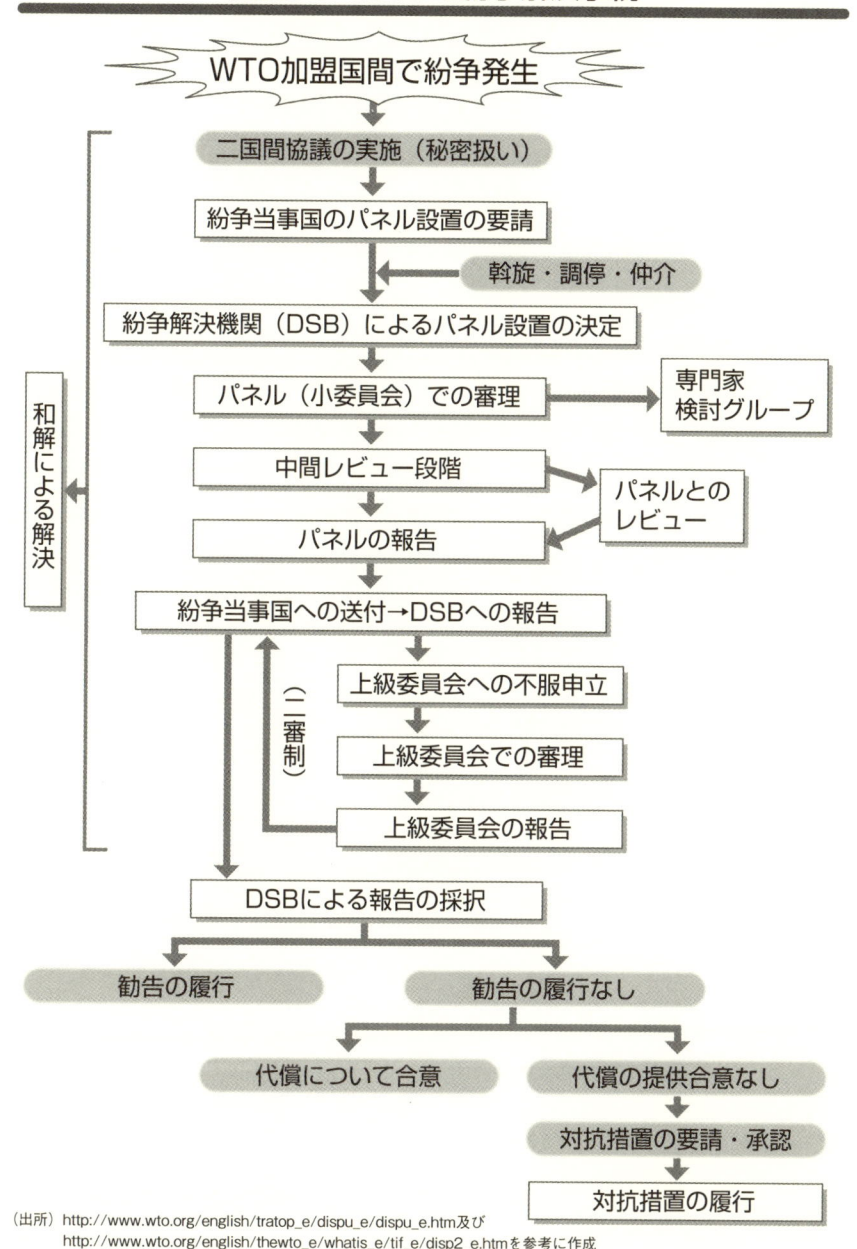

```
WTO加盟国間で紛争発生
        ↓
二国間協議の実施（秘密扱い）
        ↓
紛争当事国のパネル設置の要請
        ↓ ← 斡旋・調停・仲介
紛争解決機関（DSB）によるパネル設置の決定
        ↓
パネル（小委員会）での審理 → 専門家検討グループ
        ↓
中間レビュー段階 → パネルとのレビュー
        ↓
パネルの報告
        ↓
紛争当事国への送付→DSBへの報告
        ↓
（二審制）
上級委員会への不服申立
        ↓
上級委員会での審理
        ↓
上級委員会の報告
        ↓
DSBによる報告の採択
    ↓           ↓
勧告の履行    勧告の履行なし
              ↓            ↓
         代償について合意  代償の提供合意なし
                              ↓
                         対抗措置の要請・承認
                              ↓
                         対抗措置の履行
```

（左側：和解による解決）

（出所）http://www.wto.org/english/tratop_e/dispu_e/dispu_e.htm 及び
http://www.wto.org/english/thewto_e/whatis_e/tif_e/disp2_e.htm を参考に作成

判決に相当するパネルまたは上級委員会の報告書は、DSBによって採択されることにより紛争の当事国に対して拘束力が発生する。パネルまたは上級委員会は、ある措置がWTO協定に適合しないと認める場合、その措置の関係加盟国に対し、その措置を協定に適合させるように勧告する。パネルまたは上級委員会は、その関係加盟国がその勧告を実施しうる方法を提案することができるが、そのような実施の方法について提案することは稀で、勧告の履行の方法は、基本的には関係加盟国の裁量に委ねられる。

●WTOにおける紛争事例

日本は、WTOにおける紛争案件にしばしば巻き込まれている。日本の法規制が**内国民待遇**[1]（GATT 3条）等に違反しているとか、日米間の合意が欧州企業製品に対して**最恵国待遇**[2]（GATT 1条）に違反しているといったことが問題とされるとか、日本の著作権保護制度が不十分であるといったクレーム等、多種多様な問題が取り扱われている。

（注1）内国民待遇とは、輸入品に適用される待遇は、国境措置の関税等を除いて、同種の国内産品に対するものと差別してはならないとする原則のことである。これは、輸入産品に国内産品より不利でない待遇を与えて、隠れた貿易障壁を除去することを目的としている。

（注2）最恵国待遇（most favored nation（MFN）treatment）とは、関税等について別の第三国に対する優遇処置と同様の処置を供することを、現在及び将来にわたって約束するもので、条件付き最恵国待遇と無条件最恵国待遇、双務的最恵国待遇と片務的最恵国待遇等がある。

COLUMN-11

欧米から東アジアへ

　これまでの国際ビジネス法の中心は、本書で解説してきた内容からも明らかなように、英米法を中心とする欧米のビジネス・モデルであった。これは世界経済が過度に米国経済に依存する形で発展してきたこととも関連している。

　しかし、世界同時株安等の危機的な状況に直面し、世界の経済成長を米国経済に頼ることは難しくなっている。こうした中で注目されるのが、ブラジル、ロシア、インド、中国の４か国（BRICs）等の新興諸国（emerging countries）における経済成長だ。これが今後の実体経済における成長エンジンとして期待されると、これらの国々との取引の重要性はますます高まっていく。環境、エネルギー、農業、食糧問題など、世界の人類が直面する問題のいずれを考えても、グローバリゼーションの波は、これから一層拡大していくことが予想され、その逆流は、平和が維持される限り、極めて考えにくい。

　ただし、新興諸国は、まだまだビジネスの規律のあり方等に未成熟なところが多く、取引ルールや市場の監督等の仕組みにおいては、まだまだ欧米先進国のビジネス法モデルを必要としている。市場の規律にせよ、競争法の分野にせよ、会社法のあり方にせよ、これまでの国際ビジネス法はフェアで合理的な市場経済を健全に規律するためのアイデアを蓄積してきている。もちろん、失敗の経験も多いが、それらも含めて新興諸国に寄与できることは多いはずだ。

　こうした中で、日本は、中国やインドなどの東アジア諸国とどう賢くつきあっていけるのかが大きな課題となっている。東アジアは、EU（欧州連合）のような枠組みまでは無理であっても、何らかの法的なフレーム作りも求められるのではなかろうか。東洋的な文化的基盤にもなじみのある日本が、国際ビジネスにおける法的ノウハウを上手に使うことができるかどうかは、今後の国際ビジネスの健全な発展の鍵を握ることだろう。日本で法的サービスの人材を豊富かつ数多く養成することが急務である所以である。

（参考文献）中村・須網ら『東アジア共同体憲章案』（昭和堂、2008年）。

95 国際税務紛争

▶▶▶ 国家間の税金の取り合いを調整する仕組み

●租税条約

　日本は、国際的な二重課税の回避や脱税の防止を目的として、約50か国との間で租税条約を締結している。租税条約の規定は国内法に優先して適用され、租税条約によっては、締約相手国の居住者（法人を含む）に対する日本での各種所得の所得源泉地が修正されたり、各種所得に対して所得の源泉地である日本において税の減免が認められたりする。ただし、その適用を受けるには、租税条約関係の各種の届出等のルールがあるので、これを適切に行う必要がある。また、台湾は主権国家ではない取扱いで租税条約もないため、税務上慎重に取り扱う必要があるなど、微妙な問題をはらむケースも少なくない。

　そこで、国際的な事業活動に伴う、想定外の税務負担を回避するためには、国際税務にも精通した専門家の助力が不可欠だ。国際税務をも専門とする弁護士を除き、税務上のリスクは対象外として業務を行っていることが多い。

　しかし、税務の専門家は、一定の取引を前提にして、それに税金がかかるとか、かからないといった帰結が導かれるので、その前提を固めるに際して、先に弁護士がその法律関係を整理する必要がある。ここに相互の密接な連携が必要となる。典型的な取引であればいいが、特に新規のスキームの場合には、これが大きな課題となることがある。

●移転価格税制

　移転価格税制とは、海外の関連企業間で、資産やサービスの取引価格を操作することにより、発生する所得を移転させた場合に、移転がなかったものとして税金をかける制度だ。多くの企業が移転価格によって税務負担を軽くしようとしたことから、日本と欧米、アジア諸国とにまたがる多国間移転価格税制が整備され、そのルールの明確化が期待されている。しかし、移転価格税制の内容は必ずしも明確ではなく、その運用をめぐっては数多くのトラブルが発生し

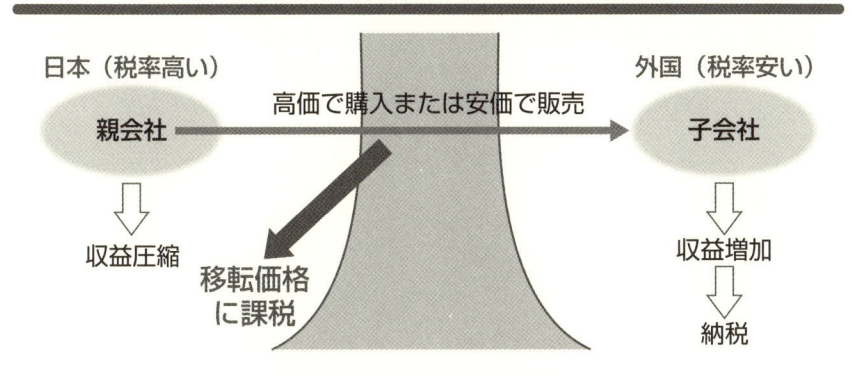

図表95　移転価格をめぐる問題

日本（税率高い）　高価で購入または安価で販売　外国（税率安い）
親会社　→　子会社
↓収益圧縮　　移転価格に課税　　↓収益増加　↓納税

ており、国家間の税金の取り合いの様相を呈することもある。

　例えば、JV事業でも移転価格税制が問題となることがある。当局によっては、海外のJV企業に商号・商標等を使わせたら、使用料を取らないと移転価格になるという考え方がある。また、100％子会社を使う場合にも、移転価格の問題が生じやすい。値段が安すぎると日本の企業の所得が減少し、他方において米国での所得が増加するが、日本の税務当局が日本に所得があったものとして課税したり、海外の税務当局が課税したりすることもある。

　物品売買だけではなく、役務取引に対する移転価格も問題となる。1970年代ころから、米国で日本企業による自動車産業のダンピングが問題となっていたが、その後、米国での自動車価格を上げたら、今度は利益が日本に移ったとして、巨額の移転価格課税がされたことが発端となって問題となり、その後、家電業界にも波及して大問題となった。

　再販売価格の定め方については、海外子会社との間で独立当事者間価格を決めていても、税務当局と争いとなることがある。企業努力を否定するような取扱いがされることもあり、油断は禁物である。独立企業間価格やその算定方法の妥当性について税務当局から事前に確認を受ける事前確認制度等によって対策を取っておくことが有用だろう。

96 外国法令違反のリスク

▶▶▶ 海外の厳しい法規制を遵守するためにも内部統制が重要

● 大和銀行事件

　外国法違反が企業に対して大きなダメージを与えることがある。とりわけ、法的リスクの高い欧米においては、日本に比べものにならない重い罰金や制裁金等を課される恐れがある。例えば、大和銀行のニューヨーク支店で起きた無断取引及び無断売却により約11億ドルもの多額の損害を受けた事件において、そのリスク管理体制（＝内部統制）が著しく不適切であった。米国で事業を展開する会社の経営者としては、直ちにその稀有で異常な事件に対する米国法制の調査及び検討を行うべきであった。ところが、その取締役らが日本の法律事務所を通じて、米国の法律事務所に照会して調査を行ったのは、その通報を受けてから1か月以上経過してからのもので、大阪地方裁判所は、その調査が正に遅きに失したものとして厳しく非難した。

　この調査の遅れから、大和銀行は1か月近くニューヨーク支店の帳簿と記録に繰り返し虚偽の記載を行い、内容虚偽のバンカース・トラストの保管残高明細書を作成するなど米国連邦法典に違反する行為を重ねる一方、米国当局に対する報告が約2か月遅れ、米国当局の厳しい処分を受け、米国司法省との間で司法取引をして罰金3億4000万ドルを支払い、この刑事事件について、1000万ドルもの弁護士報酬を支払う結果となった。その役員らは、これらの損害について代表訴訟で巨額の賠償を命じられた（大阪地裁平成12年9月20日、判時1721号3頁、判タ1047号86頁。ただし控訴審で和解が成立した）。

● 輸出入規制

　米国国務省の許可を受けずに1984年から1986年頃にかけて戦闘機用の装置部品等をイランに譲渡しまたは譲渡させた事件において、会社のほか同社の元従業員らが米国コロンビア特別区連邦地方裁判所に、武器輸出管理法・国際武器取引規則違反の罪で刑事訴追を受けたケースがある。この事件では、同国務

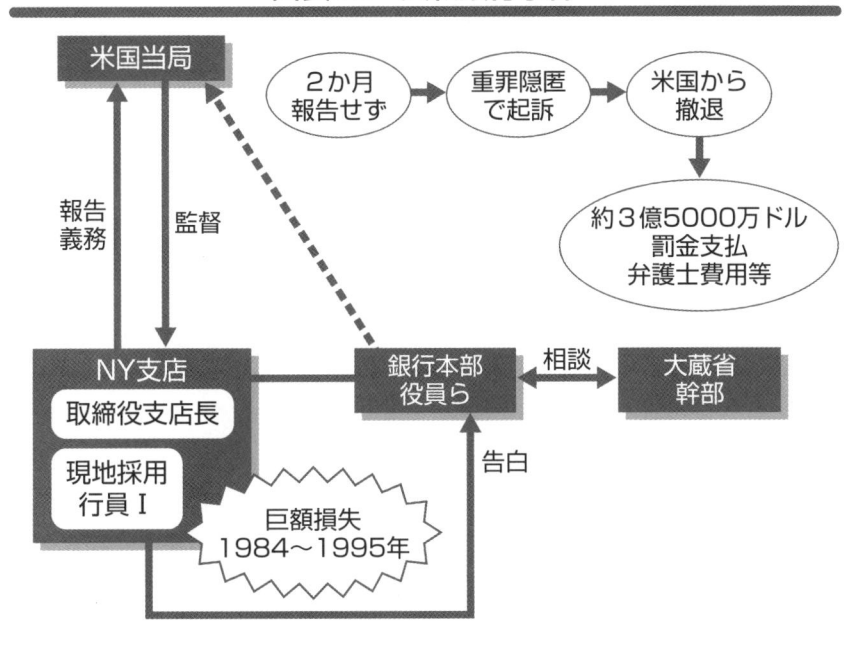

図表96　大和銀行事件

```
米国当局 ─── 2か月報告せず → 重罪隠匿で起訴 → 米国から撤退
  ↑↓                                              ↓
報告義務／監督                                約3億5000万ドル
  ↓                                          罰金支払
NY支店                  銀行本部    ← 相談 →   弁護士費用等
 取締役支店長 ─────────  役員ら              大蔵省幹部
 現地採用行員Ｉ          ↑告白
      └── 巨額損失 1984～1995年 ──┘
```

省は、同社について防衛物品及び防衛サービスに関する輸出ライセンス及び技術供与等の許認可を一時停止する旨の行政措置も取った。同社と米国司法省・国務省・商務省との間で司法取引が成立し、同社は結局、罰金1000万ドル及び特別課徴金2000ドル（司法省）、制裁金500万ドル（国務省）、和解金420万ドル（邦貨換算額合計24億8030万円）を払った。この司法取引に基づいて、米国国務省は、先の行政措置を解除した上、改めて3年間にわたる新規輸出許認可申請の禁止措置を行い、同国商務省は、3年間輸出取引を禁止した。その後、東京地検も、同社と一部従業員らを、関税法・外為法違反の罪で起訴し、刑事犯罪としても裁かれ、さらに取締役らは株主代表訴訟でも責任を負わされ、結局国外のみならず、日本でも重い制裁を受ける結果となった（東京地裁平成8年6月20日、判時1572号27頁）。

　これらの事件も教訓として、海外の法規制に対しては、その法的リスクの大きさに鑑みて、日本国内以上に十分な体制を持って対応することが必要だろう。

97 競争法の域外適用

▶▶▶ 海外においてなされた行為に制裁金が課されることも

● 域外適用の積極的活用

　かつては競争法の**域外適用**（→41頁参照）に対して批判的・消極的な見方がされがちであったが、近時は日本も含めて各国とも自国の競争法の域外適用を積極的に活用する動きとなっている。すなわち、自国の市場における競争秩序を守るための競争法は、たとえ海外においてなされた行為であっても、それを規制する立法が必要であれば、それは認められる。ただ、その強制をどうするかは問題であり、例えば外国領土内で権力を行使することは主権の侵害として許されないが、法令の適用は別途考えられる。こうしたことから、EU競争法も、EU域内市場に影響を与えた事案については一定の管轄権があるという立場を取っている。

　ところで、EUは競争法の規制を強化しており、統計によるとEUでのカルテル摘発件数は2000年代以降、1990年代に比べて3倍以上に急増した。この背景には、違反行為を違反企業が自ら競争当局に申告し、制裁金の減免や刑事訴追の免除を受ける**リニエンシー制度**が活発に利用されるようになったことがある。リニエンシーの内容は法域によって異なるが、1978年に米国で、1996年に欧州委員会で、2006年に日本でも導入されている。

　近時、日本企業が欧州において多額の制裁金を課される事例も急増し、2007年には5件の事件で12社が制裁金を受ける事態となった。日本企業側からは、EU域内で販売活動を行っていない企業に対するカルテル認定が安易になされているとか、競争当局の立証ではリニエンシーによる口頭証言により競争当局の心証が形成されてしまい、その後の反論は取り上げられにくい傾向があるなどといった批判をしている。

● 日本企業に求められる対策

　そこで、「競争法の国際的な執行に関する研究会中間報告」（平成20年6月

図表97-1　国際カルテルに関する統計①

欧州委員会がカルテル行為に課した制裁金（裁判所に修正される前の数値）

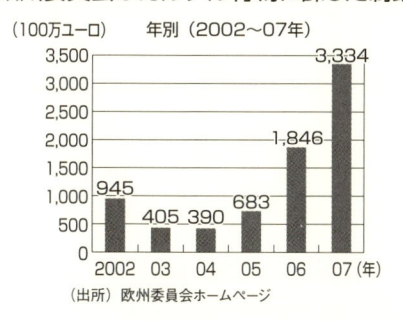

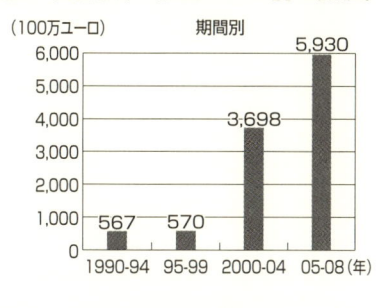

年別（2002～07年）（100万ユーロ）:
- 2002: 945
- 03: 405
- 04: 390
- 05: 683
- 06: 1,846
- 07: 3,334

（出所）欧州委員会ホームページ

期間別（100万ユーロ）:
- 1990-94: 567
- 95-99: 570
- 2000-04: 3,698
- 05-08: 5,930

司法省によるカルテル刑事提訴件数と法人刑事罰総額の推移

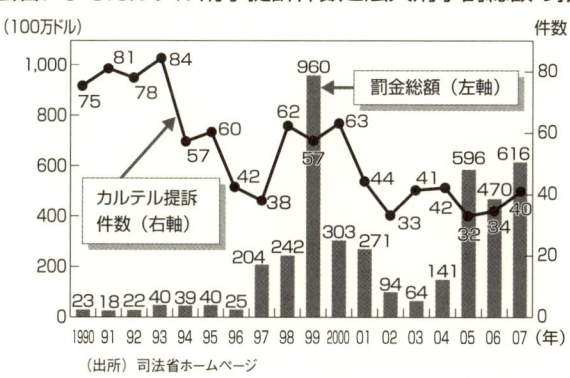

罰金総額（左軸、100万ドル）／カルテル提訴件数（右軸）:

年	罰金総額	提訴件数
1990	75	23
91	81	18
92	78	22
93	84	40
94	57	39
95	60	40
96	42	25
97	38	204
98	62	242
99	960	57
2000	63	303
01	44	271
02	33	94
03	41	64
04	42	141
05	596	32
06	470	34
07	616	40

（出所）司法省ホームページ

25日、経済産業省）は、日本企業の対応策としては四つのポイントを提唱している。第一に、従来の日本国内における「相場観」では特段法令違反にならないと考えていた行為でも、カルテルを疑われる可能性があることを認識すること、第二に、経営トップのリーダーシップで遵法意識を全社的に浸透させること、第三に、M&Aの際には相手企業の競争法違反の有無を徹底的に調査すること、そして、第四に違反の疑いが生じた場合の対策を予め検討し、「もしも」の際には迅速に意思決定を行うこと等を提唱している[1]。

例えば、日本企業も不必要な競争者との接触をできるだけ回避し、従業員が競争者と接触する場合には、上司や法務部門で漏れなく管理できる仕組みの構

図表97-2　国際カルテルに関する統計②

国際カルテル事件で外国人に科された禁固刑の平均期間

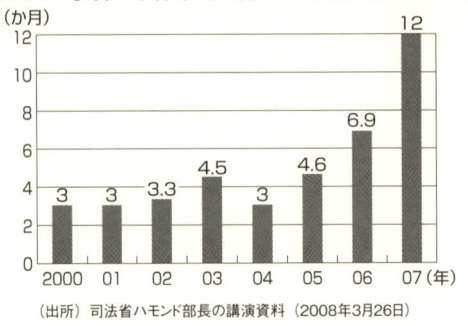

(か月)

年	2000	01	02	03	04	05	06	07
月数	3	3	3.3	4.5	3	4.6	6.9	12

(出所) 司法省ハモンド部長の講演資料 (2008年3月26日)

築等が求められる。競争者との会合の席上で価格等が話題になった場合には、黙って退席するだけでは責任回避に不十分で、議論に参加しない旨を明確に意思表示した上で退席し、その事実を文書化して、法務部門に報告するなど、書類の作成と保存に関するルールを確立して、価格等の話題に自社の関与がない証拠を残す対応が必要だと指摘されている。その意味では、世界的な競争法の強化を受けて、日本における業界団体の活動においても大きな意識改革が求められていると考えられよう。

(注1) http://www.meti.go.jp/press/20080625002/20080625002-3.pdf 参照。

98 国際倒産

▶▶▶ 債権者を平等に扱うための国際的な法的倒産手続

● 清算型と再建型

　国際ビジネスにおいても、事業に失敗して倒産する場合には、これを清算に向かわせるか、再建に向かわせるかの選択をすることが考えられる。また、法的倒産手続を利用するか、私的整理をするかという選択もありうる。

　これまでは日本企業が海外の合弁会社等を倒産させているケースは少なく、なるべく倒産は避けたいところだが、やむを得ず法的倒産手続を利用すべき場合もある。その場合、それぞれの国の倒産法による必要があり、基本的に**属地主義**に服するが、一部緩和する動きもある。日本の倒産法における清算型には、破産、会社法上の特別清算等といったものが用意されており、再建型には会社更生と民事再生の手続が用意されている。しかし、外国法人の更生手続はできず、再生には限界がある。

　一般に会社が倒産した場合には、会社債権者を平等に扱わなければならないので、法的倒産手続で配当する財産がありそうな場合や清算事務が必要な場合には破産管財人等が選任されるはずだ。しかし、破産した場合でも財産がほとんどない場合は、破産手続は廃止で終了するほかない。

　外国会社が財産を清算する場合は、裁判所は利害関係人の申立や職権によって、日本にある会社財産の全部について清算の開始を命じることができる。この場合、清算人が裁判所によって選任される（会社法822条）。もっとも、外国会社が日本にめぼしい財産を残していない場合には、財産を清算するにしても、日本国内の債権者・取引先の救済にはかなり限界がある。

● 清算の完了まで法人格は存続

　日本法の考え方では、会社の解散とは、その法人格を消滅させる原因だが、会社の法人格は解散によってすぐにはなくならず、清算手続に入らなければならない。この場合、会社は解散後も清算の目的の範囲内で「清算中の会社」と

図表98　外国企業の倒産で、日本における資産は……

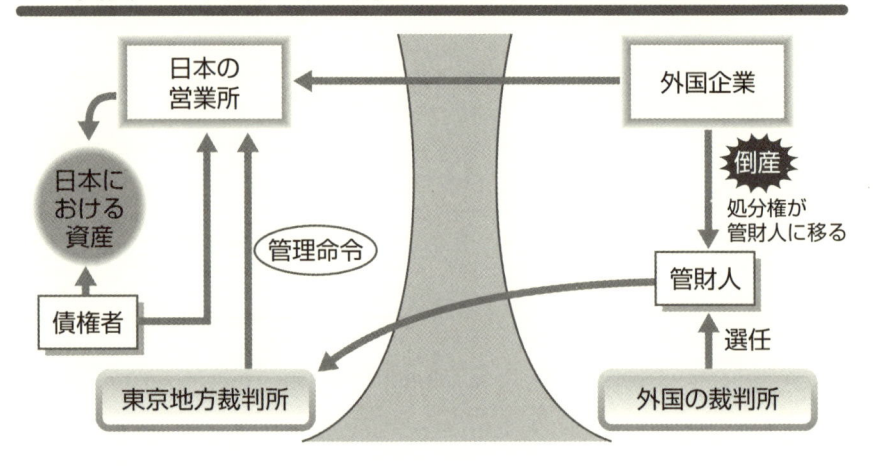

```
日本の営業所 ← 外国企業
　↓　　　　　　　↓ 倒産
日本における資産　処分権が管財人に移る
　↑　　　　　　　↓
債権者　　　　　管財人
　↑管理命令　　　↑選任
東京地方裁判所　外国の裁判所
```

して存続するが、こうした取扱いがどうなっているかについては会社の設立準拠法に従って判断する必要がある。このほか、倒産法が絶対的強行法規として作用することもあるだろう。

　会社の倒産に至る過程で取締役等の役員ら経営者に会社に対する責任が生じていることもある。一般的には、会社が倒産して管財人が選任されると、会社財産の管理・処分権等は、代表取締役や取締役会ではなく、管財人に移るので、破産手続開始や会社更生開始決定等があった後は、管財人が役員らの責任を追及できることになることが考えられるが、国際民事紛争においては様々な主張が出てくる可能性がある。

　日本の「外国倒産処理手続の承認援助に関する法律」（承認援助法）によると、倒産した会社の外国における破産管財人は、倒産した本国の準拠法で会社の代表権を有しているだけでは、日本でその権限を行使できず、日本国内で外国の管財人等が東京地方裁判所に承認管財人とする管理命令を得る必要があることになっている。従って、こうした特別のルールがないかどうかについても注意する必要がある。

　（参考文献）須網・道垣内編『国際ビジネスと法』245頁以下（日本評論社、2009年）参照。

おわりに　　フェアな国際ビジネスの発展のために

　日本では、限られた一部の分野を除いて、必ずしも広く「商人自治」の考え方が発達してこなかった。紛争処理についてもお上を頼りにする傾向が強く、ルールを自分たちで作り、守っていくといった発想が弱かった。
　そのことは、全般的に日本における法律家の数が限られていることや、法的な問題の捉え方が必ずしも先鋭ではなく、むしろ敢えて法的な解決を避けようとしてきたことと無関係ではないだろう。それが、例えば、日本における商事仲裁の未発達・未成熟をもたらしたとも考えられる。欧米では、これとは逆に、商人自治の発想と法的な考え方をベースとして、ルールを自分たちで作り、発達させようとしてきたことが国際商事仲裁の発展にも寄与したと考えられる。
　日本の企業が自分たちでルールを構築し、海外の企業とも協調して発展していくためには、外国資本を積極的に受け入れていくことも必要だろう。その場合の視点として、一般消費者、ユーザー等の市民の利益を最大化する要請とともに、ビジネスに関与する人々のインセンティブをいかに確保し、かつ日本における既存の事業活動のよいところをどのように確保し、発展させていくかが重要だ。これに加えて、国際ビジネスの舞台では、外交上の配慮と日本の国益が衝突することもある。その場合、日本の市場の空洞化を防ぎ、外資による不当な占領を上手に回避できるような日本の法整備や法の運用も重要だ。
　今後、外資による日本企業の統合が増えていくと、日本人の企業に対する帰属意識や働き方などが変化していく可能性もあり、そういう人たちが増えていくと、また物の考え方なども変わっていくだろう。そのことは、決してマイナスのことばかりではなく、例えば合理的な考え方であるとか、客観的な見方をできる能力が高くなれば、ビジネスを発展させるためには好ましいこともあるだろう。日本人の今までの譲り合いの精神とか、協力し合うとか、助け合うといった精神を大事にしながら、他方において、欧米の合理的、客観的考え方を

うまく取り込んでいくべきだろう。
　日本が厳しい経済状況を迎えている今日、決して内向きに陥ることなく、広く国際ビジネスにおける法的リスクをも十分に踏まえながら、日本の企業が持続的に発展していくことを祈ってやまない。

2009年4月

著者紹介

　弁護士．2009年4月より青山学院大学法務研究科（法科大学院）特任教授．1984年司法試験合格．1985年慶應義塾大学法学部卒業．1987年弁護士登録（第二東京弁護士会）．1995年米国ニューヨーク州弁護士登録．都内の渉外法律事務所等を経て、現在、弁護士法人早稲田大学リーガル・クリニックにおいて企業法務を中心とした弁護士業務に携わる．

　主要著書に『図解　新会社法のしくみ』『図解　コンプライアンス経営（第3版）』『仕事力アップのためのこれ1冊でわかる最新の法律知識』『内部通報制度』『執行役員制度（第4版）』（以上，東洋経済新報社），『会社法完全対応版　よくわかる監査役になったら事典』（中経出版），『個人情報・営業秘密・公益通報Q＆A』（労務行政），『会社法はこれでいいのか』（平凡社新書），『コンプライアンスの考え方』（中公新書），『わかる！コンプライアンス』（ＰＨＰビジネス新書）その他多数．

国際ビジネス法入門
2009年5月28日　発行

著　者　浜辺陽一郎
発行者　柴生田晴四

〒103-8345
発行所　東京都中央区日本橋本石町1-2-1　東洋経済新報社
　　　　電話 東洋経済コールセンター03(5605)7021　振替00130-5-6518
　　　　　　　　　　　　　　　　　　　印刷・製本　丸井工文社

本書の全部または一部の複写・複製・転訳載および磁気または光記録媒体への入力等を禁じます．これらの許諾については小社までご照会ください．
Ⓒ 2009 〈検印省略〉落丁・乱丁本はお取替えいたします．
Printed in Japan　ISBN 978-4-492-27052-3　http://www.toyokeizai.net/